郭齐勇 主编

中国哲学通史

清代卷

上册

吴根友 著

A
HISTORY
OF
CHINESE
PHILOSOPHY

江苏人民出版社

图书在版编目(CIP)数据

中国哲学通史. 清代卷：上下册 / 吴根友著. —
南京：江苏人民出版社，2023.8
　ISBN 978-7-214-28237-8

　Ⅰ.①中… Ⅱ.①吴… Ⅲ.①哲学史－中国－清代
Ⅳ.①B2

中国国家版本馆 CIP 数据核字(2023)第 125354 号

中国哲学通史
郭齐勇　主编

清代卷：上下册
吴根友　著

策　　　划　府建明
责 任 编 辑　戴宁宁　莫莹萍
特 约 编 辑　张　欣
装 帧 设 计　周伟伟
责 任 监 制　王　娟
出 版 发 行　江苏人民出版社
地　　　址　南京市湖南路 1 号 A 楼,邮编:210009
照　　　排　江苏凤凰制版有限公司
印　　　刷　苏州市越洋印刷有限公司
开　　　本　652 毫米×960 毫米　1/16
印　　　张　460.5
字　　　数　6126 千字
版　　　次　2023 年 8 月第 1 版
印　　　次　2023 年 8 月第 1 次印刷
标 准 书 号　ISBN 978-7-214-28237-8
定　　　价　1980.00 元(全 20 册)
(江苏人民出版社图书凡印装错误可向承印厂调换)

目　录

导 论

　　清代哲学大体上可以分成三个阶段:明亡之后到清康熙帝平定吴三桂叛乱之后为前期;以康熙执政三十年到道光元年为界,大体上为中期,是清代政治、经济、军事、文化的鼎盛期;道光以后直至清王朝的灭亡为晚期。

　　清代前期哲学思想的主要特征是清算宋明理学的理论过失,试图从学术上反省导致明王朝灭亡的理论原因,并在反思的过程中提出了一些新的理论主张。就其理论的形态来说,可以称之为"后理学时代"(广义的理学包括心学与气学)。所谓"后理学时代",即是通过对理学的理论反省与批判,试图给出中华文化发展的新方向。但他们的思维框架、问题意识、理论命题、哲学范畴基本上都是宋明理学所提出的,只不过他们对这些问题意识、理论命题、哲学范畴做出了新的、或相反的、或综合性的解释而已。

　　清代中期的哲学思想,一方面继承了明末清初的反理学思想传统,另一方面又在特殊的政治文化环境里展开新哲学思考。就理学的传统而言,这一时期的哲学思想没有多大的理论创新与突破;就反理学的思想传统而言,这一时期的哲学思想表现出了鲜明的时代特色。其主流的方法是通过考据学的方式展开哲学论述,其代表人物是戴震及其所影响的皖派学术共同体——扬州学派的一些中坚人物。而与戴震同时稍年轻一点的章学诚,则是通过史学的方式展开哲学论述,在思维方式上也表现出即器言道,即事说理的思维特征。清中期的哲学思想特征在于:以回归先秦"道论"的复古面貌展示了该时代哲学的形上学特点,以人文实证主义的方法论展开自己时代的哲学论述,从而基本上确立了不同于宋明理学以气、理、心为形上学的时代特色。

清代晚期的哲学思想,表现出相当驳杂的特色。就嘉、道时代而言,这一时段哲学思想表现出对中期哲学思想及其方法论的反思与批判,通过对现实政治问题的思考展开哲学的思考与论述,其典型的代表人物是龚自珍与魏源。就政治地位而言,龚、魏二人并不是时代的核心人物。但就思想史而言,他们无疑是该时代的精神代表。龚自珍以诗人哲学家的特有敏感,对该时代深入骨髓的问题有着清醒的认识。他提出的政治改革主张未必能付诸实践,但他提出的改革思想,尤其是对现实政治制度诸种弊病的批评,则是发人深省的。

魏源早期与中期的思想基本上属于今文经学家的阵营,并没有多少突破传统思维的地方。鸦片战争以后,他目睹了清王朝的种种政治失败,提出了众多明确的政治改革主张。特别是他提出的"师夷之长技以制夷"的思想,在文化哲学方面具有开风气之先的意义。但此时的清王朝还没有深刻地认识到自己与当时欧洲社会的巨大历史落差,因而在政治上还没有想到要彻底改革。魏源之后的晚清时代,更是一个风起云涌、波谲云诡的近代中国社会了,其哲学思想的复杂、多变,已经不是传统中国哲学所能涵盖的范围,故将魏源以后的清代哲学思想交给近代中国哲学来处理。

一、明清之际的时代特征

(一)"天崩地坼"与学术反思

明崇祯十七年(1644),明王朝在李自成率领的农民起义军的打击下,迅速地灭亡了。继后,却是满族贵族统治集团率兵入关窃取农民起义军的胜利果实,夺取了明政权,建立了清政权。这一重大的政治变故对汉族士大夫产生了巨大的心灵震撼。这一时期的主流哲学思想都是围绕着明王朝为何灭亡的政治主题,从不同的侧面展开学术与思想方面的清算。他们或批评程朱理学末流空谈心性,或批评陆王心学末流束书不观,凌空蹈虚,在理气、道器、理欲、情理、公私、君道、臣道诸方面展开新的哲学思考。黄宗羲着重从政治哲学方面反省传统专制政治的根本痼疾,写出了《明夷待访录》一书,批评专制君主以一姓之私利、一家之私法,危害天下人之公利,结果导致天下崩亡。他又从学术上批评明王朝的学术空疏无用,不研经史之弊,故要求学人研史读经,并自编《明儒学案》与《宋元学案》(未完成),一方面试图从学术史的角度来总结明亡的原因,另一方面又为保存明代诸儒的思想材料,积极肯定他们在维护儒家思想的纯正性方面所作出的度越前人的理论贡献。

顾炎武从经史两个方面反省晚明以来的学术,提出了"经学即理学"的命题,要求理学研究必须回到经学研究之中。而在经学研究的方法问题上,顾炎武也提出了新的方法,即"读经自考文始,考文自知音始",从而为清代学术的研究提供了一种带有人文学实证特征的方法论思想。在政治哲学方面,顾炎武提出了类似黄宗羲、王夫之的分权思想,但侧重点有所不同,更偏重于用地方自治的方式来削弱后期君主专制的中央集权的力量,从而增加地方的经济与政治的活力。在政治制度改革方面,他提出了原则性的理想——"寓封建之意于郡县之中",试图将西周的封建制的政治体制之长与秦以后郡县制之长结合起来,既保证中华民族政治上的大一统局面,又保留封建制中央权力不是过于集中,地方上有相对自治权的好处,从而形成一种新政治统治局面。可惜的是,顾氏的这一颇具想象力的政治制度改革的思想没有被后来者继续发扬光大。在政治哲学方面,顾炎武明确提出了"亡国"与"亡天下"的区别。他认为一姓君主国家的灭亡只是改朝换代,如果中华文化的文治传统灭亡了,那就是天下的灭亡。正是从这一文明的保存与灭亡的高度,顾炎武提出了"天下兴亡,匹夫有责"的光辉命题。这一光辉的政治哲学命题在近、现代中华民族的独立与解放运动中得到了积极的回应,并产生巨大的政治影响。

王夫之则从多方面总结了明亡的历史教训,在政治哲学方面提出了"必循天下之公"的政治理想,而且从三个不同的层次对"义"——即政治行为的正当性角度作出了梳理,即是一人之义、一时之义与天下之通义三个层次。他的主张是:"不可以一时废千古,不可以一人废天下。"①在对待传统文化方面,提出了"六经责我开生面"的文化理想。在展望中华民族的未来命运时,王夫之提出了对"他年之道"的憧憬,"明日之吾"的希望。

方以智主要从哲学、文化上反省明王朝的灭亡,早期曾提出"坐集千古之智,折中其间"的宏伟文化理想。中晚年以后,在外在的生活形式上逃入禅门,而在思想上则是以理想中的儒家思想为主线,将孔子看作是无偏无颇的"大成钧",以之熔铸儒释道各家思想资源,创造出一种新形态的思想与文化体系。但就其思想的最终成果来看,他又滑向了程朱理学的思想窠臼之中,未能实现自己的文化创新理想。

稍晚于他们的思想家有颜元与唐甄等人,颜元在哲学上主要批评程朱理学、陆王心学,要求以实学、实行代替理学与心学的虚玄不实之学。唐甄则从政治哲学层面批评传统专制政治的种种弊端,提出了一个非常激烈的政治哲学论断:"自秦以来,凡帝王皆贼也"。他认为,现实政治中的种种弊端与危害都要归咎到帝王身上,宦官、妇人干政,小人当道,其最高的决策者、用人者无不是帝王。不仅如此,他还提出了政治的主要管理目标在于"治官"而不在于"治民",人民应该有自由批评执政者的权利。这些颇为大胆、新颖的政治批评的声音都集中反映了明清时期进步的思想潮流,预示着中国传统社会的变化。这些新的政治思想发源于传统的民本思想,又不是传统的民本政治思想所能范围。结合世界范围内的现代化的思想潮流,我们将这些新思想统称为中国的早期

---

① 王夫之:《读通鉴论》卷十四,《船山全书》第 10 册,第 535 页,长沙,岳麓书社,1996。

启蒙思想。

(二)"后理学时代"的问题意识及其转化

"后理学时代"的历史时间段,即是在明王朝灭亡后,清政权全面稳定之前大约五十年的历史时期。以历史人物而论,康熙三十四年(1695)明末清初三大家之一黄宗羲的逝世,标志着"后理学时代"的结束。若以政治事件为标准,则以康熙二十二年平定台湾,全面稳固了清政权为标志。就哲学思想史而言,当以黄宗羲的去世为标志。

所谓"后理学时代",即是以广义的理学(包括气学与心学)为理论批评与改造对象的时代。这是从哲学思想史的角度对近半个世纪历史时期主流思想特征的概述。"后理学时代"的哲学问题意识均来自理学时代,但他们对理学时代里的诸命题进行了理论的改造,或从反命题的角度重新阐述理学时代的问题,如在理气、心物关系上,后理学时代的气论派思想家如王夫之就专门针对程朱理学的"理先气后"问题进行理论的批判,坚持认为气为第一性,理为气之理,气之外别无孤立虚托之理。或从合命题的角度对理气、心物关系进行重新论证,如方以智、黄宗羲等人都试图综合理、气、心三大理论流派的观点,消除三派之间的理论紧张关系。黄宗羲以气论为核心综合心学与理学的思想资源,在本体论上表现出调和论的色彩。方以智早年以气为核心建构自己的哲学本体论,中年以后则重新滑向理本论,表现出向程朱理学的回归。

在"后理学时代",顾炎武所提出的"经学即理学""读经自考文始"两大命题,鲜明地体现了这一历史时期学术问题意识及其与宋明理学问题意识的不同面向。顾炎武对清代中期学术的影响极为深刻。前一个命题将宋明理学的问题意识转换为对经学的文献研究,后一个命题则将宋明理学思辨的哲学方法转化为一种以语言、文字、训诂为工具的语文学(philology)的实证方法,亦为后来的清学研究提供了一种新范式。不仅如此,顾炎武还开创了一种以社会调查为手段的实证方法,这与宋明学者在书斋里做学问的方式亦极不相同。此点,早年即处在反清斗争中的王夫之亦使用了初步的社会调查方法。可惜这一方法在清代学术中基本上中断了,只是在乾嘉时代后期的少数学者身上有微弱的体现,如钱大昕、王念孙、龚自珍等人重视田野里残碑、断碑的收集整理,阮元重视上古时代有字无字器皿的收集,以之作为知识考古的新材料。

王夫之的哲学著作在清初与中期的影响不是很大,然他的著作在哲学上代表了"后理学时代"的最高水平。他全面恢复了以张载为代表的气学思想流派的思想光辉,在极高的思辨与一定的实证相结合的思维水平上,推进并深化了气学的思想水平。在理气关系的问题上,王夫之坚持并论证了理不离气,气之外更无虚托、孤立之理的气本论思想立场。在理欲问题上,王夫之坚持并论证了"理不离欲"的伦理思想。在道器问题上,王夫之深刻地阐述了"道不离器,道者器之道"的道器观,另一方面又提出了"因道而审器"的光辉思想,而且对于"明日之道""他年之道"抱有乐观的理想主义情怀。

王夫之在批评理学的过程中,逐步建立起以气为本体的气本论哲学①,并在气本论的理论基础上,非常邃密地讨论了理气关系,并进而讨论了道器关系,理事、理势关系,理欲、情理关系等。其所坚持的是"即事以穷理"的经验的、归纳的思维方式,其所反对的是"立理以限事"的超验的、演绎的思维方式。在"理势"关系问题上,强调"理势相成",在理欲关系、情理关系的问题上,坚持"人欲之各得,即天理之大同"②,"王道本乎人情。人情者,君子与小人同有之情"③等进步的思想观念。《张子正蒙注》一书集中体现王夫之气本论思想,在书中,王夫之通过对张载著作的

---

① 张学智认为,王夫之在继承了气本论,特别是张载的思想的基础上,建立了一个以"太极"为根本概念的本体论哲学。太极与万物的关系论是王夫之的形上学,而有关"气的存在方式、气的性质、气的演化过程等方面"的论述,可以看作他的自然哲学。参见张学智《明代哲学史》,第553—564页,北京,北京大学出版社,2000。蒋国保认为,"气是王夫之哲学的最高范畴",并花费了大量地笔墨论证了这一基本思想。参见王茂、蒋国保等《清代哲学》,第六章,合肥,安徽人民出版社,1992。萧萐父、许苏民合著的《王夫之评传》亦认为,王夫之哲学的本体论是以"气"为本、"理寓于气"、"氤氲化生"的"实有论"。本书认同气本论的说法。参见萧萐父、许苏民《王夫之评传》,南京,南京大学出版社,2002。
② 王夫之:《读四书大全说》卷四,《船山全书》第6册,第639页。
③ 王夫之:《四书训义》卷二十二,《船山全书》第8册,第90页。

哲学注释,比张载更加明确地阐发了气本论。在张载《正蒙》一书中,由于其核心概念之一"太虚"一词的模糊性,后人对张载哲学遂有了不同的解释。① 王夫之则明确地将"太虚"解释成气。他说:"人之所见为太虚者,气也,非虚也。虚涵气,气充虚,无有所谓无者。"②又说:"虚空者,气之量;气弥纶无涯而希微不形,则人见虚空而不见气。凡虚空皆气也,聚则显,显则人谓之有;散则隐,隐则人谓之无。"③"阴阳二气充满太虚,此外更无他物,亦无间隙,天之象,地之形,皆其所范围也。"④

在理气关系的问题上,王夫之坚持理气不分、理依于气、气不离理的观点。在《读四书大全说》中,对这一问题有较多的论述,如他说:"理即是气之理,气当得如此便是理。理不先而气不后。理善则气无不善;气之不善,理之未善也。"又说:"理只是以象二仪之妙,气方是二仪之实。健者,气之健也;顺者,气之顺也。天人之蕴,一气而已。从乎气之善而谓之理,气外更无虚托孤立之理也。"⑤"气之妙者,斯即为理。气以成形,而理即在焉。两间无离气之理,则安得别为一宗,而各有所出?"⑥

与朱子将"理"界定为"物之所以然"的思想不同,王夫之将"理"看作是一种秩序。他说:"理者,天所昭著之秩序也。"⑦又说:"凡言理者有二,一则天地万物已然之条理,一则健顺五常、天以命人而人受为性之至理。二者皆全乎天之事。"⑧

因此,在王夫之的思想体系中,"理"既是表征万事万物固有的"条理",也是"健顺五常之气"下落为人性的"性理",因而是一种伦理。

---

① 参见丁为祥《虚气相即:张载哲学体系及其定位》,第51—70页,北京,人民出版社,2000。
② 王夫之:《张子正蒙注》卷一,《船山全书》第12册,第30页。
③ 王夫之:《张子正蒙注》卷一,《船山全书》第12册,第23页。
④ 王夫之:《张子正蒙注》卷一,《船山全书》第12册,第26页。
⑤ 王夫之:《读四书大全说》卷十,《船山全书》第6册,第1052页。
⑥ 王夫之:《读四书大全说》卷五,《船山全书》第6册,第716页。不过,王夫之在此段接下来又说:"气凝为形,其所以成形而非有形者为理。"实际上,其又没有跳出朱子的"所以然者"为理的思想束缚。
⑦ 王夫之:《张子正蒙注》卷三,《船山全书》第12册,第136页。
⑧ 王夫之:《读四书大全说》卷五,《船山全书》第6册,第716页。

黄宗羲在修正心学的过程中,逐渐建立起了以气为本体的哲学体系,并在气本论的基础上,深入地讨论了心、气、理三者之间的关系。黄宗羲通过对明代诸儒思想的整理与反思,建立起了自己的气本论思想体系。他通过对明代气论思想家罗钦顺、王廷相等人在理气问题上得失的分析与批判,提出了自己的气本论观点。而且,他一再反对儒者"视理为一物"的观点。在《胡直学案》中,他说:"夫所谓理者,气之流行而不失其则者也,太虚中无处非气,则亦无处非理。孟子言万物皆备于我,言我与天地万物一气流通,无有碍隔。故人心之理,即天地万物之理,非二也。若有我之私未去,堕落形骸,则不能备万物矣。不能备万物,而徒向万物求理,与我了无干涉,故曰理在心,不在天地万物,非谓天地万物竟无理也。"黄宗羲的结论非常有意思:"故世儒之求理,与释氏之不求理,学术虽殊,其视理在天地万物则一也。"①

在黄宗羲看来,所有将工夫与本体分成两橛的学问,问题都出在"认理气为二"的根子上。所以,他一再强调:"造化只有一气流行,流行之不失其则者,即为主宰。非有一物以主宰夫流行。然流行无可用之功,体当其不失则者而已矣。"②

在气本论的前提下,黄宗羲认为,理气论与心性论应当是统一的。他说:"人受天之气以生,只有一心而已。而一动一静,喜怒哀乐,循环不已。当恻隐处自恻隐,当羞恶处自羞恶,当恭敬处自恭敬,当是非处自是非。千头万绪,纷纭轇轕,历然而不能昧者,是即所谓性也。初非别有一物立于心之先,附于心之中也。"③他的观点非常明确:"夫心只有动静而已,寂然不动,感而遂通,动静之谓也。情贯于动静,性亦贯于动静,故喜怒哀乐,不论已发未发,皆情也,其中和则性也。""凡动静者,皆心之所为也,是故性者心之性。舍明觉自然、自有条理之心,而别求所谓性,亦犹

---

① 黄宗羲:《宪使胡庐山先生直》,《黄宗羲全集》第7册,第593页,杭州,浙江古籍出版社,2005。
② 黄宗羲:《同知刘师泉先生邦采》,《黄宗羲全集》第7册,第505—506页。
③ 黄宗羲:《文庄罗整庵先生钦顺》,《黄宗羲全集》第8册,第408—409页。

舍屈伸往来之气,而别求所谓理矣。"①

关于气、理、心、性之间的相互关系,在《与友人论学书》中黄宗羲表述得最为明确。他说:

> 夫大化之流行,只有一气充周无间。时而为和,谓之春;和升而温,谓之夏;温降而凉,谓之秋;凉升而寒,谓之冬。寒降而复为和,循环无端,所谓生生之为易也。圣人即从升降之不失其序者,名之为理。其在人而为恻隐、羞恶、恭敬、是非之心,同此一气之流行也。圣人亦即从此秩然而不变者,名之为性。故理是有形(见之于事)之性。性是无形之理,先儒"性即理也"之言,真千圣之血脉也。而要皆一气为之,《易传》曰:"一阴一阳之为道。"盖舍阴阳之气,亦无从见道矣。②

上述黄宗羲关于理气性三者之关系的论述,实为乾嘉时期戴震理气论、心性论思想之近源。对于此点,目前汉语学术界似乎还很少有学者进行深入论述。20世纪初,胡适、钱穆等人在讨论戴震哲学思想的来源问题时亦未注意到这一点。

顾炎武对理气关系没有直接的论述,但在他有限的关于"气"的论述中,明确地说过"盈天地之间者,气也"③的观点。而有学者认为,从他提出的"非器则道无所寓"的观点中,推论他有"非气即理无所存"的理气观,"至少在逻辑上是无可怀疑的"。④ 其实,顾炎武的反理学思想,其主要成就并不在于哲学思辨方面,而在于学术方法层面。在《施愚山书》中,他提出了"古之所谓理学,经学也"的命题。他说:"理学之传,自是君家弓冶。然愚独以为理学之名,自宋人始有之。古之所谓理学,经学也,非数十年不能通也。"⑤后来,全祖望在《亭林先生神道表》中对此观点转述为"经学即理学也"。全氏评顾炎武道:"晚年笃志《六经》,谓古今安得

① 黄宗羲:《文庄罗整庵先生钦顺》,《黄宗羲全集》第8册,第409页。
② 黄宗羲:《与友人论学书》,《黄宗羲全集》第10册,第152页。
③ 顾炎武:《游魂为变条》,《日知录集释》卷之一,黄汝成集释,第22页,长沙,岳麓书社,1994。
④ 参见许苏民《顾炎武评传》,第202页,南京,南京大学出版社,2006。
⑤ 顾炎武:《施愚山书》,《顾亭林诗文集》,第58页,北京,中华书局,1959。

别有所谓理学者,经学即理学也。自有舍经学以言理学者,而邪说以起,不知舍经学则其所谓理学者,禅学也。"①这样,理学思想传统内部的形上思考被经学的一些具体问题所取代,由顾氏提出的命题出发,清代乾嘉学者正是通过经学的实证研究,取代了理学的抽象思辨,通过对天道与道的思考与追求,形成了乾嘉时代哲学的特有风格,而戴震将宋明儒者的"天理"或形上之"理"解构为分理,凌廷堪将"理"替换为"礼",可以看作是顾氏思想影响的结果。

颜元在理气关系问题上,大体上亦持"理气不二"的观点。他批评程子、朱子"理善气恶"的观点时指出:"若谓气恶,则理亦恶,若谓理善,则气亦善。盖气即理之气,理即气之理,乌得谓理纯一善而气质偏有恶哉!"②他作《性图》一篇,并配有图画,阐明"理气融为一片"的道理,认为"阴阳二气,天道之良能也,元、亨、利、贞四德,阴阳二气之良能也;化生万物,元、亨、利、贞四德之良能也";并质问道:"噫!天下有无理之气乎?有无气之理乎?有二气四德外之理气乎?"③

对于"天是理"的说法,颜元有自己的解释。他说:"天兼理、气、数,须知我与天是一个理,是一个气、数;又要知这理与气、数是活泼,而呼吸往来、灵应感通者也。若不看到此,则'帝谓文王'、'乃眷西顾'、'予怀明德'等皆无著落,皆为妄诞矣。"

"天"为何是理、气、数呢?颜元的回答是:"为寒热风雨,生成万物者气也,其往来代谢、流行不已者,数也,而所以然者,理也。"④

不过,在理与气究竟何者更为根本的问题上,颜元似乎没有明确地说明。因而其"理气观"虽有反宋儒理先气后的意思,但与王夫之、黄宗羲明确地承认"气先理后"的思想还是有相当大的区别。他至少不能被

① 全祖望:《亭林先生神道表》,《全祖望集汇校集注》上,朱铸禹汇校集注,第 227 页,上海,上海古籍出版社,2000。
② 颜元:《驳气质性恶》,《颜元集》上,王星贤等点校,第 1 页,北京,中华书局,1987。
③ 颜元:《驳气质性恶》,《颜元集》上,王星贤等点校,第 19—22 页。
④ 颜元:《颜习斋先生言行录》卷上,《颜元集》下,王星贤等点校,第 627—628 页。

称为气本论者。

（三）实学的兴起与西学的传入

按照思想史的一般说法，自晚明以后，中国传统社会兴起了一股实学思潮。葛荣晋将实学规定为"实体达用之学"，大体上包括两个层面，一是经世致用之学，二是实测之学，即今天意义上的自然科学。① 在我们看来，"实学"思潮，其实是一股重视"经世致用"之学的思想潮流。依照中国"内圣外王"的传统学术二分构架来说，实学思潮即是一股偏重于"外王学"的思潮。其中既包括社会政治思想，也包括对自然科学技术加以重视的思想。特别是后一点，与西方耶稣会士在传教过程中带来的西方科学知识的相互结合，对当时中国士大夫阶层部分先进人士的思想产生了一定程度的积极影响，从而引起了他们思想上的一些微妙的变化。

实学一词的历史语义比较复杂，宋儒程颐为了把自己尊奉的儒学与佛、道二教的学术区别开来，也自称儒学是实学，而称佛、道之学为虚学。晚明清初学术界所说的实学，则是把外王学的学问称之为实学，而将宋、明儒者的理学、心性之学称之为虚学。但若仅就明清之际的实学一词来说，主要是指经世致用之学与实测之学。就"经世致用"之学的面向而言，明末清初实学的兴起与东林学派密切相关。东林党领袖人物之一顾宪成曾批评当时社会的讲学不关世道百姓，认为这是可耻的行为。他说："官辇毂，念头不在君父上；官封疆，念头不在百姓上；至于水间林下，三三两两，相与讲求性命，切磨德义，念头不在世道上，即有他美，君子不齿也。"②由于东林党人在自己的聚会之中常常是"裁量人物，訾议国政"，其结果是"天下君子以清议归于东林，庙堂亦有畏忌"③，故当时社会将各种有关国家政治的事件都归到东林党人身上。这一方面给东林党人带来了过多的荣誉，另一方面也给东林党人带来了巨大的政治压力。黄宗羲对此有生动的描述："言国本者谓之东林，争利场者谓之东林，攻逆阉

① 葛荣晋主编：《中国实学思想史》上卷，导论，第1—9页，北京，首都师范大学出版社，1994。
② 黄宗羲：《端文顾泾阳先生宪成》，《黄宗羲全集》第8册，第731页。
③ 黄宗羲：《端文顾泾阳先生宪成》，《黄宗羲全集》第8册，第731页。

者谓之东林,以至言夺情奸相讨贼,凡一议之正,一人之不随流俗者,无不谓之东林。"①这种影响固然并非完全符合历史实际,但东林党人在政治生活中以清议干政却是事实。"熹宗之时,龟鼎将移,其以血肉撑拒,没虞渊而取坠日者,东林也。……数十年来,勇者燔妻子,弱者埋土室,忠义之盛,度越前代,犹是东林之流风余韵也。一堂师友,冷风热血,洗涤乾坤。"②黄宗羲的父亲黄宗素就是东林党人之一,而黄宗羲早年、中年积极参与政治斗争就与其家庭背景密切相关。他在政治哲学方面高度肯定士大夫"清议"的价值,就与其目睹而经历的东林党人政治实践有深刻的内在联系。他说:"清议者,天下之坊也。夫子议臧氏之窃位,议季氏之旅泰山,独非清议乎?清议熄,而后有美新之上言,媚奄之红本,故小人之恶清议,犹黄河之碍砥柱也。"③黄宗羲如此看重清议的政治价值,与顾炎武重视"清议"在政治生活与社会生活中的重要性,其思想脉络如出一辙。

就"实测之学"的面向而言,明清之际的实学思潮其实包含两个方面的内容,一是中国传统自然科学出现了一些总结性的著作,二是西方耶稣会传教士带来的西方科学知识对于中国社会的影响。就中国传统科学带有总结性的著作来看,这一时期出现的《本草纲目》《农政全书》《天工开物》等最有影响。李时珍(1518—1593)于1590年编成《本草纲目》一书,该书集中国历代本草药物之大成。徐光启(1562—1633)的门人陈子龙在徐氏逝世后六年,即1639年编成《农政全书》,该书反映了中国农业科学的伟大成就。宋应星(1587—1666)于1637年撰写出了《天工开物》一书,该书集中反映了中国手工业的技术成就。朱载堉(1536—1612)于1606年编成《乐律全书》,将数理理论应用到音乐实践方面。除此还有一些技术性的著作也相继问世,如邢云路的《古今律历考》、茅元仪的《武备志》、赵士祯的《神器谱》、计成的《园冶》、方以智的《物理小识》

① 黄宗羲:《东林学案》,《黄宗羲全集》第8册,第726页。
② 黄宗羲:《东林学案》,《黄宗羲全集》第8册,第727页。
③ 黄宗羲:《东林学案》,《黄宗羲全集》第8册,第726—727页。

等。而像程大位撰于 1592 年的《算法统宗》,作为一本普及类数学书,曾多次重版,体现了明末社会在以算盘为中心的计算时代里对应用数学的高度关注。

　　就西方自然科学知识的传入而言,晚明时期耶稣会传教士来华传教的过程中附带而来的科学技术知识对中国社会,特别上层知识界的思想变化产生了巨大的引发作用。明万历九年(1581),意大利人利玛窦来华,自此时起到清乾隆年间约二百年,大约有数百名传教士来华,其中有译著者七十余人,译述书籍达三百七十余种,其中属于科学技术类的著作一百二十余种。在来华传教士中,利玛窦、汤若望、罗雅谷、南怀仁四人著述最多,共达七十五种。他们与中国学者徐光启、李之藻、李天经等合作完成的《崇祯历书》一百三十七卷。清初,经汤若望修订为《西洋新法历书》一百零三卷,清廷采用时命名为《时宪书》。该书在官方历书之后流行于社会。这表明西方的天文历法知识为中国官方所接受,这是颇具政治意义的。在传教士所传入的西学知识中,利玛窦与徐光启合译的《几何原本》(上)一书最为重要,该书后来对中国数学,特别是几何学,产生了重大的影响,而且对于中国学术研究方法、哲学思考方式都产生了重大影响。明末李之藻主编的《天学初函》五十二卷,内含译著十九种——其中教义编("理编")与科技编("器编"),大体各占一半。清康熙帝本人也酷爱欧洲科学,曾编定《数理精蕴》五十三卷,总结中西数学,又组织人编成《历象考成》四十二卷,总结中西天文历法。而这两部书都以西洋方法为主。雍正、乾隆两朝,又续订《历象考成后编》十卷。《后编》已经采用开普勒第一、第二定律,即太阳沿椭圆轨道绕地球运行之说和欧洲最新的数据。除数学、天文与历法知识,自明末传入的西学知识还有世界地理知识、机械学、水利学以及火炮、钟表等技术。康熙以后,由于罗马教廷与当时中国朝廷关系的恶化,中西之间的文化与学术交流被迫中断,乾隆后几乎全部中断,直到鸦片战争失败被迫签订了一系列不平等条约之后,中西之间的文化与学术交流才以一种病态的方式再度展开。从 18 世纪 40 年代到 19 世纪 40 年代的一百年里,中国与西方之间的距离被急剧地拉大。18世纪是西欧的科学技术日新月异与思想革命不断翻新的时代，而中国社会则沉浸在自大、自满之中。官方的学术则以程朱理学为意识形态，而整个社会的学术则被挤压在一个非常狭窄的古典文献的研究之中。考据学成为乾隆与嘉庆时代的主流学术。在这一考据学的思潮之中，虽也有少数思想者如戴震提出了非常深刻的哲学思想，章学诚提出了非常精彩的历史文化哲学思想，但就整个时代而言，缺乏足够的思想活力，尤其缺乏对自然与社会的探索热情。

二、清代社会、政治生态与思想界的反理学思潮

清初社会是一个矛盾丛生、各种社会力量此消彼长的时代。但就主要的社会矛盾而言，大体上表现为三种矛盾。其一，最为直接的矛盾就是满汉之间的民族矛盾。其二，满族贵族政权的现实政治、军事斗争的需要与在汉族地区长期统治之间的矛盾，这是政治策略方面的现实与长远之间的矛盾。其三，与此种政治策略上矛盾密切相关，表现为更加深刻的经济、政治关系方面，落后的满族的农奴制与汉族地区已经进入地主阶段经济后期的经济与政治关系的矛盾。面对如此复杂的社会矛盾，满族贵族统治集团在政治政策、经济政策、文化政策方面采取了一系列有效的手段，一方面迅速稳定了社会局面，另一方面也很快适应了新的经济生产方式，从根本上稳固了满清贵族的政权。

满清贵族政权从根本性质上说是一个满族贵族与汉族地主阶级联合的政权，在思想意识形态、政治制度上基本延续着明王朝的统治形式，这便是"清承明制"。康熙皇帝表彰理学，雍正皇帝在表彰儒学的同时又兼容佛、道二教；乾隆皇帝又重新表彰理学，尤其是展开大规模的编纂图书活动，以便统一思想。《四库全书》的编纂是乾隆皇帝实行文治的一大手段，客观上也有利于古代典籍保存的一面，但同时也是破坏、毁坏古代典籍的活动。康、雍、乾三朝，从整体上说是清代社会、政治、经济由动荡、混乱、凋敝走向稳定，并逐渐走向繁荣的历史时期，但从哲学思想的

角度说,却是越来越缺乏思想创新的空间。一大批读书人重新被禁锢在科举考试与官方钦定的教科书范围里,继续重复着宋明以来诸儒的说经、解经思想工作,只有极少数士人不甘沉沦于陈言之中,在考据学的夹缝里发表一些对时政与程朱理学的不满之言。

(一)反理学思潮与考据学的兴起

明末至清中叶前期的"反理学思潮"可以从两个层面来看。明王朝的灭亡,促使一大批汉族士人开始反省明王朝失败的理论根源,从而形成了"后理学时代"的反理学思潮。这一时期的反理学思潮主要表现为对理学各主要理论命题的修正与调整。清初至乾嘉考据学兴起之时的反理学思潮,一方面与后理学时代有千丝万缕的内在联系,但也与乾隆时代提倡典籍整理的官方汉学运动有密切的内在联系。就思想的联系而言,清初颜元与前期的李塨主要继承了"后理学时代"反理学思潮的精神气质,同时也体现了北方儒者的某些精神特点,以重"实行""实事"的外王学为主要倾向。而发源于清初的民间考据学运动,实际上是受顾炎武"读九经自考文始"的经学思想影响。从康熙到乾隆时代全面整理中国古代典籍的官方文化整理活动,其实是一场政治运动。康熙时代《古今图书集成》的编纂活动,乾隆时代《四库全书》的编纂活动,实际上是清王朝有意识展开的一场"文治"运动,以配合他们在战场取得胜利的"武功"。此"文治"运动其实还暗含着彻底肃清思想上异己的汉族士大夫分子,拉拢一大批中间的士大夫,从而牢固确立清王朝的政治正统地位。乾隆、嘉庆年间学界兴起的普遍反理学思潮,与官方提倡的"汉学"密切相关,但这其中亦有分别。以戴震为代表的反理学思想是建立在"气化即道"的哲学形上基础之上,通过对"天理"的解构,以分理为"核心"范畴,并通过"由字通词,由词通道""一字之义当贯群经",典章制度、科学技术史的实证研究和"大其心以体古贤圣与天地之心相协"的系统人文实证方法,从而建立了新的认识论、伦理学思想体系。而以章学诚为代表的历史文化哲学思想,则通过"三人居室而成道"的新道论思想,再次强调"道不离器""即事言理"的哲学思想路线,并大胆论断"六经皆器",

重新阐述"六经皆史""言性命必究于史"等哲学命题,在哲学认识论与方法论方面策应了戴震的反理学思想。

清初的考据学与晚明以降的古典文献整理运动有关,以清代明的巨大政治变故虽然暂时地打断了这一历史进程,但在清政权的全面建立并稳定之后,这场古典文献整理运动又以新的方式展开了。

阎若璩的《尚书古文疏证》是清初考据学的重要代表著作,该书以考据学的方式展开了对宋儒核心思想——道统论的批判。阎氏的《尚书古文疏证》并没有表达多少哲学思想,但对伪古文《尚书》的证伪活动,间接地打击了朱熹一再强调的理学心传十六字:"人心惟危,道心惟微。惟微精一,允执厥中"的神圣性,表明朱熹所强调的理学心传十六字根本不是先秦儒家的思想。而毛奇龄的《四书改错》则是从另一个角度展开了对宋儒构造的新经学传统的批判。他曾分三十二门,列四百五十一条,用了二十二卷的篇幅批评朱子《四书集注》的错误。其中有些指摘并不一定成立,但其所具有的思想震撼意义不可小视。可惜后来毛奇龄自毁此书版本,故此书在当时并未广泛流行。这表明当时政治上的高压对于士人思想与心理的深刻影响。

在民间的古典文献整理过程中,吴派代表人物惠栋的贡献不可不提。他继承家学,在经学研究方面开创了新的风气,对清代学术产生了重要的影响。惠栋与戴震所开创的吴派与皖派"汉学",成为清代乾嘉考据学的主流学术形态。然而吴派"汉学"长于稽古而弱于思想体系的建构,使其在哲学思想史上所占的地位不高。

清代的考据学其实是晚明以降实学的一种变种,他们在文、史领域里展开古代文字字义、古音、历史事实的还原性研究,体现了一种"实事求是"的哲学精神。晚明以降的疑古思想在清代考据学的阶段逐渐变为一种"求真""求是"的思想。因此,从哲学精神的角度看,清代考据学在古典人文学研究的领域里体现了一种科学的求真、求是精神。考据学家们隐藏了自己的思想与价值追求,以追求纯粹客观性的知识与真理为表相,曲折地表达了他们对官方政治高压的反抗,展示了他们的学术理性与思想倾向。康、乾"盛世"的文治武功,治统与道统的合一,再加上现实的"文字狱"的迫害,使得这一时代的士人无法享有宋儒时代"不杀士大夫"的特殊宽松的政治环境。像戴震这样敢于斥责官方意识形态化理学"以理杀人"现象的哲人,毕竟是凤毛麟角。因此,从政治环境来看,清代考据学与清代康、雍、乾三朝的文字狱迫害士人的残酷政治镇压运动也有直接的关系。

当然,清代的官方意识形态还是程朱理学那一套思想,这套思想是社会生活的主流意识形态,而且因为科举制度的影响也有大批士人信奉程朱理学。但就思想与学术的活力而言,无论是程朱理学,还是陆王心学的信奉者,他们在理论上实在已经拿不出任何新的东西。其实,就最高统治集团而言,他们连理学家们以道统自居的心理也要加以摧毁。康熙经常斥责理学名臣的虚伪,其实就是要彻底剥夺士人的精神自主性。理学家们想做一个真正的理学家的机会也没有,更何谈发展理学思想呢? 清代理学与心学思想之所以不能发展、更新,并非仅仅是考据学的兴盛导致的结果,最为深层的原因是极端残酷的专制政治的文化政策所导致的结果。考据学只是士人们为了保持与专制政治淫威的距离而自觉选择的一种学术与人生的生存方式,而理学家们则自觉或不自觉地成为专制政治的帮闲与牺牲品。学术界长期存在着一种观点,以为是考据学的兴起导致了理学与心学的衰微。这其实是倒果为因的说法,忽视了学术思潮与社会政治环境的密切关系。

(二)乾嘉时代与中国哲学的新转向

学术界常用简明的短语来概括一个相对长时间段的学术与思想的特征,如先秦诸子、汉唐经学、魏晋玄学、宋明理学等,而对于清代学术常常冠以"清代考据学"或"乾嘉考据学"。从哲学形态来看,清代哲学从根本特征来看是以道论为形上学,以人文学的实证方法为方法论体系的新哲学形态。简言之,可称之为"人文实证主义哲学"。现代新儒家群体多否认清代有哲学,这是他们的思想立场与价值偏好所导致的。这与现代西方逻辑实证主义哲学否认西方传统哲学有异曲同工之妙。借用现代逻辑实证主义或分析哲学的话语来说,哲学是一个有"意义"而无固定"指称"的语词,没有任何人、任何哲学流派可以垄断"哲学"一词的定义权,人们可以从不同的角度来丰富"哲学"一词的内涵。

乾嘉时代不仅有属于这一时代的哲学,而且开启了中国传统哲学的新方向,这种新方向即是:通过人文实证的方法,如语言、文字训诂法,典章制度史研究法或曰知识考古法,"言性命必究于史"的历史学方法,"大其心以体古贤圣与天地之心相协"的哲学诠释法等,展开对道、天道、心、性、命、才、情、欲、理、气、器、仁、礼、一贯、权等传统哲学概念的重新解释,从而形成了乾嘉时代特有的哲学精神。

乾嘉时代的哲学转向进入到嘉道时期之后基本上中止,其代表性人物以龚自珍为代表。他是皖派汉学中坚人物段玉裁的外孙,自幼就学习训诂学一套知识,长大后却不屑于从事文字训诂学,对时势、政治有高度的敏感,年轻时就写出了《明良论》这样政治时势的评论性文章。后又师从公羊学大家刘逢禄,以今文经学关怀现实政治的方式从事学术研究与思想性的批判工作。而与龚自珍同时代却晚于龚自珍去世的魏源,则共同推进了嘉道以后学术与思想风气的变化。清代哲学在后期的思考更加关注现实的政治问题,而且逐步与西方传来的新思想相结合。中国传统哲学自宋明以降自足的发展历程在嘉道以后逐渐终结,代之而起的是中国与西方哲学的对话,而且主要是借用西方文化与哲学的新观念来重新诠释中国哲学的新的思想历程。

(三)嘉道之际社会的新矛盾与哲学问题意识的再次转变

嘉庆、道光之际,正是清代社会由盛转衰的过渡时期。从政治上说,康、雍、乾三朝残酷的文字狱有所缓和,文人的言论环境有所宽松。而从经济上说,由于乾隆朝的政治腐败,吏治松弛,导致国家财政紧张。然而江南地区的新经济势力又有所增长。乾隆朝后期,中央与地方的矛盾有所激化,少数民族矛盾上升。大、小金川之战耗费了清政府的大量财力。而终嘉庆朝二十余年,白莲教势力的兴起又进一步耗费了国家的财力。道光朝,则因为不断出现地方暴动,更进一步动摇了清政权的基础。此时,西方列强也开始向这个偌大的王朝靠近,不断地试探着如何打开这个帝国的大门。而自雍正五年(1727)始,鸦片开始不断地进入中国。从雍正五年的二百箱,到乾隆二十二年(1757)的一千箱,到道光元年(1821)的七千八百八十九箱,鸦片对于中国社会的负面影响也越来越大。正是在这一系列的矛盾冲突之中,嘉道时期的哲学问题转向了对现实政治与社会问题的关注,政治改革的呼声在士大夫阶层兴起。其中龚自珍、魏源二人代表了这一时期前后两段的时代先声。

嘉道时期的社会问题主要是传统社会内部发展的自然之势形成的。由于政治上的安定,人口的急剧增加,形成了地少人多的矛盾。据不完全统计,乾隆末年,全国人口已经增加至三亿零七百四十六万,比康熙四十九年(1710)人口增加十五倍之多,而此时的人均耕地也只有三亩。到了道光二十年,全国人均耕地只有二亩二分五厘,而此时的人口已经增至四亿一千万。再加上大官僚、大地主、大商人的土地兼并,这种人多地少的矛盾变得更加突出。乾嘉时期的著名学者洪亮吉曾对此问题有过十分形象的描述。他粗略地统计:天下太平百余年,户口比三十年前增加五倍,比六十年前增加十倍,比百年前增加超过二十倍。以一个家庭为例,一家生三个男孩,长大后娶了媳妇,加上父母,就有八人。八口人再增加二个帮工,就有十人。十人居屋要十间,满足每人每年的口粮就需要一顷的田地。八人之后再到孙辈,就会有二十余人,再到玄孙,就会增加五六十倍,如此一来,土地必然出现不足。① 他把自己生活的时代与五十年前的情况做了一个对比:"今则不然,为农者十倍于前而田不加增,为商贾者十倍于前而货不加增,为士者十倍于前而佣书授徒之馆不加增,且昔之以升计者,钱又须三四十矣;昔之以丈计者,钱又须一二百矣。所入者愈微,所出者益广,于是士农工贾各减其值以求售,布帛粟米又各昂其价以出市,此即终岁勤动,毕生皇皇,而自好者居然有沟壑之忧,不肖者遂至生攘夺之患矣。然吾尚计其勤力有业者耳,何况户口既

---

① 《洪亮吉集》第1册,刘德权点校,第14—15页,北京,中华书局,2001。

十倍于前,则游手好闲者更数十倍于前,此数十倍之游手好闲者遇有水旱疾疫,其不能束手以待毙也明矣,是又甚可虑者也。"①

再加上传统农业抵抗自然灾害的能力又比较弱小,在地域辽阔的中国版图上,每年各地不是发生旱灾就是水灾,或者是蝗虫灾害,有时这些灾害在不同地区同时发生,这就更使普通民众的生活不堪其忧了。嘉庆十八年(1813),河南卫辉府因为特大干旱,贫民以草根树皮度日,官道两旁的柳叶都被摘尽。②道光二十一年六月,黄河在祥符县决口,开封城内积水"深及丈余",有钱人皆买舟逃去。水灾过后,人皆失业,"富者贫,贫者丐,迫于饥寒"。③

乾隆朝发生了多起农民暴动与起义的事件。乾隆三十九年山东王伦领导的农民起义,揭开了乾隆朝内地农民起义的先声。乾隆四十六年,在甘肃循化爆发了苏四十三领导的撒拉族人民起义,乾隆四十八年又爆发了田五领导的回民起义。乾隆五十一年在台湾又爆发了林爽文领导的汉族、高山族农民起义。乾隆五十九年,在贵州暴发了石柳邓领导的苗民起义、湖南石三保领导的苗民起义。而影响最大的是嘉庆元年在川、陕、楚交界的白莲教起义。该起义历时九年半,影响波及四川、湖北、陕西、河南、甘肃五省,让清王朝调集了十六个省的兵力,动用了二亿多两银耗,这个数字相当于清王朝四年的全部财政收入,严重地动摇了清王朝的统治根基。

白莲教被镇压之后,在山东又出现了天理教起义,天理教被镇压之后,在陕西又出现三门峡木工的武装斗争。而在道光六年,新疆又出现了张格尔的叛乱。这些军事事件,严重动摇了嘉、道之时清政权的根基。

嘉道时期的哲学问题意识主要转向了两个方面,一是从乾嘉时期的考据学转向了今文经学,二是转向了对社会政治问题的关注,特别是对

---

① 《洪亮吉集》第 1 册,刘德权点校,第 15—16 页。
② 《清实录》,嘉庆朝,卷二六七,嘉庆十八年三月。转引自戴逸主编《简明清史》第 2 册,第 360—361 页,北京,人民出版社,1984。
③ 转引自戴逸主编《简明清史》第 2 册,第 360 页。

边疆地理问题、民族问题的关注。鸦片战争以后，中国传统哲学的问题意识迅速转向如何向西洋学习以争取中国的主动性，其代表性的主张是魏源提出的"师夷之长技以制夷"。中国传统哲学也由此转向了自己的近、现代的历史时期，在新的中西政治、经济、军事、文化的冲突与交流中，展开了中国哲学的近、现代历程。

第一章　黄宗羲的哲学思想

　　黄宗羲(1610—1695)，字太冲，号南雷，别号梨洲，浙江余姚人。其父黄尊素为东林党著名领袖，因揭发魏忠贤而被害。青年时代的黄宗羲继承父志，成为"复社"领袖，同阉党余孽继续斗争。明朝灭亡后，清兵入关，他激于民族义愤，组织"世忠营"，开展抗清斗争。抗清失败后，他曾四处漂泊流亡，一度远赴日本。他晚年总结自己一生的政治活动，几次濒临死亡的人生经历而仍然义无反顾的心路历程道："锋镝牢囚取次过，依然不废我弦歌。"[1]顺治十三年(1656)黄宗羲退居家乡，康熙六年(1667)重办证人书院，从事讲学、著述等学术活动。在明王朝灭亡九年(1653)之后，他写有《留书》一书，又在十年后将《留书》扩充改写成《明夷待访录》。在该书中，黄宗羲通过对历史的反思，结合自己的政治斗争实践，在很大程度上超越了"家天下"的王朝政治概念，提出了带有较朦胧的民主意识的政治理想，从而在政治哲学层面开启了中国传统专制政治向近代民主政治过渡的新思想方向。

　　以清代明的历史震荡，使得一大批汉族知识分子的灵魂受到巨大的震动，他们从不同的角度总结明王朝灭亡的原因，从而得出比较一致的

---

[1] 黄宗羲：《山居杂咏》，《黄宗羲全集》第 11 册，第 234 页。

倾向性意见:空谈心性的心学末流,使得人心大坏,故必须致力于真正儒学的建设。晚年的黄宗羲编纂《明儒学案》《宋元学案》,其深意恐正在于此。然而,与同时代的其他思想家、学者相比,黄宗羲很晚才真正进入到宋明理学的大传统之中。[①] 他继承其师刘宗周的思想,于康熙七年著《孟子师说》,阐发气本论、性善论以及理气心性合一论。康熙十五年又撰成《明儒学案》一书,共六十二卷。之后又着手撰写《宋儒学案》《元儒学案》。后因年老体衰,精力不济,未能完成这两部著作,由其子黄百家、私淑弟子全祖望续修,再加上王梓材、冯云濠校定整理,最终完成《宋元学案》一百卷。大约自康熙七年直到他去世的近三十年时间里,他还写有其他方面的著作和哲学类的文章,康熙十一年,还著有《易学象数论》,系统地阐发历代的象数学。其文集中《答万充宗论格物书》《论不宜立理学传书》《复秦灯岩书》《与友人论学书》《与陈乾初论学书》等书信,即是这一时期的哲学论文。晚年著有《破邪论》一书,阐发天人之际的学问。

学界有关黄宗羲的研究成果颇丰,一般都将他放在心学的脉络下加以评述。如有学者认为,他的哲学是继刘宗周之后对阳明哲学的一个积极的否定,"它源于阳明心学而又修正、改造了阳明心学,是心学发展的新阶段"。[②] 但也有学者认为,"就哲学本身来说,梨洲的思想本无原创性,乃取资于蕺山、阳明而有进一步的发挥"。[③] 从学派的脉络来看,黄宗羲属于心学一系的普遍看法当然不错。然而,在如何看待黄宗羲思想特殊贡献的问题上,学者们是有分歧的。就思想史的发展与转进来看,黄宗羲的特殊贡献应当表现在两个方面,其一,在政治哲学思想方面,黄宗羲第一次深刻而又系统地批判了传统专制政治的核心观念及其制度架构,阐发出了带有近代民主性质的早期民主政治理想。而这一点,现代

[①] 郑宗义认为,黄宗羲53岁时才正式踏入宋明儒学的传统。其说可信,且深合我心。参见氏著《明清儒学转型探析——从刘蕺山到戴东原》,第69—70页,香港,香港中文大学出版社,2009。

[②] 李明友:《一本万殊——黄宗羲的哲学与哲学史观》,第5页,北京,人民出版社,1994。

[③] 刘述先:《黄宗羲心学的定位》,第80—81页,杭州,浙江古籍出版社,2006。

新儒家群体多不予表彰。其二,通过对宋明理学传统中的气本论思想资源的大胆借取,对程朱一系天理本体论的批判,对心学加以根本性的改造与发展,把"气"看作是"一"是"本",从而发展出以气为一、以气为本的具有内在一元论特色的气理、心性、才情合一论的哲学思想体系。①

本章在综合前贤与时贤的学术成果基础上,着重阐述其气本论、理气、心性情才合一论及其人性本善论、学术史观与政治哲学四个方面,并以《明夷待访录》及其政治哲学为中心,对明清之际顾炎武、王夫之、唐甄等人的早期民主思想作一整体性的介绍,以展示 17 世纪中国早期民主政治思想的大致轮廓,从而进一步挖掘中国近现代文化运动的内在动力。

目前,黄宗羲的绝大部分著作均收入沈善洪主编、吴光为执行主编的《黄宗羲全集》之中。② 本章有关黄宗羲的史料均取之全集。

第一节　黄宗羲的气本论与伦理学思想

黄宗羲虽然是一个心学家,但却是一个以气为本的心学家。换句话说,他通过引入"气"的概念与观念,将心学从根本上予以改造。他在气本论的前提下深入地阐述了理气合一、心气合一、心性合一、以性情才合一的思想,并在气本论的前提下重新阐述了孟子的性善论及人生修养论或曰工夫论。

一、黄宗羲的气本论

黄宗羲在修正心学的过程中,逐渐建立起以"气"为本体的哲学体系,并在气本论的基础上,深入讨论了气理、气心、心性、性情才等宋明理

---

① 刘述先称黄宗羲的思想为"内在一元的倾向",从而与"内在一元论思想"区别开来,也可以避免自己以前的用词不够精准而引起误解。参见氏著《黄宗羲心学的定位》一书的《新版自序》第 1 页。
②《黄宗羲全集》有两个版本,一是 1985 年版,二是 2005 年的增订版。本书引文依增订本,即2005 年版。

学诸范畴及它们之间的内在关系。黄宗羲这一颇具特色的气本论思想,既与他继承其师刘宗周的思想有关,亦与其对明代诸儒思想的整理与反思有密切关系。从师承的关系来看,他在《孟子师说》《明儒学案》及其他一些哲学文章中所表达的气本论思想,既是对其师刘宗周的孟子学说的概括、凝结,亦在相当大的程度上体现了他本人的思想。

在《孟子师说》中,黄宗羲说:

> 天地间只有一气充周,生人生物。人禀是气以生,心即气之灵处,所谓知气在上也。心体流行,其流行而有条理者,即性。犹四时之气,和则为春,和盛而温则为夏,温衰而凉则为秋,凉盛而寒则为冬,寒衰则复为春。①

这段文献集中而又明确地表达了其气本论思想。"心"不是别的什么东西,只是"气的灵处"。"心体流行"的"条理",即是"性"。而所谓"心体流行",即是气的流行。

在《明儒学案》一书中,他通过评论罗钦顺的理气观来阐明自己的气本论思想,以及理气关系论的思想。他说:

> 盖先生之论理气,最为精确,谓通天地,亘古今,无非一气而已。气本一也,而一动一静,一往一来,一阖一辟,一升一降,循环无已。积微而著,由著复微,为四时之温凉寒暑,为万物之生长收藏,为斯民之日用彝伦,为人事之成败得失,千条万绪,纷纭胶轕,而卒不克乱,莫知其所以然而然,是即所谓理也。初非别有一物,依于气而立,附于气以行也。或者因《易》有太极一言,乃疑阴阳之变易,类有一物主宰乎其间者,是不然矣。斯言也,即朱子所谓"理与气是二物,理弱气强"诸论,可以不辩而自明矣。②

---

① 黄宗羲:《孟子师说》卷二,《黄宗羲全集》第1册,第60页。
② 黄宗羲:《文庄罗整庵先生钦顺》,《黄宗羲全集》第8册,第407页。

上述文献可从三个层面来理解,第一个层面,黄宗羲高度肯定了罗钦顺的气本论观点。第二个层面,黄宗羲进一步阐述了自己的气本论观点,认为"理"即是气的"莫知其然而然"的秩序,并不是脱离气而可以独立存在的实在之物。第三个层面,他批评传统哲学中将太极当作独立于阴阳之气的观点,进而批评朱子理气二分的思想。三个层面统一起来,都是在阐述气本论的思想。黄氏坚持的气本论立场及其理气关系说,在他对王廷相理气观的评论中再次得到体现。他说:

> 先生受病之原,在理字不甚分明,但知无气外之理,以为气一则理一,气万则理万,气聚则理聚,气散则理散,毕竟视理若一物,与气相附为有无,不知天地之间,只有气,更无理。所谓理者,以气自有条理,故立此名耳……故气有万气,理只一理,以理本无物也。宋儒言理能生气,亦只误认理为一物。①

上述文献充分地表明,黄宗羲反对视"理为一物"的理本论观点,更反对"理能生气"的观点,坚持气本论的立场,并将理看作是"气之理"。他反复批评朱子的理气为二说:

> 朱子云:"气只是身中底气,道义是众人公共底。天地浩然之气,到人得之,便自有不全了,所以须著将道理,养到浩然处。"此言有病。人自有生以后,一呼一吸,尚与天通,只为私欲隔碍,全不成天地之气耳,岂有到人身上,便自不全?后来罗整庵分明觉、天理为二,皆本于此。②

又说:

> 朱子说"人生时无浩然之气,只是有那气质昏浊颓塌之气。这浩然之气,乃是养得恁地"。愚谓浩然之气非固有,如何养得?就其实,昏浊颓塌之气,总是一气。养之则点铁成金,不是将好气来,换

---

① 黄宗羲:《肃敏王浚川先生廷相》,《黄宗羲全集》第8册,第486页。
② 黄宗羲:《孟子师说》卷二,《黄宗羲全集》第1册,第65页。

却此气去也。①

上述两段文献表明，黄宗羲坚决反对朱子贬低气与气质之性的说法。人所具有的浩然之气与昏浊颓塌之气，只是一气。这种气经过培养、修炼就可以成为浩然之气，不培养、修炼就变成"昏浊颓塌之气"。但是怎么养，用什么方法去养才能变成浩然之气呢？黄氏没有说清楚。

在黄宗羲看来，即使是"静"，也是气之静。他说："周子主静，静则气自流行，一不流行，则天地闭，贤人隐，平地而有山川之险矣。故惩忿如摧山，窒欲如填壑，非养之于初，则末流之难如此。"②

在《与友人论学书》长文中，通过对潘用微③思想的批判，比较集中地阐述了他自己的气本论与气理心性合一论的思想。他说：

> 夫大化流行，只有一气充周无间。时而为和，谓之春；和升而温，谓之夏。圣人即从升降之不失其序者，名之为理。其在人而为恻隐、羞恶、恭敬、是非之心，同此一气之流行也。圣人亦即从此秩然而不变者，名之为性。故理是有形（见之于事）之性，性是无形之理，先儒"性即理也"之言，真千圣之血脉也。而要皆一气为之，《易传》曰："一阴一阳之为道。"盖舍阴阳之气，亦无从见道矣。④

在此段文献中，黄宗羲吸收了张载的气本论思想，将气的升降运动中的秩序称之为理。这种"理"在人身上就表现为"恻隐、羞恶、恭敬、是非之心"。而这"四心"是先天具有而且是恒常不变的，故又称之为"性"。而所谓的"理"，即是有形的"性"，而所谓"性"，则是无形的"理"。然而，理、性、心并非是一独立的、超然的实体，皆是气的不同形态而已。他坚决反对潘用微的"虚即是理，理生气"的观点，引张载的气本论思想支持

---

① 黄宗羲：《孟子师说》卷二，《黄宗羲全集》第 1 册，第 65 页。
② 黄宗羲：《孟子师说》卷二，《黄宗羲全集》第 1 册，第 66 页。
③ 即潘平格（1610—1677），字用微，浙江慈溪人，明末清初思想家，著有《求仁录》一书。中华书局出版了《潘子求仁录辑要》（钟哲点校，2009 年版）一书。
④ 黄宗羲：《与友人论学书》，《黄宗羲全集》第 10 册，第 152 页。

他自己的说法道:"独不观张子曰:知虚空即气。则有无隐显,神化性命,通一无二。若谓虚能生气,则入老氏有生于无自然之论,不识所谓有无混一之常,则虚无生气之说,正先儒之所呵者,顾牵连而矫诬之乎?"①

与其"气本论"为一体两面,黄宗羲一再反对"视理为一物"的观点。在"胡直学案"中,他重新解释了胡直的"理在心,不在天地万物"的思想,说:

> 夫所谓理者,气之流行而不失其则者也,太虚中无处非气,则亦无处非理。孟子言万物皆备于我,言我与天地万物一气流通,无有碍隔。故人心之理,即天地万物之理,非二也。若有我之私未去,堕落形骸,则不能备万物矣。不能备万物,而徒向万物求理,与我了无干涉,故曰理在心,不在天地万物,非谓天地万物竟无理也。②

在此段文献中,黄宗羲的意思是说,理只能是气之理。而且有气之处必有理。人心中之理并非人心中固有之理,而是天地万物之理在人心中的表现。理不可能独立于气之外而存在。

值得注意的是,黄宗羲有时也讲"理是气的主宰",比较容易使人产生误会,以为"理"是一与气平行的实体或高于"气"的实体。③ 其实,他所说的"主宰"仅是强调气的条理性与秩序性,有时也暗指一种必然性,故他又称之为命或正命。如他说:

> 耳目口鼻,是气之流行者。离气无所为理,故曰性也。然即谓是性,则理气浑矣,乃就气中指出其主宰之命,这方是性。故于耳目口鼻之流行者,不竟谓之为性也。纲常伦物之则,世人以此为天地万物公共之理,用之范围世教,故曰命也。所以后之儒者穷理之学,必从公共处穷之。而吾之所有者唯知觉耳,孟子言此理是人所固

---

① 黄宗羲:《与友人论学书》,《黄宗羲全集》第10册,第153页。
② 黄宗羲:《宪使胡庐山先生直》,《黄宗羲全集》第7册,第592页。
③ 有人因此而讲黄宗羲是理气一元论者。参见张师伟《民本的极限——黄宗羲政治思想新论》,第28—65页,北京,中国人民大学出版社,2004。

有,指出性真,不向天地万物上求,故不谓之命也。顾以上段是气质之性,下段是义理之性,性有二乎?①

从上述所引的文献可以看出,黄宗羲坚持认为人心中的理,其实就是天地万物之中的理在人心中的反映,并不是理仅在人心而不在天地万物之中。在黄宗羲看来,所有将工夫与本体分成两橛的理论或实践,其根本出发点都错在"认理气为二"。所以,他一再强调:"造化只有一气流行,流行之不失其则者,即为主宰。非有一物以主宰夫流行。"②也就是说,气是万物的本原,理是气的条理化的表现,理不能离开气而独立存在,这种气一元论的思想是黄宗羲哲学的根本。因此,黄宗羲虽有"主宰"之说,然而其"主宰"并非有别于气,此一点与朱子极不相同。他说:

> 四时行,百物生,其间主宰谓之天。所谓主宰者,纯是一团虚灵之气,流行于人物。故民之视听,即天之视听,无有二也。"主事"、"事治"不必言矣,百神之享,一从民情之和悦见之,若以响应言天而求符命谶纬,则与求之"谆谆然命之"者无异矣。天岂滞于迹象,坠于方隅者哉?③

黄宗羲在此处所说的"一团虚灵之气"是什么呢? 当然不再是生化万物的、纯自然性的"元气",而只能是一种在人间被接受,被传播的感性化的道德法则。所以,他在讲"天"讲"命"时要强调依"义"而行,并认为这"命"即是主宰。因此,黄宗羲的"气本论"虽然从形上学的层面带有重视现实的、感性生活的思想内容在其中,但一旦落实在社会道德生活、政治生活之中,还是十分强调天、命、理的主宰作用。如他说:

> 所谓"命"者,以流行言也。流行者虽是不齐,而主宰一定,死忠死孝,当死而死,不失天则之自然,便是正命。若一毫私意于其间,

---

① 黄宗羲:《孟子师说》卷七,《黄宗羲全集》第 1 册,第 161 页。
② 黄宗羲:《同知刘师泉先生邦采》,《黄宗羲全集》第 7 册,第 505—506 页。
③ 黄宗羲:《孟子师说》卷五,《黄宗羲全集》第 1 册,第 124 页。

舍义而趋生，非道而富贵，杀不辜，行不义，而得天下，汩没于流行之中，不知主宰为何物，自绝于天，此世人所以不知命在旦夕也。①

上述引文中黄宗羲所说的"气化流行"之"命"乃是今日哲学所说的"必然性"，然其在人世间所表现出的"当死而死"之义，则是伦理学上的"应然"。人遵循伦理上的应然法则，毫无牵强做作，自然而然地从容就义，仿佛服从天道自然的法则，这就叫作"正命"。这种类比性的说法，实际上是将具有必然性的自然法则与人类社会的"应然"法则混同起来了。这就表明，在伦理学的学理层面，黄宗羲其实并没有摆脱程朱理学的思想影响。

黄宗羲虽为心学的继承者，但他所说的"主宰"，与阳明所说的"主宰"并不相同。阳明说：

> 天地气机，元无一息之停，然有个主宰，故不先不后，不急不缓，虽千变万化，而主宰常定，人得此而生。若主宰定时，与天运一般不息，虽酬酢万变，常是从容自在，所谓天君泰然，百体从令。若无主宰，便只是这气奔放，如何不忙？②

阳明哲学中的主宰是指"良知"，而黄宗羲哲学中的"主宰"则是不失其正的"气之理"，亦是孟子思想中的"四端"之心。阳明哲学一方面讲"我"的"灵明"，另一方面又讲"我"的"灵明"与天地鬼神之间的"一气流通"，因而不隔。③ 但阳明哲学将人的良知与草木、瓦石的良知等同起来，并在此基础上说"同此一气，故能相通耳"④。而黄宗羲虽然承认人物一气流通，却坚决不同意人之性与禽兽之性相同的说法，因为人有仁义礼智，而禽兽则无。

既然天地万物皆一气流行，那么人与物如何区分？这是所有"气本

---

① 黄宗羲：《孟子师说》卷五，《黄宗羲全集》第 1 册，第 124 页。
② 王守仁：《传习录上》，《王阳明全集》，吴光等编校，第 30 页，上海，上海古籍出版社，1992。
③ 参见王守仁《传习录下》，《王阳明全集》，吴光等编校，第 124 页。
④ 王守仁：《传习录下》，《王阳明全集》，吴光等编校，第 107 页。

论"者要面对的一个基本问题。黄宗羲认为：

> 天以气化流行而生人物，纯是一团和气。人物禀之即为知觉，知觉之精者灵明而为人，知觉之粗者昏浊而为物。人之灵明，恻隐羞恶辞让是非，合下具足，不囿于形气之内，禽兽之昏浊，所知所觉，不出于饮食牝牡之间，为形气所锢，原是截然分别，非如佛氏浑人物为一途，共一轮回托舍也。其相去虽远，然一点灵明，所谓"道心惟微"也。天地之大，不在昆仑旁薄，而在葭灰之微阳；人道之大，不在经纶参赞，而在空隙之虚明。其为几希者此也。①

从这段文献可以看出，黄宗羲的"气本论"对于人与物的根本区别并没有比孟子讲出更多的理论新意，即承认人与禽兽之间的区别只是那么一丁点先天的"灵明知觉"。而对于这一丁点的"灵明知觉"是如何产生的，黄宗羲并没有给出适当的说明。

要而言之，黄宗羲主张天地古今只是一气的循环与流行。他认为天地万物统一于气，理是气的主宰，是气自然而然地所具有的条理，而气的运动变化是永恒的。他甚至认为，"仁者天之主意，待人而凝，理不离气也。由是而之焉之为道，彼欲求之于未生之前者，非吾之所谓道也"②。这种气一元论的观点，既表现在伦理的方面，亦表现在美学方面。在伦理学方面，如他说：

> 覆载之间，一气所运，皆同体也。何必疾痛疴痒，一膜之通，而后为同耶？吹为风，呵为雾，唾为湿，呼为响，怒为惨，喜为舒，皆吾身之气也。人心无不仁，一念之差，惟欲独乐，故白起发一疑心，坑四十万人如虮虱；石崇发一快心，截蛾眉如刍俑；李斯发一饕心，横尸四海；杨国忠发一疾心，激祸百年。战国之君，杀人盈城盈野，只是欲独乐耳。一经孟子点破，兵气销为日月光，真是点铁成金手段。③

---

① 黄宗羲：《孟子师说》卷四，《黄宗羲全集》第1册，第111页。
② 黄宗羲：《孟子师说》卷七，《黄宗羲全集》第1册，第161页。
③ 黄宗羲：《孟子师说》卷一，《黄宗羲全集》第1册，第52页。

在这里,黄宗羲将人的心念、想法与人的感性生命活动联系在一起,仁与不仁的行为都与人体的气之运行有内在的关系。这种说法有其理论上的长处,即不脱离人的具体生活来谈论道德和政治活动,但未能很好地揭示人类生活的本质。

在美学方面,如他说:

> 夫文章,天地之元气也。元气之在平时,昆仑旁薄,和声顺气,发自廊庙,而畅洽于幽遐,无所见奇;逮夫厄运危时,天地闭塞,元气鼓荡而出,拥勇郁遏,坌愤激讦,而后至文生焉。①

这里所讲的"气",其实是作家具体的感情。这种感情在平常的生活中平淡无奇,一旦遇到压抑、阻遏,则会喷涌而出,创作出惊天动地的雄文来。

应当承认,黄宗羲在处理"理气"关系的问题上,也有个别地方的论述不是十分清晰,如在《孟子师说》卷四"居中下位"章,在转述了孙淇澳的观点后说:

> 大虚之中,昆仑旁薄,四时不忒,万物发生,无非实理,此天道之诚也。人禀是气以生,原具此实理,有所亏欠,便是不诚,而乾坤毁矣。学问思辨笃行,炼石以补天也。善即是诚,明善所以明其诚者耳。吾之喜怒哀乐,即天之风雨露雷也。天下无无喜怒哀乐之人,一气之鼓荡,岂有不动?苟亏欠是理,则与天地不相似,是气不相贯通,如何能动?②

对于此段文献的理解,有学者肯定黄宗羲还保有从形上层面讲理气心性的思想因素。③ 而我们从气本论的立场出发,恰恰认为这是他还未脱尽程朱理学影响的具体表现,表明他的气本论的哲学思想还不够纯

---

① 黄宗羲:《谢皋羽年谱游录注序》,《黄宗羲全集》第 10 册,第 34 页。
② 黄宗羲:《孟子师说》卷四,《黄宗羲全集》第 1 册,第 94 页。
③ 参见郑宗义《明清儒学转型探析——从刘蕺山到戴东原》,第 83 页。

粹,在有些地方还夹杂着理本论的渣滓。

二、黄宗羲的伦理学思想

在讨论黄宗羲的理气、心性、性情才合一论的思想之前,我们可以先看看他是如何理解其师刘宗周的思想的。在《先师蕺山先生文集序》里,黄宗羲从三个方面比较简明扼要地勾勒了其师的学说精髓。其一,他说:

先师之学在慎独。从来以慎独为宗旨者多矣,或识认本体而坠于恍惚,或依傍独知而力于动念。唯先师体当喜怒哀乐一气流通,复不假品节限制,而中和之德,自然流行于日用动静之间。独体如是,犹天以一气进退,平分四时,温凉寒燠,不爽其则。一岁如此,万古如此。即有衍阳伏阴,酿为灾祥之数,而终不易造化之大常。慎者,慎此而已。故其为说,不能不与儒先牴牾。①

这一段文献表明,刘宗周是从一气流通的角度来阐发"慎独"思想的,与宋儒程朱一系的理本论思想有所不同。

其二,在性情观方面,他将刘宗周与宋儒的不同之处区别开来,说:

儒先②曰:"未发为性,已发为情。孟子之恻隐、羞恶、辞让、是非,因所发之情,而见所存之性;因所情之善,而见所性之善。"师以为指情而言,非因情见性也;即心言性,非离心言善也。形而上者谓之道,形而下者谓之器;器在斯道在,离器而道不可见。必若求之恻隐、羞恶、辞让、是非之前,几何而不心行路绝,言语道断。所谓有物先天地者,不为二氏之归乎? 又言性学不明,只为将此理另作一物看,如钟虚则鸣,妄意别有一物主所以以鸣者。夫盈天地间,止有气质之性,更无义理之性,谓有义理之性不落于气质者,臧三耳之说

---

① 黄宗羲:《先师蕺山先生文集序》,《黄宗羲全集》第10册,第53—54页。
② 儒先,指宋儒,主要是程朱一系。

也。师于千古不决之疑,一旦拈出,使人冰融雾释,而弥近理而大乱真者,亦既如粉墨之不可掩矣。①

这一段文献表明,刘宗周不同意宋儒程朱一系有关性情、道器、气质之性与义理之性的诸论述,而是主张因情见性、即心言性、即器言道,不分气质之性与义理之性。

其三,黄宗羲指出了一个重要的史料问题,即刘宗周之子刘伯绳在编辑刘宗周的遗书时,将刘宗周与洛、闽之言相抵触的内容都删除了。这一方面表明二程与朱子的思想具有强大的社会影响力与不可抵抗的正统性,另一方面也表明刘宗周的思想中既有与程朱思想相抵触的地方,也有与之相一致的地方。这表明宋明儒虽有理、气、心学之流派的不同,然而有共通性之处。黄宗羲说:"曩日之旅进者,才识多下。当伯绳辑遗书之时,其言有与雒、闽龃龉者,相与移书,请删削之,若惟恐先师失言,为后来所指摘。嗟呼!多见其不知量也。"②

从上述所引的材料大体可以看出,黄宗羲从气本论的立场出发,坚持理气、心性、性情才合一论,与他坚决维护并继承其师刘宗周的思想,有直接的学脉承继关系。黄宗羲不同意程朱一系儒家"以理归之天地万物"的观点,而认同阳明"良知即天理"的观点,认为这是阳明有功于儒学的地方。他认同其师刘宗周将"意"看作是"心"之体,而且将仁、义、礼、智看作是"四气"的观点,说:

> 夫心以意为体,意以知为体,知以物为体,意之为心体,知之为意体,易知也;至于物之为知体,则难知矣。家国天下固物也,吾知亦有离于家国天下之时,知不可离,物有时离,如之何物为知体乎?人自形生神发之后,方有此知,此知寄于喜怒哀乐之流行,是即所谓物也。仁、义、礼、智,后起之名,故不曰理而曰物。格有通之义,证得此体分明,则四气之流行,诚通诚复,不失其序,依然造化,谓之格

① 黄宗羲:《先师蕺山先生文集序》,《黄宗羲全集》第10册,第54页。
② 黄宗羲:《先师蕺山先生文集序》,《黄宗羲全集》第10册,第55页。

物。未格之物,四气错行,溢而为七情之喜怒哀乐,此知之所以贸乱也。故致知在格物,确乎不易。①

上述文献中,黄宗羲极力维护其师"心以意为体,意以知为体,知以物为体"的说法,而且着重解释了"物为知之体"这一颇为难以理解的话。黄宗羲对此句话的解释是,人自从获得生命并且在认识能力产生之后,人的认知活动就处在喜怒哀乐的感性活动之中,这就是"知以物为体"的意思,即使像仁、义、礼、智这些名称,其实也是具体的伦理之物而不是抽象的理则,对于这些伦理之物需要在实际的感性生活中加以体认,体认清楚明白之后,就称之为格物。如果人不能在生活中对这些伦理之物加以体认,任凭自然生理的需求乱来,就一定会出错。所以要想获得人伦生活的正确之知亦需要格物。黄宗羲对其师思想的维护与解释,后来也直接地影响他自己在理气、心气、性气、心性诸问题上的认识。

(一) 理气、心气、性气、心性合一

"理气合一"的说法,黄宗羲本人多次提到过。《孟子师说》卷七云:

> 形色,气也;天性,理也。有耳便自能聪,有目便自能明,口与鼻莫不皆然,理气合一也。心是形色之大者,而耳目口鼻其支也。"圣人践形",先践其大者,而小者从之。②

与上述材料类似的说法,黄宗羲还有很多论述,如他在论王廷相的气论思想时就说过"天地之间只有气,更无理,所谓理者,以气自有条理,故立此名耳"③之类的话。但需要注意的是,"理气合一"说是以气本论为前提的,是要否定"理"作为一独立实体,且能产生气的理本论思想的。

黄宗羲不仅认为理气合一,也认为心与气也是合一的。在《孟子师说》中,他借阐述其师刘宗周的思想,再一次明确地阐述了心气合一、心理合一、心性合一的思想。他说:

---

① 黄宗羲:《万充宗论格物》,《黄宗羲全集》第 10 册,第 201—202 页。
② 黄宗羲:《孟子师说》卷七,《黄宗羲全集》第 1 册,第 157 页。
③ 黄宗羲:《肃敏王浚川先生廷相》,《黄宗羲全集》第 8 册,第 487 页。

天地间只有一气充周,生人生物。人禀是气以生,心即气之灵处,所谓"知气在上"也。心体流行,其流行而有条理者即性也。犹四时之气,和则为春,和盛而温则为夏,温衰而凉则为秋,凉盛而寒则为冬,寒衰则复为春,万古如是,若有界限于间。流行而不失其序,是即理也。理不可见,见之于气,性不可见,见之于心,心即气也。心失其养,则狂澜横溢,流行而失其序矣。养气即是养心,然言养心犹觉难把捉,言养气则动作威仪,旦昼呼吸,实可持循也。佛氏"明心见性",以为无能生气,故必推原于生气之本,其所谓"本来面目","父母未生前","语言道断,心行路绝",皆是也。至于参话头则壅遏其气,使不流行。离气以求心性,吾不知所明者何心,所见者何性也。①

上述这段文献较长,然比较集中地体现了他对气、理、心、性四者关系的认识。而其核心观点则是:离气不可以言理、言心、言性。心是气的灵处,理是气流行不失其序的状态,性是心体流行而有条理的状态。要皆一气而已,即理气、心气、性气是合一的。类似的说法亦表现在《孟子师说》卷七之中,如黄宗羲说:

人与天虽有形色之隔,而气未尝不相通。知性知天,同一理也。《易》言"穷理尽性以至于命",穷理者尽其心也,心既②理也,故知性知天随之矣,穷理则性与命随之矣。……人心为气所聚,其枢纽至微,勿忘勿助,此气常存,稍涉安排,则霍然散,不能自主。故必须存,存得恰好处便是养,不是两件工夫。《易》言"成性存存",可知是一也。天下之理,皆非心外之物,所谓存久自明而心尽矣。③

---

① 黄宗羲:《孟子师说》卷二,《黄宗羲全集》第1册,第60页。《孟子师说》一书是黄宗羲复述其师刘宗周的孟子学思想,在一定程度上也可以视作是黄宗羲的思想。故论黄宗羲的理气心性论时,亦选用了该书中的材料。
② 既,此处为"即"。
③ 黄宗羲:《孟子师说》卷七,《黄宗羲全集》第1册,第148—149页。

对于心与性的关系问题,黄宗羲也坚持"心性合一"的观点,说:"夫心只有动静而已,寂然不动,感而遂通,动静之谓也。情贯于动静,性亦贯于动静,故喜怒哀乐,不论已发未发,皆情也,其中和则性也。"①他又说:"凡动静者,皆心之所为也,是故性者心之性。舍明觉自然、自有条理之心,而别求所谓性,亦犹舍屈伸往来之气,而别求所谓理矣。"②显然,黄宗羲主张性只是心之"历然不能昧者",心和性的关系就是气和理的关系。在本体论上没有抽象的理,在伦理学上也没有抽象的道德理性。人的道德理性是人心在现实生活中恰当地表现出来的道德感情,即恻隐、羞恶、恭敬、是非的道德观念。黄宗羲的观点是不能脱离人的具体道德感情来谈论人的抽象道德理性,从而强调人在社会生活中的道德主动性的一面。

要而言之,黄宗羲认为理气与心性应当是统一的,他说:

> 夫在天为气者,在人为心;在天为理者,在人为性。理气如是,则心性亦如是,决无异也。人受天之气以生,只有一心而已。而一动一静,喜怒哀乐,循环无已。当恻隐处自恻隐,当羞恶处自羞恶,当恭敬处自恭敬,当是非处自是非。千头万绪,輟輵纷纭,历然不能昧者,是即所谓性也。初非别有一物立于心之先,附于心之中也。③

黄宗羲的意思很明确,天地之气,在人身上就是人心;天地之理,在人身上就是人性。气是动的,心也是动的。人心在各种不同的情境下能恰当地表现出恻隐、羞恶、恭敬、是非的道德观念,这就是人性。人性并不外在于人心的活动。

在性气的问题上,黄宗羲反对潘用微的"性自性,气自气"的气性二分的思想,坚持即气言性。他说:

> 离气言性,则四端者何物为之,仍堕于佛氏之性空。四端非气,

---

① 黄宗羲:《文庄罗整庵先生钦顺》,《黄宗羲全集》第 8 册,第 409 页。
② 黄宗羲:《文庄罗整庵先生钦顺》,《黄宗羲全集》第 8 册,第 409 页。
③ 黄宗羲:《文庄罗整庵先生钦顺》,《黄宗羲全集》第 8 册,第 408—409 页。

而指刚、柔、善、恶,始可言气。一人之心,有从气而行者,有不从气而行者,且歧为两,又何能体天地万物而一之也?①

性气是如何为统一体的? 黄宗羲引孙淇澳的说法,间接地表达了自己的意思。"孙先生淇澳曰:'……如将一粒种看,生意是性,生意默然流行便是气,生意显然成象便是质,如何将一粒分作两项,曰性好气质不好? 所谓善反者,只见吾性之为善而反之,方是知性,若欲去气质之不善而复还一理义之善,则是人有二性也。二之,果可为性否?'"②

在辨析心与理一的问题时,黄宗羲下面一段话值得重视。他说:

> 道盖大化流行,不舍昼夜,无有止息。此自其变者而观之,气也;消息盈虚,春之后必夏,秋之后必冬,人不转而为物,物不转而为人,草不移而为木,木不移而为草,万古如斯,此自其不变者而观之,理也。在人亦然,其变者,喜怒哀乐、已发未发、一动一静、循环无端者,心也;其不变者,恻隐、羞恶、辞让、是非,梏之反覆,萌蘖发见者,性也。儒者之道,从至变之中以得其不变者,而后心与理一。……是故理无不善,气则交感错综,参差不齐,而清浊偏正生焉。性无不善,心则动静感应,不一其端,而真妄杂焉。③

上述这段文献表明,黄宗羲虽然说理气、心性合一,但在具体的道德生活中,他还是要坚持用不动的"理"来规范流动的"气",用不动的"性"来规范极其灵活的"心"。这一点与程朱理学没有任何区别。

由于深受王阳明,特别是他的老师刘宗周思想的影响,黄宗羲在理气统一的观念中引申出人禀气而生且具备万理的结论。他说:

> 自其分者而观之,天地万物各一理也,何其博也;自其合者而观之,天地万物一理也,理亦无理也,何其约也。汎穷天地万物之理,

---

① 黄宗羲:《与友人论学书》,《黄宗羲全集》第 10 册,第 153 页。
② 黄宗羲:《孟子师说》卷六,《黄宗羲全集》第 1 册,第 137 页。
③ 黄宗羲:《文敬胡敬斋先生居仁》,《黄宗羲全集》第 7 册,第 22—23 页。

则反之约也甚难，散殊者无非一本，吾心是也，仰观俯察，无非使吾心体之流行，所谓"反约说"也。若以吾心陪奉于事物，便是玩物丧志矣。①

因而，人们眼中的万物皆出于"吾心"，"天下之理皆非心外之物，所谓存久自明而心尽矣"。② 黄宗羲将人心看作是天之气在人身的表现，突出"心"的实在性、主动性、能动性的特征。但他毕竟混淆了作为人的主体认识之心与客观之气的能动性这二者之间的不同，看不到作为认识之心的历史发展过程与人类社会的实践性、阶级性等具体历史内容，因此，他的哲学思想在气本体的立场比较接近朴素唯物主义，而从认识论的角度看，则带有先验唯心主义的思想特征。这也是马克思历史唯物主义出现之前所有哲学家的共同缺陷，即他们在自然哲学方面是唯物主义的，在认识论与历史观领域里是唯心主义的。黄宗羲甚至对"气"做出道德判断，认为"和气""善气"体现了气的道德属性。他还认为"志即气之精明者也"，"知者，气之灵也"③，将"志""知"等精神现象也做出物质性的规定，因而将观念中的东西看作生活中应有乃至实有的东西，甚至为此做出神秘主义的解释。这种道德观与历史观方面的唯心主义观点与气本论的唯物论思想交织在一起，显示了其哲学思想的杂糅性质。

（二）以性善论为出发点的伦理学思想

宋明理学各家的理论出发点不同，但在性善论的问题上大体上持相同的立场，而且往往斥责对手不能坚持性善论的观点，实际上他们都属于广义的性善论范畴之内。黄宗羲在批评宋儒程朱一系的思想时，亦采取类似的立场。在与潘用微、陈确的辩论过程中，黄宗羲反复坚持人性善的观点。他说：

> 夫人性之善也，尧、舜之道孝弟也，当入小学之日，熟读而习闻

① 黄宗羲：《孟子师说》卷四，《黄宗羲全集》第 1 册，第 110 页。
② 黄宗羲：《孟子师说》卷七，《黄宗羲全集》第 1 册，第 149 页。
③ 黄宗羲：《孟子师说》卷二，《黄宗羲全集》第 1 册，第 62、64 页。

之矣……阳明先生无善无恶心之体,亦犹《中庸》言上天之载,无声无臭,恐人于形象求之,非谓并其体而无之也。①

他是阳明学的后裔,不便于批评阳明的思想,故对阳明"无善无恶心之体"的说法作另一种解释,认为这一说法其实还是在讲人性本善,只是阳明担心一般的人执着于具象的理解,才以活脱的说法来规定人性。

他不同意同门师兄陈确"人性无不善,于扩充尽才后见之"的性善论观点,说:

夫性之为善,合下如是,到底如是,扩充尽才,而非有所增也,即不加扩充尽才,而非有所减也。不为尧存,不为桀亡,到得牿亡之后,石火电光,未尝不露,才见其善,确不可移,故孟子以孺子入井呼尔蹴尔明之,正为是也。若必扩充尽才,始见其善,不扩充尽才,未可为善,焉知不是荀子之性恶,全凭矫揉之力,而后至于善乎?②

在此段文献中,黄宗羲的意思是说,既然人性是善的,就完完全全是善的,无须等到扩充人的材质之后才真正是性善的。人性善是先天的,是恒定的,是绝对的,不依赖任何圣人来增加一点,也不因为某些大奸大恶而减少一点。在这一点上,黄宗羲与程朱理学讲天理、讲孝的伦理法则是绝对的,不因为尧舜而多一点的观点颇为一致。

黄宗羲持有一种绝对的"性善"说,他说:

夫性固浑然天地万物一体,而言性者必以善言性,决不以浑然天地万物一体言性,一体可以见善,而善之非一体明矣。且如以恻隐言一体可也,以辞让言一体亦可也,使羞恶是非历然,吾独知之中,未交人物,与浑然一体何与?③

在这段文献里,黄宗羲要表达的意思是,只要我们谈论人性的问题,

① 黄宗羲:《与友论学书》,《黄宗羲全集》第 10 册,第 154 页。
② 黄宗羲:《与陈乾初论学书》,《黄宗羲全集》第 10 册,第 159 页。
③ 黄宗羲:《与友论学书》,《黄宗羲全集》第 10 册,第 150 页。

就一定要以善来规定人性。从人与天地万物浑然一体之处言说人性之善，但不能反过来说"善"就是所有事物之性。而人性之善端——恻隐、辞让、羞恶、是非之心，需要在与万物打交道时才能说与万物一体，而不能在"独知之中"讨论什么"浑然一体"。

在对待"气质之性"与"义理之性"的问题上，黄宗羲虽然同意其师刘宗周的观点"义理之性即气质之本性，离气质无所谓性"，但不同意陈确"人欲恰好处，即天理也"的观点。他说：

> 然以之言气质言人心则可，以之言人欲则不可。气质人心，是浑然流行之体，公共之物也。人欲是落在方所，一人之私也。天理人欲，正是相反，此盈则彼绌，彼盈则此绌。故寡之又寡，至于无欲，而后纯乎天理。若人心气质，恶可言寡耶？……必从人欲恰好处求天理，则终身扰扰，不出世情，所见为天理者，恐是人欲改头换面耳。①

黄宗羲此处特别拈出"气质"与"人欲"的区别，颇有深意与新意。气质之性是针对人性的感性存在形式而言的，因为人性即是天地之气凝在人身上的秩序与条理，故可以说是善的。然而人欲则是具体个人的感性欲望，即黄氏说的"落在方所的一人之私"，就很难说是善的了。但是，他将人欲与天理绝对地对立起来，这又走到了理论的反面，不及王夫之所讲的"天理寓于人欲"之中的观点更加辩证。通观黄宗羲的气理心性思想，他虽然承认人身为"一气流行"，但这"流行之中，必有主宰"，"失其主宰，则义理化为血气"②。一旦义理化为血气，则将是人欲流行。这是黄宗羲绝对不能同意的。因此，他在气理心性的问题上特别强调人禽之别。在《孟子师说》卷六诸章里，他比较集中地讨论这了一问题。他说：

> 无气外之理，"生之谓性"，未尝不是。然气自流行变化，而变化

---

① 黄宗羲：《与陈乾初论学书》，《黄宗羲全集》第 10 册，第 159 页。
② 黄宗羲：《孟子师说》卷二，《黄宗羲全集》第 1 册，第 60 页。

之中,有贞一而不变者,是则所谓理也性也。告子唯以阴阳五行化生万物者谓之性,是以入于笼统,已开后世禅宗路径。故孟子先喻白以验之,而后以牛犬别白之。盖天之生物万有不齐,其质既异,则性亦异,牛犬之知觉,自异乎人之知觉;浸假而草木,则有生意而无知觉矣;浸假而瓦石,则有形质而无生意矣。若一概以笼统之性言之,未有不同人道于牛犬者也。[1]

他又说:

"食色,性也",即是以阴阳五行化生者为性,其所谓仁者,亦不过煦煦之气,不参善不善于其间;其所谓义,方是天地万物之理。[2]

黄宗羲将仁义礼智看作是"理",是禽兽所没有的"人性"。他说:

程子"性即理也"之言,截得清楚,然极须理会,单为人性言之则可,欲以该万物之性则不可。即孟子之言性善,亦是据人性言之,不以此通之于物也,若谓人物皆禀天地之理以为性,人得其全,物得其偏,便不是。夫所谓理者,仁义礼智是也。禽兽何尝有是?……理者,纯粹至善者也,安得有偏全!人虽桀纣之穷凶极恶,未尝不知此事是恶,是陷溺之中,其理亦全,物之此心已绝,岂可谓偏者犹在乎?[3]

黄宗羲将人禽之别规定在"有理之义"与"无理之气"的分界点上,并进而批评佛教的人性论与投胎转世说。他说:

若论其统体,天以其气之精者生人,粗者生物,虽一气而有精粗之判。故气质之性,但可言物不可言人,在人虽有昏明厚薄之异,总之是有理之气,禽兽之所禀者,是无理之气,非无理也。其不得与人同者,正是天之理也。释氏说"蠢动含灵,皆有佛性",彼欲济其投胎

---

[1] 黄宗羲:《孟子师说》卷六,《黄宗羲全集》第1册,第133页。
[2] 黄宗羲:《孟子师说》卷六,《黄宗羲全集》第1册,第134页。
[3] 黄宗羲:《孟子师说》卷六,《黄宗羲全集》第1册,第135页。

托舍之说,蠛蠓之微与帝王平等,父母之亲,入禽兽轮回,正坐人物一气,充类以至无理也。盖人而丧其良心入于禽兽者有矣,未有禽兽而复为人者也。①

上述引证的材料意在表明,黄宗羲坚持人性善的观点,在人性与物性的区别上,他强调人性是有理义之性而物性则无,并从这一基本认识出发,批评了告子、禅宗、佛教的人性论以及佛教的转世说,以此来维护儒家人性善的理论,特别是孟子性善论的纯洁性。就此点而言,黄宗羲是坚定的孟子主义者。

在情与性的关系上,黄宗羲"情性合一"论,反对宋儒"大略性是体,情是用;性是体,情是动,性是未发,情是已发"的情性说,亦反对程子"人生而静以上,不容说。才说性时,他已不是性也"的观点,认为程子的这一观点是将性看作一"悬空之物"。他抬出孟子为自己的情性合一论提供权威性的证据,说:

> 其实孟子之言,明白显易,因恻隐、羞恶、恭敬、是非之发,而名之为仁义礼智,离情无以见性,仁义礼智是后起之名,故曰仁义礼智根于心。若恻隐、羞恶、恭敬、是非之先,另有源头为仁义礼智,则当云心根于仁义礼智矣。是故"性情"二字,分析不得,此理气合一之说也。体则情性皆体,用则情性皆用,以至动静已未发皆然。才者性之分量。恻隐、羞恶、恭敬、是非之发,虽是本来所具,然不过石火电光,我不能有诸己。故必存养之功,到得"溥博渊泉,而时出之"之地位,性之分量始尽,希贤希圣以至希天,未至于天,皆是不能尽其才。犹五谷之种,直到烝民乃粒,始见其性之美,若苗而不秀,秀而不实,则性体尚未全也。②

黄宗羲一方面承认人有善性,情性皆善,但又认为这种善性还不能

---

① 黄宗羲:《孟子师说》卷六,《黄宗羲全集》第1册,第135页。
② 黄宗羲:《孟子师说》卷六,《黄宗羲全集》第1册,第136—137页。

当着已经完成的善性来加以使用，必须依靠存养的工夫，让这种善性在现实生活中依着具体情境自然而然地表现出来，无丝毫的勉强、做作。所谓"未至于天，皆是不能尽其才"，其实即是说未能达到充实而光辉的境界，就不能自然而然地表现出来。此句中"天"字，即包含自然而然的意思。而所谓"尽其才"，即充分展示人先天具有的潜在才质与可能性。黄宗羲此处的说法与陈确的观点有点类似，然实际上并不相同。陈确以人性的完成性为性，先天的、未展开的状态不能称之为性。黄宗羲则认为，人性先天地具有善性，情性皆善。然而必须经过存养的工夫，这种善性才能充分地实现出来。① 所以他又说：

> "平旦之气，其好恶与人相近也者几希"，此即喜怒哀乐未发之体，未尝不与圣人同，却是靠他不得，盖未经锻炼，一逢事物，便霍然而散，虽非假银，却不可入火，为其平日根株久禅宗席。平旦之气，乃是暂来之客，终须避去。明道之猎心，阳明之隔虐，或远或近，难免发露，故必须工夫，才还本体，此念庵所以恶现成良知也。②

类似的说法还有：

> 仁之于心，如谷种之生意流动，充满于中，然必加艺植灌溉之功，而后始成熟。……向非成之，则无以见天降之全，到得成之，方可谓之熟，不然，苗而不秀，秀而不实，终归无用。③

黄宗羲的意思是说，人性从性质上判定是善的，但此种先天善性在实际生活中不能完全依赖它，因为人性善不是现成的，需要在日常生活中加以存养。必须通过精熟的存养工夫，才能将人的先天善性在日常生活中切实地表现出来。

黄宗羲认为，"平旦之气"即是良心，"不是良心发见于此气也。但使

---

① 有关黄宗羲与陈确人性论的异同问题，参见郑宗义《明清儒学转型探析——从刘蕺山到戴东原》，第76—84页。
② 黄宗羲：《孟子师说》卷六，《黄宗羲全集》第1册，第138—139页。
③ 黄宗羲：《孟子师说》卷六，《黄宗羲全集》第1册，第143页。

此气虚灵不昧,以之应事接物,则旦昼自然合节"①,而且说"天心生生之几,无时或息。故放失之后,少间又发,第人不肯认定,以此作主宰耳"②。因此,其伦理学在讨论人的道德修养"工夫"问题时,提出了"养气"即是"养心"的观点,如他说:

> 孟子养心,是学者工夫,离不得欲字。心之所向谓之欲,如欲正欲忘欲助长,皆是多欲,但以诚敬存之,便是寡欲。盖诚敬亦是欲也,在学者善观之而已。③

类似的说法还有,如他说:

> "知"者,气之灵者也。肠子而不灵,则昏浊之气而已。养气之后,则气化为知,定静而能虑,故"知言"、"养气",是一项工夫。④

> 气自粗精一滚出来,养之而后能清明,渣滓尽去,始为浩然。故横渠曰:"散殊而可象为气,清通而不可象为神。"神乃是养后之气也,非清明如广大刚果不移不屈? 正是浩然体段,如何反诋不可解也。⑤

通过上述所论可以看出,黄宗羲是在气本论的基本哲学立场上提倡理气心性、性情合一论的。他的伦理学坚定地维护孟子的性善论思想,肯定人性先天、内在的善性而又反对现成的良知派观点,要求在存养的工夫中将人的先天、内在的善性实现出来,其意图在于高度肯定人在道德修养、向善过程中的自主性,从而与重视"天理"的理学派重视道德伦理修为过程中他律作用的思想形成尖锐的对立。正是从一点说,黄宗羲是属于心学一系的思想家。黄宗羲是心学派的思想家,历代都无人怀疑,但其哲学思想中的"心"其实只是气之"灵明",这一点与陆九渊"心

① 黄宗羲:《孟子师说》卷六,《黄宗羲全集》第1册,第139页。
② 黄宗羲:《孟子师说》卷六,《黄宗羲全集》第1册,第139页。
③ 黄宗羲:《孟子师说》卷七,《黄宗羲全集》第1册,第164页。
④ 黄宗羲:《孟子师说》卷七,《黄宗羲全集》第1册,第64页。
⑤ 黄宗羲:《孟子师说》卷二,《黄宗羲全集》第1册,第64—65页。

学"中的"心"、阳明哲学中的"心",均有所不同。此点不能不辨。而他所用的"灵明"虽然与阳明在《传习录》中所用的"灵明"一词有学脉的关系,但其含义却有不同,即黄宗羲思想中的心(或曰灵明)的本体是气,而阳明学中的"灵明"则是先验的"良知"。理解了黄宗羲思想中的心气关系,我们就可以更好地理解他在学术史观方面提出的"盈天地皆心"①命题的真正意蕴之所在。该命题并不是关于世界本源的论断,而只是就实存世界的某一灵明状态而言的。由于《明儒学案》要解决的主要是明代学术史中每位学者的独特地位问题,他要肯定每个人在学问上的"自得"之处,因而要肯定每个人的"灵明",即心的价值。故他以"盈天地皆心"的命题肯定灵明存在的普遍性,进而发掘这一普遍存在而又各具特色的灵明。这正是他继承阳明心学,凸显学者思想个性的精神在学术史方面的体现。因此,黄宗羲的"气本论"思想与学术史观中的"一本万殊"思想并没有内在的矛盾冲突,而只是在不同的层面讨论不同的学术问题而已。

第二节 "一本万殊"的学术史观

从具体内容与形式上看,《明儒学案》只是明代的儒学史,然而其中蕴含着超越儒学史,带有一般学术史意义的思想内涵。黄宗羲编纂该书的深层思想动机,是要保存汉民族的精神传统,以此来应对明王朝灭亡这一巨大的政治事件。这一精神祈向体现在下面这段文字中:

> 尝谓有明文章事功,皆不及前代,独于理学,前代之所不及也。牛毛茧丝,无不辨晰,真能发先儒之所未发。程、朱之辟释氏,其说虽繁,总是只在迹上;其弥近理而乱真者,终是指他不出。明儒于毫厘之际,使无遁影。②

这段话的意蕴非常丰富,主要意思是说明儒在文章事功方面虽然赶

---

① 黄宗羲:《明儒学案序》,《黄宗羲全集》第 10 册,第 73 页。
② 黄宗羲:《明儒学案发凡》,《黄宗羲全集》第 7 册,第 5—6 页。

不上前人,但在理学方面有独到的贡献。这主要表现在他们能从理论上
深入、细致地批判佛教,维护儒家学说的本真精神。而就此点的学术贡
献来说,宋儒程、朱大贤亦有不及之处。

如何表彰明代儒者的学术贡献呢? 黄宗羲决定从发掘每位思想者
的精神独创性的角度入手来编纂明儒学术史。他说:

> 盈天地皆心也,变化不测,不能不万殊。心无本体,工夫所至,
> 即其本体。故穷理者,穷此心之万殊,非穷万物之万殊也。①

他的意思是,就人类整体而言,人心并没有预设的本体。人心与大
化流行之气是相通的。在天为气,在人则为心;在天为理,在人则为性。
所以心与性是相通的。人心没有预设的本体,而且从人的主体能动性而
言,"心"是无限量的,这就要看每个具体的个人如何在现实的世界中将
"心"的无限量发挥得更加充分。充分发挥每个个体心量的过程,就是每
个个体的工夫,而每个个体工夫的极致之处也就是每个个体之心的"本
体"。因此,研究气中之"理",就是要研究并把握气中之理的万殊之心,
因为理并不是一个实际的存在物,而只是流行之气的主宰与条理。这一
主宰与条理并不是一个现成的客观之物,自然而然地平放在某处,而是
要靠人心——人的理性思维去把握的。因此,要穷究气世界里的万殊之
理,只需要研究现实世界中万殊的人心就可以了。另外,此段话中所说
的"心",是偏重于心的认识功能来说的,与他所说的人性先天具有善质
的思想不相矛盾。

在《明儒学案序》改定本中,黄宗羲更加明确地指出,"天地万物之理
即在吾心中",如他说:

> 盈天地皆心也。人与天地万物为一体,故穷天地万物之理,即
> 在吾心之中。后之学者错会前贤之意,以为此理悬空于天地万物之
> 间,吾从而穷之,不几于义外乎? 此处一差,则万殊不能归一,夫苟

---

① 黄宗羲:《明儒学案序》,《黄宗羲全集》第 10 册,第 73 页。

工夫著到,不离此心,则万殊总为一致。学术之不同,正以见道体之无尽,即如圣门师、商之论交,游、夏之论教,何曾归一?终不可谓此是而彼非也。奈何今之君子必欲出于一途,剿其成说以衡量古今,稍有异同即诋之为离经畔道。时风众势,不免黄茅白苇之归耳。①

黄宗羲此处所说的天地万物之理在吾人心中的观点,并不同于程朱理学所说的"心具众理"的观点。在程朱思想中,理既是绝对的天理,也是在物之理。人只有通过格物的工夫,才能把握表里精粗的众理,而达到一朝豁然开朗的境界。黄宗羲则认为,人心是气之灵明。气是有条理的,故众理实际上内在于人心之中,所谓"道体广大",即是指气机世界本是生生之仁的世界,这个气化生生之仁的世界在每个人的心中表现与认识都有所不同。而每个人的"灵明"(心)对此本体世界的不同展现,正好又体现了道体的广大。故学术史的研究不能忽视道体广大本身的丰富性、多面性的特征,尤其不能以门户之见来限制、抹杀人心对道体多面性的体认与表达。黄宗羲强调道体广大,犹如江海,可容纳百川,体现了晚明学术气象博大的另一面向。他以譬喻的方式论述:

夫道犹海也,江、淮、河、汉以至泾、渭、蹄涔,莫不昼夜曲折以趋之,其各自为水者,至于海而为一水矣。使为海若者汰然自喜曰:"咨尔诸水,导源而来,不有缓急平险清浊远近之殊乎?不可谓尽吾之族类也,盍各返尔故处。"如是则不待尾闾之泄,而蓬莱有清浅之患矣。今之好同恶异者,何以异是?②

黄宗羲所说的"道体",其实即是存有的本身。如果仅就人类的存有世界而言,即是人类生活世界的本身。他要求学术史以深刻的哲学眼光洞察人类生活世界的丰富性,对学术史上诸多能揭示人类生活世界某一个侧面的真理性认识给予恰当的肯定,而不是从自己所坚持的学术门户

---

① 黄宗羲:《明儒学案序·改本》,《黄宗羲全集》第10册,第75页。
② 黄宗羲:《明儒学案序·改本》,《黄宗羲全集》第10册,第75页。

出发,忽视学术的独创性。上述引文虽为文学化的语言,但却阐发了具有极强包容性的学术思想。这一学术史观,同时也可以说是哲学史观,的确具有不同凡响的意义。黄宗羲非常曲折地调和了心、气、理三大思想传统,将学术史的理论目标定位为研究每个学者思想的独特性以及它在思想世界中的独特价值。这一学术史的理论目标,其实是将阳明心学体系所隐含的肯定道德实践个体的近代性思想因素,从学术史的角度转化为对思想者学术个性的肯定。这样,他的学术史观就突出地彰显了学者的学术个性与思想的独特性,包含了近现代哲学中个体性原则的思想因素。这正是黄宗羲"一本万殊"的学术史观中最有创发性的地方。

黄宗羲从肯定"心之万殊"的哲学思想出发,进一步肯定了学者思想独创性的价值,反对与郡县制下的专制社会意识形态相一致的"举一废百"的学术专制思想。他认为:

> 古之君子宁凿五丁之间道,不假邯郸之野马,故其途亦不得不殊。奈何今之君子,必欲出于一途,使美厥灵根者化为焦芽绝港?夫先儒之语录,人人不同,只是印我之心体变动不居。若执定成局,终是受用不得。此无他,修德而后可讲学,今讲学而不修德,又何怪其举一而废百乎![1]

上述这段文献中"宁凿五丁之间道,不假邯郸之野马"一句的意思是宁可像古代蜀国五位壮士那样筚路蓝缕地开凿山道,也不愿接受像晋国智伯白白馈送的许多上好的野马。[2] 全段引文的意思可分三层来理解,第一层意思是说,学问之道贵在独创。第二层意思是批评当时学界要求

---

[1] 黄宗羲:《明儒学案序》,《黄宗羲全集》第10册,第73—74页。

[2]《战国策》卷三十二《宋卫》:"智伯欲伐卫,遗卫君野马四百,白璧一。卫君大悦,群臣皆贺,南文子有忧色。卫君曰:'大(一)国大欢,而子有忧何?'文子曰:'无功之赏,无力(理)之礼,不可不察也。野马四(百),[白]璧一,此小国之礼也,而大国致之,君其图之。'卫君以其言告边境。智伯果起兵而袭卫,至境而反曰:'卫有贤人,先知吾谋也。'"参见刘向辑录《战国策》,第1159页,上海,上海古籍出版社,1998。"邯郸之野马"一语,有人以为是庄子《逍遥游》篇"野马也,尘埃也"句中的"野马"。根据上下文之意,黄宗羲此处是化用《战国策》中的故事,"邯郸"是赵国的都城,故"野马"代指赵国智伯赠卫君野马的故事,更为妥当。

所有学问都从一条道上走，不允许有不同、有差异的做法。第三层意思肯定先儒语录的不同之处，并认为这正可以印证人的心体变动不居的特征。合而观之，就是主张学术研究要尊重学者的个性，要有自己的切身体会与真正的受用，不必强求大家都一样。很显然，黄宗羲的这一学术史观点具有一定的历史进步意义。

黄宗羲提倡学术研究的独创性与多样性，为此，他在编纂《明儒学案》一书时，注重分析了前人同类著作的得失，提出了重视每一思想家的学术宗旨、不以编纂者的思想阉割前代思想者之独特性的学术史原则。他说：

> 大凡学有宗旨，是其人之得力处，亦是学者之入门处。天下之义理无穷，苟非定以一二字，如何约之使其在我！故讲学而无宗旨，即有嘉言，是无头绪之乱丝也。学者而不能得其人之宗旨，即读其书，亦犹张骞初至大夏，不能得月氏要领也。①

这即是说，在编纂学术史时，一定要真切地把握被编纂者的学术宗旨。一个学者的"学术宗旨"既是他本人的学术心得，也是后人理解该人学问的最好门径。如果不能把握该人的学术宗旨，则无法理解该人的学问。所以，在面对天下无穷义理的时候，一定要用一两个简明的词汇提炼出该学人的宗旨，从而真正把握他的学术精髓。

黄宗羲还强调学问与自己人生信仰、安身立命的关系，这就是他下面一段话所说的：

> 学问之道，以各人自用得著者为真。凡倚门傍户、依样葫芦者，非流俗之士，则经生之业也。此编所列，有一偏之见，有相反之论。学者于其不同处，正宜著眼理会，所谓一本而万殊也。以水济水，岂是学问！②

---

① 黄宗羲：《明儒学案发凡》，《黄宗羲全集》第 7 册，第 5 页。
② 黄宗羲：《明儒学案发凡》，《黄宗羲全集》第 7 册，第 6 页。

上述文献中所蕴涵的可贵思想，正在于重视学术的个性，重视学术研究中的差异，甚至是相反之论，从而体现天地、人类社会生活一本万殊的本相。由此可见，重视每一位思想家的学术宗旨，是黄宗羲"一本万殊"学术史观的核心所在。他还以胡季随追随朱熹求学之事为例，进一步论述为学之道当以"自得"为要旨的思想，体现了他重视学术独创性与学者个性的进步学术史观。在坚守儒家正宗思想的价值理想的前提下，他提倡探求多元化的学术探究路径，从而为传统社会迈向近现代社会提供了新的学术思想资源。

黄宗羲"一本万殊"的学术史观也体现在其编辑的《明文案》之中。在《明文案序上》中，他高度赞扬了"一往深情"的"情至"之文，从而对作家的个性与真性情给予了高度的肯定。他说：

> 夫其人不能及于前代而其文反能过于前者，良由不名一辙，唯视其一往深情，从而揣摩之。……今古之情无尽，而一人之情有至有不至。凡情之至者，其文未有不至者也，则天地间街谈巷语、邪许呻吟、无一非文，而游女、田夫、波臣、戍客，无一非文人也。①

而他自称将一些人文集中"至情孤露"的一二"情至之语"选择出来，类似于救人于溺水之中。对于那些毫无真性情的"千家之文集庞然无物，即尽投之水火不为过矣"。② 由此可见他对文人个性、真性情的高度尊重。这亦是其"一本万殊"的学术史观的具体表现。

在德性与学问的问题上，黄宗羲不同意将二者简单地区别开来，说：

> 所言德性问学之分合，弟谓不然，非尊德性则不成问学，非道问学则不成德性，故朱子以复性言学，陆子戒学者束书不观，周、程以后，两者固未尝分也。未尝分，又何容姚江、梁溪之合乎？此一时教法稍有偏重，无关于学脉也。③

① 黄宗羲：《明文案序上》，《黄宗羲全集》第10册，第19页。
② 黄宗羲：《明文案序上》，《黄宗羲全集》第10册，第19页。
③ 黄宗羲：《复秦灯岩书》，《黄宗羲全集》第10册，第210页。

由此条文献可知,余英时将宋明理学到清代学术的发展过程概括为"由尊德性到道问学"的过程,其实是难以成立的。

第三节　黄宗羲的政治哲学思想

一、17世纪中国早期民主思想的一般概况

相对于中国历史上"无君论"思想而言,明末清初之际出现的早期民主思想思潮对专制政治的批判要深入、广泛得多。除黄宗羲外,我们还可以举出一长串的名单:顾炎武、王夫之、唐甄、吕留良、刘献廷,甚至连康熙朝的大臣李光地,亦对专制政治进行了深刻地批判,展示了明末在野思想家对朝廷执政大臣的影响。

顾炎武(1613—1682)对专制政治的批判,在很多地方与黄宗羲的观点颇接近,表现了这个时代进步知识分子"同声相应,同气相求"的特征。他在给黄宗羲的信中对《明夷待访录》大加称赞:"因出大著《明夷待访录》,读之再三,于是知天下之未尝无人,百王之敝可以复起,而三代之盛可以徐还也。"①

在人性论方面,顾炎武亦提出了"人之有私固情之所不能免矣"的人性自私论,但这不妨碍天下之大公。他说:

> 人之有私,固情之所不能免矣。故先王弗为之禁,非惟弗禁,且从而恤之。……合天下之私,以成天下之公,此所以为王政也。……世之君子必曰有公而无私,此后代之美言,非先王之至训矣。②

又说:

---

① 黄宗羲:《南雷诗文集附录》,《黄宗羲全集》第11册,第375页。另《思旧录》"顾炎武"条记载此段文献,与顾氏原文小有出入,意思相同。见《黄宗羲全集》第1册,第390页。
② 顾炎武:《言私其豵》,《日知录集释》卷之三,黄汝成集释,第92页。

天下之人各怀其家，各私其子，其常情也。为天子、为百姓之心，必不如其自为……圣人者，因而用之，用天下之私，以成一人之公而天下治。①

像黄宗羲一样，顾炎武亦以托古的方式批评了后世君主以一己之私，而妨碍天下人之私的专制行为："古之圣人，以公心待天下之人，胙之土而分之国；今之君人者，尽四海之内为我郡县犹不足也，人人而疑之，事事而制之。"顾炎武称此为"独治"。如果要改变此"独治"，必须"以天下之权，寄天下之人"，实行"众治"。②

何谓"众治"呢？概而言之，共有三种方法：其一，"自公卿大夫至于百里之宰，一命之官，莫不分天子之权"。顾氏说："所谓天子者，执天下之大权者也。其执大权奈何？以天下之权寄天下之人，而权乃归之天子。自公卿大夫至于百里之宰，一命之官莫不分天子之权，以各治其事、而天子之权乃益尊。"③通过"寓封建于郡县之中"的方式、扩大地方政府的自治权，使"利尽山泽而不取诸民"，政治以国民致富为目的，而不以皇室致富为目的。

"众治"的第二个方法是按照各郡县人口比例推举人才，废除科举取士制度，使"天下之人皆得举而荐之"。顾炎武统计了当时天下的生员约五十万，皆致力于场屋之文。其实能文者十人不得一；通经知古今，数千人不得一，而嚣讼逋顽，以病有司者，比比皆是。有鉴于此，顾炎武提出了"废天下之生员"的主张，采用辟举之法，使天下之人皆得举而荐之，略仿唐人之制"小县三人，等而上之，大县二十人而止"，反对当时取士"而仅出一途"的方法。④

其三，要允许人民有"不治而议论"的言论自由。顾炎武认为，通过

---

① 顾炎武：《郡县论五》，《顾亭林诗文集》，第 14 页。
② 顾炎武：《郡县论五》，《顾亭林诗文集》，第 12 页。
③ 顾炎武：《守令》，《日知录集释》卷之九，黄汝成集释，第 327 页。此段引文标点与原引文小异。原引文的校点者第二句话标点似有误。
④ 顾炎武：《生员论下》，《顾亭林诗文集》，第 24 页。

"清议",可以使地方政治清明,避免社会动荡。他认为,孔子讲"天下有道,则庶人不议",但政教风俗如果不是尽善,则庶人可以议政。"天下有道,则庶人不议,然则政教风俗苟非尽善,即许庶人之议矣。"①

尽管顾炎武的许多观念、方法并未超出传统的政治哲学范畴,但其所表达的思想已逸出了旧有思想规范,是属于"旧瓶装新酒"之类的新思想。

王夫之(1619—1692)是明末清初的哲学家,与黄宗羲的政治思想颇为接近。他提出了治天下"必循天下之公","天下非一姓之私也"等"公天下"的理想;在权力的交替方面,提出了帝王之位"可禅、可继、可革"的思想。

王夫之从人的自然权利出发,论证了人民拥有生产资料的天然权利,而不待王者之授的观念,颇类似17世纪洛克的天赋财产权的思想。他说:"若土,则非王者之所得私也。天地之间,有土而人生其上,因资以养焉。有其力者治其地,故改姓受命而民自有恒畴,不待王者之授之。"②

在这种土地财产私有的自然权利基础上,之所以要建立国家,设立"君长",乃是为了"自畛其类",以区别于动物,以与其他集团相区别,"圣人审物之皆然而自畛其类、尸天下为之君长",以"保其族","卫其类"。这正是荀子"人能群"的思想在新的时代条件下的发展。这与17—18世纪卢梭等人思想有相同的思维逻辑:即人为了更好地保护其自然权利而结成了社会组织。所不同的是:西方17—18世纪的"契约论"更强调保护个人的自然权利及自由;王夫之所强调的乃是族类的生存,这与王夫之所处的明清之际的时代背景有关。但共同点是一致的,即国家的目的是为万民的,非为帝王一姓之私服务的。国家要追求国民财富,保护国民财富,而非为少数个人谋利益。像黄宗羲一样,王夫之亦揭露了君主视天下为一己之私有财产的行径:

---

① 顾炎武:《直言》,《日知录集释》卷之十九,黄汝成集释,第678页。
② 王夫之:《噩梦》,《船山全书》第12册,第551页,1996。

有天下者而有私财，……业业然守之以为固，而官天地、府万物之大用，皆若与己不相亲，而任其盈虚……灭人之国，入其都，彼之帑皆我帑也，则据之以为天子之私……祸切剥床，而求民不已，以自保其私。垂至其亡而为盗资，夫亦何乐有此哉！①

针对"私天下"之弊病，王夫之提出了"以天下论者，必循天下之公。天下非一姓之私也"的"公天下"理想。在此新的理想原则指导下，他对历史上所谓"一统"说提出了新的解释："故天子之令不行于郡，州牧刺史之令不行于县、郡守之令不行于民，此之谓一统。"②反对天下之权尽归于天子一人的专制政治（有关王夫之早期民主政治思想的详细论述参见本书第四章第三节）。

明末清初三大思想家的早期民主政治思想延续到清代的中叶，在满清王朝的高压政策下，仍然以潜流的方式在继续。唐甄（1630—1704）在《潜书》中公开提出了"自秦以来，凡为帝王皆贼也"的论断，猛烈地抨击专制政治。他认为要"抑天子之尊"，以使之与民同情。因为"天子之尊"非天帝大神也，皆人也。天下之乱的祸根在于君："治天下者惟君，乱天下者惟君。治乱非他人所能为也，君也。小人乱天下，用小人者谁也？女子、寺人乱天下，宠女子、寺人者谁也？奸雄盗贼乱天下，致奸雄盗贼之乱者谁也？"③

与历史上"政在治民"的观点相反，唐甄提出了"天下难治，非民也，官也"的新论断，认为为政之要，在于治官。因为官僚的贪污腐化，蒙上欺下，使得生民不如犬马，上下悬隔而不通。为政之官只见"固边疆，充府库，尊朝廷，叙官职"的重要性，而使得整个的官僚体制表现出巨大的异化现象："见政不见民"。把政治为民的目的抛弃得远远的。因此，唐甄说："天下难治，人皆以为民难治也，不知难治者，非民也，官也。凡兹

① 王夫之：《读通鉴论》卷二，《船山全书》第 10 册，第 76 页。
② 王夫之：《读通鉴论》卷十六，《船山全书》第 10 册，第 599—600 页。
③ 唐甄：《鲜君》，《潜书》上篇下，第 66 页，北京，中华书局，1955。

庶民,苟非乱人,亦惟求其所乐,避其所苦,曷尝好犯上法以与上为难哉!论政者不察所由,以为法令之不利于行者,皆根于民之不良,释官而罪民,所以难于言治也。"①

像黄宗羲、顾炎武一样,唐甄亦主张言论自由,提倡直言,并且认为这种言论自由不只是属于谏官的,亦属于百姓的:"六卿六贰进讲陈戒,师箴、瞍诵,百工谏,士议于学,庶人谤于道,皆谏官也。"②这虽有点"大民主"的味道,缺乏黄宗羲的制度化设想,与现代程序法和法律化的言论自由亦相去甚远。但他提出言论自由的理想,则是那个时代对言论自由在不同层面认知的反映。至于吕留良(1629—1683)、刘献廷(1648—1695)、李光地(1642—1718)等人批判专制政治,提倡"公天下"理想的有关言论,可参阅萧萐父、许苏民合著的《明清启蒙学术流变》一书相关内容。

总之,17世纪反对君主专制的早期民主政治思想,以其前所未有的历史深度与广度,展示了中国历史"自我批判"的早期"启蒙精神"。正如马克思在《政治经济学批判导言》中所言,"历史的发展总是建立在这样基础上的:最后的形式总是把过去形式看成是向着自己发展的各个阶段,并且因为它很少而且只是在特定条件下才能够进行自我批判——这里当然不是指作为崩溃时期出现的那样的历史时期——所以总是对过去的形式作片面的理解"。③

中国早期的民主政治思想,正是在君主专制社会还未处于崩溃之时而又出现了新的社会势力——早期具有资产阶级特征的工商阶层的特定历史之际,思想家们对历史进行了自我批判。这些思想以其固有的片面深刻性,成为后来资产阶级用武器批判传统专制社会时的批判武器之一。梁启超、谭嗣同、章太炎等人,都曾将黄、顾、王视为自己的思想先驱,展示了中国哲学思想由古典向近、现代方向运动的内在一贯性。

---

① 唐甄:《柅政》,《潜书》下篇上,第154页。
② 唐甄:《省官》,《潜书》下篇上,第136页。
③ 《马克思恩格斯选集》第2卷,第23—24页,北京,人民出版社,1995。

二、《明夷待访录》的基本内容及其进步思想倾向

具有中国《民约论》之称的《明夷待访录》一书，以前所未有的体系性特征勾画了中国早期民主政治的理想蓝图。该书在中国比较成熟的郡县制下的君主专制政治体制框架内，对政治主体的君、臣、法的本质意义作了还原性的理论探索，对政治权力制衡的机构、机制的功能及其运行方式进行了新的阐释。另外，对军事安排及武力的控制、土地制度、货币制度、经济运行的目的——追求国民财富、中下层行政官吏的管理、传统家天下畸形政治的产物——奄宦及其制度的危害性，均作了超越前人的论述。现行的《明夷待访录》一书并不完整，其中有两篇涉及夏夷大防，与清王朝有抵触故被删除。但根据现行的篇章，已足以揭示黄宗羲民主政治思想的精华。

现有《明夷待访录》共计二十一篇，十三部分，其中《取士》上下篇、《田制》三篇、《兵制》三篇、《财计》三篇、《奄宦》上下篇。按照现代人的思维方式来看，《原君》《原臣》《原法》三篇为政治哲学原理篇。前两篇主要探讨为君为臣的本质意义、君臣之间的政治伦理关系；君臣政治行为的目的性等问题。《原法》篇则探讨了"法"——其实是广义的制度的本质意义，法所要维护的对象的利益等问题，并将"公法"与一家一姓的"私法"对立起来，提出了在法的面前，朝廷与民间平等的理想。

《置相》《学校》属于政治制度篇。《置相》篇主要讨论政治权力制衡的头号问题；《学校》篇则主要讨论政治批评的制度化建设问题，颇具有现代西方政治学中的议会制度精神，然又十分得不同。其所体现的是中国传统社会，特别是科举制条件下的士大夫与天子共治天下的精英民主思想。

《取士》上、下篇则是讨论用人制度、用人方法、用人标准等问题，通过用人制度、方法、标准的调整，引导并改变社会风俗，尤其是士风。

《建都》篇涉及中国特有的政治问题，由于专制帝国及政治权力中心——都城的安危乃国家安危之所系，这种政治权力中心又直接影响到

经济的发展，故建都就成为当时中国政治问题之一。

《方镇》篇乃是涉及地方政治势力的制衡问题。专制王权政治框架下，朝廷与地方势力常常处于矛盾之中。地方势力坐大，常常危及中央政权。西汉初年的削藩运动、唐代的藩镇割据、宋太祖的"杯酒释兵权"，都是中国政治制度史上地方与中央权力矛盾的典型事件，而"杯酒释兵权"则是处理此类事件的经典方法。

《田制》三篇主要讨论郡县制下的专制政府的税收政策、标准、土地占有制、兵屯与民屯等基本的财政问题。

《兵制》三篇则主要讨论军事权力的控制、军事管理、文官制度与军事权力使用等问题。黄宗羲说："夫天下有不可叛之人，未尝有不可叛之法。"这种思想，颇接近于现代人所谓"武力的文官化"理念，力求从制度上使武力臣服于政治权力。

《财计》三篇主要讨论货币制度问题。在这三篇中，黄宗羲希望郡县制下的君主专制国家能够统一货币，方便小民流通，从而做到"使封域之内，常有千万财用流转无穷"，从而能够追求"久远之利"的宏大经济理想。《财计》（之三）还专门讨论了传统农业社会内部的消费问题，提倡一种与生产和财富增殖相关的消费方式，反对为了宗教、迷信、奢侈等目的的消费行为，甚至提出了激烈的主张："使小民吉凶一循于礼，投巫驱佛"，从而使"学校之教明"，"倡优有禁，酒食有禁"。黄宗羲的消费观体现了儒家礼教政治的理性特征，与马克斯·韦伯所谓的"新教伦理"的节俭精神、法权制度颇为相似，所缺少的恐怕在于簿记方式或曰簿记制度，复式记账法，此点还可以做进一步的比较研究。

《胥吏》篇所讨论的实质上颇类似当今社会政府公务员的问题。郡县制下的君主专制社会的官是通过科举考试的正途选拔出来的，胥吏一部分是由各级官员自行录用的办事员，一部分是古代社会中的徭役之夫，这些人的薪俸由地方税收支出。黄宗羲认为要改革胥吏用人制度，下级胥吏让生员充之，让这些人日后为官有行政经验，而六部胥吏则由候补进士充当，从而改变"胥吏危害天下"的局面。黄宗羲指斥当时的胥吏之害是"天下有吏之法,无朝廷之法";"天下无封建之国,有封建之吏"。黄宗羲的设想是要求所有胥吏——政府办事人员都要由国家系统的教育制度培养出来的举人、进士来充当,一方面可以让这些举人、进士在见习期增长行政才干,另一方面也可以提高政府办事人员的素质,减少裙带关系的影响与腐败的机会。

《奄宦》上下篇主要讨论古代的宦官制度问题。阉宦是古代不人道的政治产物,而且是古代专制政治的毒瘤。黄宗羲指出阉宦产生的原因,乃在于"人主之多欲"。他又指责后世文人在礼乐制度的阐释方面极尽献媚君上之能事。如郑玄《周礼》论云:"女御八十一人当九夕,七妇七人当三夕,九嫔九人当一夕,三夫人当一夕,后当一夕。"黄宗羲对此严加批评,进而批评《周礼》实为"诲淫之书"。当然,黄宗羲并未想彻底废除阉宦制度,而只想减少阉宦人数而已。在《奄宦》下篇,黄宗羲再次批评了郡县制下的皇权继承制,"彼鳃鳃然唯恐后之有天下者不出于其子孙,是乃流俗富翁之见",尧舜不传子,宋徽宗多子,亦止供"金人之屠醢耳"。这种批评意见实际上曲折地表达了"公天下"的政治理想。

三、"公天下"——《明夷待访录》的核心政治理念

现代民主政治的核心理念是:主权在民。"democracy"可以分解为"demo"——多数和"cracy"——统治两个部分,意为"common people" + "cracy"。辜鸿铭在《什么是民主》一文中曾指出:"demos"在古希腊语为农庄的意思,即农人耕夫居住的场所,相当于中国古汉语中的"邱",它与商人、银行家以及财主所居住的都会相对立。因此,希腊语中的"demos"指居于山间僻地的人。辜氏对民主的解说可备一说。① 在现代民主政体中,统治手段是依赖法律,其政体中的每个个人身分平等,个人除了受法律的约束外,都是自由的。政府是为人民办事的机构。按照早期"契约论"者的观点看,政府的一切权力来自人民,因而政府的一切行为必须保

① 辜鸿铭:《中国人的精神》,黄兴涛、宋小庆译,第192—193页,海口,海南出版社,1996。

护人民的各项权利。像亚伯拉罕·林肯在盖地斯堡演说中所概括的那样:民主政治的精神是:"民有、民治、民享"。关于"民主政治"的具体论述与制度设计,洛克的《政府论》、卢梭的《社会契约论》、托克维尔的《论美国的民主》等著作,有不尽相同的论述,但最高的政治权力及一般的政治权力必须受到宪法或法律的制约,这一基本精神是相同的。戴维·赫尔德《民主的模式》一书,比较全面地介绍了西方民主政治的模式。以上引出西方政治思想中的有关民主的基本观念,是为了给黄宗羲《明夷待访录》一书中的民主思想提供一个大致的参考背景。

根据我们的观点来看,《明夷待访录》一书的核心理念是"公天下",而"公天下"的思想对于"朕即国家"的"私天下"与"专制天下"的观念来说是绝对相反的。在黄宗羲看来,政治的目的乃在于"万民之忧乐"而不在"一姓之兴亡",真正的法律是"藏天下于天下","贵不在朝廷,贱不在草莽也"。朝廷、民间的地位在制度上是平等的。这一"公天下"的思想比较集中地体现了中国早期民主思想的精神。

"公天下"的观念可以看作是《明夷待访录》一书的宗旨。透过此宗旨,我们可以一以贯之地理解黄宗羲的一些具体的政治主张。首先,因为天下是属于天下人所有的政治领地,所以国家的政治权力不应由皇帝一人掌握,皇帝、大臣其实都是治理天下的共同伙伴,如黄宗羲说:"夫治天下犹曳大木然;前者唱邪,后者唱许。君与臣,共曳木之人也。"①而且,这种权力不能传子,只能传贤,因为"天子之子不皆贤"。② 正因为"公天下",则有关天下的各种是非论断也不必都由天子一人说了算。黄宗羲说:"天子之所是未必是,而公其是非于学校。"③

相反,如果把"天下"看作君主个人的私有财产,则"有生之初,人各自私也,人各自利也",大家都想把"天下"归为己有,则"人之欲得产业,谁不如我"?故得天下者之害:"远者数世,近者及身,其血肉之崩溃在其

① 黄宗羲:《原臣》,《黄宗羲全集》第1册,第5页。
② 黄宗羲:《置相》,《黄宗羲全集》第1册,第8页。
③ 黄宗羲:《学校》,《黄宗羲全集》第1册,第10页。

子孙矣。"①

　　黄宗羲为了论证"天下是天下人的天下"这一古老然而又有新意的命题，他还预设人性是自私的这一人性前提。他说："有生之初，人各自私也，人各自利也。"②正因人性的自私性，要求任何人在执掌了天下的大权之后只能把天下视为公器，方才拥有天下的太平，否则只能引起战乱。因为，一旦人们把"天下"看作是私人财产，每个人凭借自私的本性都将会与现任的执政者来抢夺这一份额最大的财产，故而会造成连续不断的政治与军事斗争，天下永无宁日。从纯粹的思维逻辑来看，黄宗羲这种"人性自私"的分析，与执政者必须要坚持"公天下"的政治理念，这二者之间也许并没有黄宗羲所说的那样紧密的逻辑关系。然建立在人性自私的基础之上的现代资产阶级民主政治的确在一定程度上体现了政治活动的公共性质——多数人的政治，为多个利益集团服务而不是为一个家族服务。现代资产阶级民主政治的确也表现了"抢夺天下"的现象，只是其形式不是通过野蛮的战争，而是通过选举的文明方式轮替最高政治权力的象征——总统的位置。以今视昔，我们似乎可以这样理解，黄宗羲以托古改制的论述方式来表达他的"公天下"理想，透过他的公天下的政治理想，我们似乎可以看到中国传统社会开始孕育着一种早期民主政治的萌芽。黄宗羲这样说："古者以天下为主，君为客，凡君之所毕世而经营者，为天下也。"③

　　站在现代成熟的资产阶级民主政治思想的角度，我们完全可以说黄宗羲的民主思想过于稚嫩、片面，尤其是忽视了主权在民、契约成法等思想内容，但在一千多年"以君为主，民为客"的专制政体下，能够重新提出先秦时期早已出现，后来基本上被淹灭的"君为客，民为主"的政治思想，还是十分大胆的，尤其在明清易代之际，这一思想具有惊天动地的震惊作用。尽管这部书在清代乾隆间仍然禁止公开出版，但新思想一旦出

①　黄宗羲:《原君》,《黄宗羲全集》第 1 册,第 3 页。
②　黄宗羲:《原君》,《黄宗羲全集》第 1 册,第 2 页。
③　黄宗羲:《原君》,《黄宗羲全集》第 1 册,第 2 页。

现,就具有不可阻挡的力量。因为,这种新思想并不是个别思想家凭着自己聪明的脑袋幻想出来的,而是社会历史的必然要求借助某些特殊的历史人物表达出的社会希望。与黄宗羲同时或稍后的部分思想家提出了类似黄宗羲的进步政治思想就是明证。而且,在黄宗羲之后约半个世纪,诗人袁枚亦含蓄地表达了"公天下"的理想,预示着中国社会发展的方向不可逆转。袁枚也以托古改制的方式,论述郡县制不符合古代圣人"公天下"之意,认为封建制反而更能接近圣人之意。他说:"一人之力,不能君天下,必众君之;一人之教,不能师天下,必众师之。"①圣人之所以不以自己的聪明才智来独揽统治天下的大权,是因为圣人出于"公天下之心",深知"治天下之法""非封建不可"。圣人的"公天下之心"正好能满足天下人"各亲其亲""各子其子"的自私欲望,"故封建行而天下治"。②封建制不怕地方诸侯造反,因为其政治伦理的基本原则是:有仁德者居天下,所以"天子不仁,则汤、武至;诸侯不仁,则齐桓、晋文至。千八百国中,苟有一贤君,则民望未绝。师旷曰:天之爱民甚矣,岂其使一人肆于民上?先王亦爱民甚矣,岂其使子孙一人肆于民上"?③袁枚的这些论述,其主旨在于通过分权于地方的方式化解君主专制社会里中央权力过分集中的矛盾,以托古改制的方式表达了具有近代意义的民主政治理想的某些方面的要求,与黄宗羲的思想有着高度的一致性。

"公天下"的思想观念并非黄宗羲首创,先秦道家、儒家、杂家就已经提出了这一观念。而在汉、魏晋时代,这一观念仍然在少数正直的士大夫之中流行,如汉人谷永说:"臣闻天生蒸民,不能相治,为立王者以统理之,方制海内非为天子,列土封疆非为诸侯,皆以为民也。垂三统,列三正,去无道,开有德,不私一姓,明天下乃天下之天下,非一人之天下也。"④曹魏时代的高堂隆说:"夫皇天无亲,惟德是辅。民咏德政,则延期

---

① 袁枚:《书柳子封建论后》,《小仓山房诗文集》三,第 1634 页,上海,上海古籍出版社,1988。
② 袁枚:《书柳子封建论后》,《小仓山房诗文集》三,第 1634 页。
③ 袁枚:《再书封建论后》,《小仓山房诗文集》三,第 1637 页。
④ 班固:《谷永杜邺传》,《汉书》卷八十五,颜师古注,第 3466—3467 页,北京,中华书局,1961。

过历,下有怨叹,掇录授能。由此观之,天下之天下,非独陛下之天下
也。"①西晋时的段灼亦说:"夫天下者,盖亦天下之天下,非一人之天下
也。"②一直到宋末元初的邓牧,这一思想观念仍然不绝如缕。为何说黄
宗羲的"公天下"思想具有早期民主政治的思想性质呢? 我们的解释是,
老子的"容乃公,公乃王,王乃天,天乃道"与《礼记·礼运》篇的"大道之
行也,天下为公"的"公天下"思想,还是一种十分简单的观念,缺乏与此
观念相一致的基本制度设计。《吕氏春秋·贵公篇》所说的"昔先圣王之
治天下也,必先公。公则天下平矣。平得于公","天下非一人之天下也,
天下之天下也"虽然较之老子、《礼记》的思想更为丰富,然而也没有与之
相一致的政治制度设计。而且以上三家的"公天下"观念都缺乏黄宗羲
基于人性自私的理论预设,要求君主为天下人执掌政治权力、为天下人
利益服务的思想。宋末元初的思想家邓牧,在《君道》篇继续阐发"公天
下"的理想,然而带有更加浓厚的道家,特别是庄子的非君论思想色彩,
而且也缺乏基于人性自私的理论预设而要求天下为公的政治理想。如
《君道》篇说:

> 天生民而立之君,非为君也;奈何以四海之广,足一夫之用邪?
> 故凡为饮食之侈、衣服之备、宫室之美者,非尧舜也,秦也。为分而
> 严、为位而尊者,非尧舜也,亦秦也。后世为君者歌颂功德,动称尧
> 舜,而所以自为乃不过如秦,何哉?《书》曰:"酣酒嗜音,峻宇雕墙,
> 有一于此,未或不亡。"彼所谓君者,非有四目两喙,鳞头而羽臂也;
> 状貌咸与人同,则夫人固可为也。今夺人之所好,聚人之所争,慢藏
> 诲盗,冶容诲淫,欲长治久安,得乎!③

要而言之,黄宗羲"公天下"的政治理想,是奠基在人性自私的新人

① 陈寿:《魏书·辛毗、杨阜、高堂隆传》,《三国志》卷二十五,裴松之注,第717页,北京,中华书局,1982。
② 房玄龄等:《段灼传》,《晋书》卷四十八,第1346页,北京,中华书局,1974。
③ 邓牧:《君道》,《伯牙琴》,张岂之、刘厚祜标点,第4页,北京,中华书局,1959。

性论基础上,对国君的本质意义,君臣相处的平等之道、天下之公法、士人精英民主——学校议政等系列问题作了比较系统的论述,从而发展并深化了中国传统"公天下"的理论内涵,初步体现了近代民主政治理想的萌芽形态。在后来的历史过程中虽然没有获得适宜的文化与政治土壤,得以更加丰满地开展出现代资产阶级的民主政治形式,但其思想所具有的近代性质并不因此而被抹杀。两百多年以后,亦即 19 世纪末,当资产阶级民主主义运动兴起之时,梁启超、谭嗣同辈倡民权、共和之说,则将《明夷待访录》节钞,印数万本,秘密散布,"于晚清思想之骤变,极有力焉"①。由此可见,《明夷待访录》与近代中国资产阶级民主政治之间有内在的学脉关系。

四、《明夷待访录》对专制政治及其意识形态的批判

构成《明夷待访录》一书民主性精华的有机思想成分,乃是对专制政治及其意识形态虚假性的批判。而这一思想是以往反君主思想中比较缺乏的新内容。其批判的具体内容大体上可从以下四个方面来加以概述:

首先,在黄宗羲看来,人性自私,人情好逸恶劳导致了公利莫兴,公害莫除的局面。谁要想赢得天下,就必须兴公利,除公害,方可以为百姓所拥戴。故政治的本质,做国君的精义乃在于"兴公利、除公害"。从人性的自私与好逸恶劳的通则来看,许由、务光不愿为君,乃人之常情,尧舜逃逸,亦是常情,而大禹乃不得已而就任王位。就个人的心态来说,他们并不愿意那样做,亦不得已罢了。故我们不必把他们的固有德性看得多么高尚,只是政治的必然性要求他们如此而已。

然而,后世人君不明白做国君的本质意义之所在,错以为手中的权力是为自己谋私利的,使天下之人不敢自私自利,而他自己又以一己私利冒充天下人的大公之利。这就犯了双重错误:其一,违背了人本自私

---

① 梁启超:《清代学术概论》,第 15 页,上海,上海古籍出版社,2005。

的自然属性;其二,用一己的私利侵占,甚至取代天下人的私利,剥夺了
天下人谋求自己利益的权利。

只此两点,首先,后代君主其实并不明白做国君的本意,故后代所谓
的"君"不是本来意义上的君。为了正本清源,必须将颠倒的君民关系重
新颠倒过来,恢复到"古者以天下为主,君为客"的正常关系上来。将为
天下人公共利益服务的目标规定为国君权位的本质职能,换句话说,国
君的责任伦理、国君的政治义务是为天下人谋福利。这一大胆的托古讽
今的设想,在中国历史上具有革命性的意义。

其次,正因为后世君主丧失了其为"君"之本意,故其虚构的意识形
态内容之———君臣如父子的血缘伦理也是虚假的。古时人们爱戴其
君,比之如父,其前提是"君以天下之利为利,除天下之公害";后世君主
却相反,将天下之利尽归于己,天下之害将归于民,更有甚者,"敲剥下之
骨髓,离散天下之子女,以奉我一人之淫乐",如此这般的君主又怎么能
再说"君臣如父子","君臣之义无所逃于天地之间"呢? 更进一步言之,
君与辅政大臣,都是共同治国之人,没有真正的不可逾越的等级鸿沟,相
互之间可以取代,更遑论说辅政大臣为君而死的事情了。这里只有职责
分工的区别,而不存在尊卑贵贱之别。故君与辅政大臣之间的关系,乃
师友之间的关系,非父子、上下、尊卑之间的关系。父子关系是血缘关
系,不可变更;君臣关系没有这种自然的血缘关系作基础,是可变的。黄
宗羲这一观点非常重要,他从理论上摧毁了传统君主专制政治的伦理基
础———即以父子之间的血缘关系为基础的政治伦理,使人们从理论上重
新思考君臣关系、君民关系,开启了中国社会现代政治"契约论"的思想
先河。

再次,后世家天下的所谓"法"———政治制度,亦不是天下之公法,实
乃君主一人一家之私法。这样的"法"只是为了束缚、监督臣民为君主一
人谋利,故无论是有法,还是无法,对于民众的生活而言都是有害的。黄
宗羲所理想的真正"法律",其精神乃在于:藏天下于天下,利在万民;贵
不在朝廷,贱不在草莽。这两点精神可总结为利天下与平等精神,后世

"家天下"之法皆丢失殆尽。故要希望有真正大治的天下出现,必须改变法权体制,所以黄宗羲说"有治法方有治人"。

最后,社会生活的真理标准,并不能以天子一人的是非观为标准,而应该由这个社会中的知识精英的公共讨论来决定。这便是他在《学校》篇所阐发的现代民主议政思想,有学者将《学校》篇的议政思想与现代社会的公议(Public Reasoning)民主政治联系起来①,值得参考。尽管在黄宗羲的著作中可以看到他批评李贽的观点,但是他在批评君主专制社会的税收政策时,实际上与李贽提倡私有的思想是一致的。如他认为在土地私有、人民自食其力的情况下,君主专制政府如果不能为民众提供任何的保障,则无论是多么小的税率,都是违法的。

因此我们似乎可以说,在黄宗羲的《明夷待访录》中,李贽的某些思想得到了深化。这也展示了中国传统内部反专制的民主思想沿着自己固有的逻辑在向前发展,展示了历史运动的某种必然性趋势。

不过,黄宗羲的政治思想在清王朝统治基本稳定之后,似乎有所后退。他在编辑《明儒学案》的过程中,思想又回到了宋明儒的传统之中。他对孟子"万物皆备于我"的命题做出了新的解释,如他说:

> 盈天地间无所谓万物,万物皆因我而名。如父便是吾之父,君便是吾之君,君父二字,可推之身外乎?然必实有孝父之心,而后成其为吾父;实有忠君之心,而后成其为吾之君。此所谓"反身而诚",才见得万物非万物,我非我,浑然一体,此身在天地间,无少欠缺,何乐如之?②

黄宗羲将君、父及其伦理关系看作是个人之"我"的内在、必然的关系,与《明夷待访录》中将君臣伦理与父子伦理分开的思想稍有出入。这段文献虽然是他综述其师刘宗周的孟子学思想,但在一定程度上也是他自己思想的一种反映。

---

① 参见彭国翔《公议社会的建构:黄宗羲民主思想的真正精华》,《求是学刊》2006 年第 4 期。
② 黄宗羲:《孟子师说》卷七,《黄宗羲全集》第 1 册,第 149—150 页。

五、《留书》及黄宗羲政治思想的其他面向

《留书》是黄宗羲早期的政治思想,作于《明夷待访录》之前的十年。其中涉及对"封建制"、华夷之辩、历史哲学中的文质之变、政治中的朋党之争等问题,不见于现行的《明夷待访录》之中。

封建制与郡县制的优劣问题,历史上一直有讨论。而在同时代的思想家中,王夫之对郡县制所包含的"公天下"思想精神多有阐发,顾炎武则对封建与郡县两种制度的各自优长与不足均有所论述。相比较而言,黄宗羲则着重论述封建制的优长,批评郡县制的失误。黄宗羲肯定封建制的理论出发点是华夷之别,而其现实的政治关怀却是封建制不必让整个国家动用兵力去抵抗少数民族的入侵。因此,其肯定封建制的理论出发点不纯粹是政治哲学的,也包含着一定的政治经济学的思考内容。

首先,他认为,自秦始皇统一中国,建立了郡县制以后,中国受夷狄之害日益加深,而且需要动用全国的力量去对付夷狄。而在封建制时代,夷狄对中国的侵害只是小规模的、小范围的,不能影响到广大的中国腹地。黄宗羲说:"自三代以后,乱天下者无如夷狄矣,遂以为五德沴眚之运。然以余观之,则是废封建之罪也。"[1]他的理由是:"秦未有天下,夷狄之为患于中国也,不过侵盗而已。而甚者,杀幽王于骊山,奔襄王于氾邑。然幽王之祸,申侯召之;襄王之祸,子带为内应。其时之戎狄,皆役于申侯、子带,非自能为主者也。"[2]但在秦始统一中国之后,郡县制社会要动用整个国家的力量来应付夷狄的入侵,从而让天下百姓苦于边疆的战事。从秦王朝建立到黄宗羲写作《留书》的时代止共一千八百七十四年,其"中国为夷狄所害者四百二十八年,为所据者二百二十六年"[3],加

---

[1] 黄宗羲:《留书》,《黄宗羲全集》第 11 册,第 4 页。
[2] 黄宗羲:《留书》,《黄宗羲全集》第 11 册,第 4 页。
[3] 黄宗羲:《留书》,《黄宗羲全集》第 11 册,第 4 页。

起来共有六百五十四年,超过三分之一的历史时期。由此可见郡县制不是对付周边少数民族入侵的优等政治体制。

其次,黄宗羲还着重从经济上算了一笔账,批评郡县制国家因为抵抗边疆夷狄的侵扰,靡费天下大量钱财。"即号为全盛之时,亦必使国家之赋税十之三耗于岁币,十之四耗于戍卒,而又荐女以事之,卑词以副之,夫然后可以仅免。"①黄宗羲认为,从尧到秦为止共二千一百三十七年,从来都没有夷狄侵扰华夏整个国家的事情,而秦以后如此频繁,其主要原因就在于秦以前是封建制,而秦以后是郡县制,且又因为兵、民二分为养兵加剧了国家财政的负担。他说:"今以天下之大,使虏一人盗边,则征发之不暇,赋敛之无度。"②而且自汉代民兵二分之后,匈奴一旦入侵,则致使汉朝要征收天下之赋,养兵去抵挡匈奴。黄宗羲认为,这都是由于废封建的恶果。依照黄宗羲的设想,以封建的方式来管理天下,应对边患,可以避免边患对整个天下的影响。他说:"历观夷狄之取中国也,其时累人以挠之,重构以瘠之,相与守之数十年,中国未有不困绌。乘其内忧,不过一战,而天下之郡县皆望风降矣。向使列国棋置,一国衰弱,一国富强,有暇者,又有坚者,虏能以其法取彼,未必能以其法取此,岂有一战而得志于天下如此而易易乎?"③

《封建》篇为有感而发,所谓"一战而得志于天下如此而易易"的说法,其实即是暗指明王朝的灭亡而满清贵族入主中原这一事件。这种说法基于对明王朝灭亡的义愤,其实未必准确。黄宗羲对"封建制"的肯定其实在相当大的程度上是出于某种单方面的思考,如有利于防止边患的角度,并未看到封建制带来的其他害处。他对封建制与郡县制优劣的比较,主要是站在维护中华民族文明的立场展开的。故他说:"夫即不幸而失天下于诸侯,是犹以中国之人治中国之地,亦何至率兽而食人,为夷狄所寝覆乎!吾以谓恶伤其类者然且不为,况乎其不至于是乎!后之圣人

---

① 黄宗羲:《留书》,《黄宗羲全集》第 11 册,第 5 页。
② 黄宗羲:《留书》,《黄宗羲全集》第 11 册,第 5 页。
③ 黄宗羲:《留书》,《黄宗羲全集》第 11 册,第 6 页。

复起,必将怃然于斯言。"①

　　黄宗羲的意思很明确,封建制的最坏结果是诸侯做大,抢了王位,但还是中国人统治中国人,文明形态没有变。郡县制丢失了天下,则是文化落后的夷狄来统治中国人,是率兽食人,文明退化了。黄宗羲对元朝统治中国时的民族歧视政策有深刻的揭露与批判。他说:"元之法律曰:'蒙古人殴汉人,汉人勿得还报,蒙古人殴死汉人者断罚出征。'彼方以禽兽加之人类之上,何尝以中国之民为民乎? 顾中国之人反群焉而奉之。"②视元朝为中华政治统治之帝统,这不是为虎作伥吗? 很显然,黄宗羲此处的观点是在明王朝的灭亡后有感而发的,我们需要历史地看待这一观点。

　　由此,他提出了一个看起来有些违背儒家正统的思想观点,说:

　　　　中国之与夷狄,内外之辨也。以中国治中国,以夷狄制夷狄,犹人不可杂于兽,兽不可杂于人也。是故即以中国之盗贼治中国,尚不失中国之人也。徐寿辉改元治平,韩林儿改元龙凤,吾以《春秋》之义将必与之。使天地亟去渠撑犁孤涂之号,彼史臣从而贼之伪之,独不思为贼为伪有甚于蒙古者耶?③

　　站在维护中华民族文明的立场上,黄宗羲甚至能接受农民起义军建立的政权,而且还用儒家的《春秋》经来为其正统性进行辩护。黄宗羲在此问题上暂时性地超越了儒家的君臣观,在民族大义的前提下肯定了犯上、革命的合理性。这一点与王夫之的观点相当接近。当然,也正是基于儒家思想传统中的"华夷之辨"的民族立场,他坚决肯定封建制优于郡县制。然而,他既未能像王夫之那样从公天下与私天下的角度来思考封建制与郡县制的优劣,也未能像顾炎武那样从分权的角度来思考封建制与郡县制的调和问题。其对封建制问题的思考主要还是停留于具体的

① 黄宗羲:《留书》,《黄宗羲全集》第 11 册,第 6 页。
② 黄宗羲:《留书》,《黄宗羲全集》第 11 册,第 12 页。
③ 黄宗羲:《留书》,《黄宗羲全集》第 11 册,第 12 页。

政治操作层面,思想史的意义不够鲜明。

对于历史上的"文质"嬗变的问题,黄宗羲认为不是简单的历史循环问题。由简陋、质朴的人类形态向文明化的人类形态转变是需要圣人自觉地追求与维护的结果。如果不能自觉地维持一种文明化的生活形态,人类生活就有可能退化到非常简陋、质朴,乃至于野蛮的形态之中的。首先,他以古代的葬礼、饮食礼、祭礼等的变化为例,揭示了人类生活恰恰是由文向质的退化,而不是由质向文的提升。他说:

> 古者天子之棺四重,诸公三重,诸侯再重,大夫一重,士不重。今天子之棺不重,则是古者士之制矣。古者设折俎,荐脯醢,酒清肴乾,宾主百拜,而后脱屦升堂乃羞。今宾至而羞,则是古者燕饮之事矣。古者设奠于奥,迎尸于前,谓之阴厌;尸谡之后,改馔于西北隅,谓之阳厌;殇则不备。今无尸而厌,则是古者祭殇之礼也。……凡礼之存于今者,皆苟然而已。是故百工之所造,商贾之所鬻,士女之所服者日益狭隘。吾见世运未有不自文而趋夫质也。①

其次,人类生活的文明形态并非是普遍化的,未受王化的"要荒之人",其生活的形态是十分质朴、简陋的。末世之王,不行王道教化,也会变成另一种堕落的、放荡的形态。就前一种情况而言,"当周之盛时,要荒之人,其文画革旁行,未尝有《诗》《书》《易》《春秋》也;其法斗杀,未尝有礼、乐、刑、政也;其民射猎禽兽为生业,未尝有士、农、工贾也;其居随畜牧转移,未尝有宫室也。……然则同是时也,中国之人既喜文而恶质与忠,彼要荒之人何独不然与?是故中国而无后圣之作,虽周之盛时,亦未必不如要荒;要荒之人而后圣有作,亦未必不如鲁、卫之士也"②。就后一种情况而言,末世帝王,不推行王化之道,也会重新堕落到另一种野蛮的生活之中。如黄宗羲说:"以三代圣人相续而治,其功不可为不久矣。其末王不能守其教者,彼帝辛使男女裸逐,厉王发龙漦而使妇人裸而谋

① 黄宗羲:《留书》,《黄宗羲全集》第11册,第3页。
② 黄宗羲:《留书》,《黄宗羲全集》第11册,第3页。

之,夫非喜质之过乎? 然则先王使忠之变而为质,质之变而为文,其势若此难也。"①

　　黄宗羲将秦国由余向秦穆公推荐的"俭道"称之为"戎狄之道",严加批评。其结论是:"天下之为文者劳,而为质者逸,人情喜逸而恶劳,故其趋质也,犹水之就下。子游曰:'直情而径行者,戎狄之道也。'"②由此可见,黄宗羲既没有简单地看待历史进程中文质之变问题,更是反对由文向质的变化,尤其是由一合理的文明形式向堕落的、不合理的丑陋的简单形式退化的文质之变。这一"文质观"体现了黄宗羲对历史变化的文明形态与合理化的坚持与向往。但他过于重视礼之文,忽视了礼之俭的合理性,则又有一定的复古倾向。

　　不过,从整体上看,《留书》中所讨论的政治学问题及其具体的政治主张不及《明夷待访录》一书有思想史的价值,它只是从一个侧面反映了黄宗羲政治思想中不成熟或比较偏激的一面。

----

① 黄宗羲:《留书》,《黄宗羲全集》第 11 册,第 3 页。
② 黄宗羲:《留书》,《黄宗羲全集》第 11 册,第 4 页。

第二章　方以智的哲学

方以智(1611—1671),字密之,号愚者,安徽桐城人(今属枞阳县)。其家族方氏由桂林迁往安徽桐城,其曾祖方学渐,祖父方大镇、父亲方孔炤均是朝廷命官,二人对《周易》都有精深的研究。方氏家庭是传统中国习文蹈武的家庭。少年时代的方以智自诩为"狂生","往往酒酣,夜入深山;或歌市中,旁若无人"。[①] 青年时代,他感愤于时局艰危,常常与朋友"画灰聚米",筹画大计,报效国家。30 岁中进士。其后仕途坎坷。明亡后,恪守遗民之志,一度坚持抗清,最后失败。然其终身不与清廷合作。据学者考证,他于清康熙十年(1671)在江西庐陵被清廷逮捕,病死于押往岭南途中。[②]

处在明末清初的特殊历史条件下,再加上桐城方氏家族专擅《易》学的家学传统的影响与晚年逃禅的生活经历,方以智的哲学思想显得特别驳杂、光怪陆离。中国传统文化中的儒、释、道(道家与道教)三大传统,再加上耶稣会士传来的少量西学知识,均在方以智的思想体系中有所体

[①] 方以智:《孙武公集序》,《稽古堂二集》,《浮山文集前编》卷二,《续修四库全书》第 1398 册,第 194 页,上海,上海古籍出版社,2002。

[②] 关于方以智的死亡结局,学界有不同的看法。参见蒋国保的《方以智哲学思想研究》、罗炽的《方以智评传》、余英时的《方以智晚节考》等著作。

现。他早年提出的"坐集千古之智而折衷其间"的宏伟学术理想,中晚年在哲学方面提出的"一贯"之道,"全均"理想,无一不体现了方以智哲学思考中试图纵览百家而自出机杼的哲学创造理想。就其出入三教、中西的思想规模而言,方以智在知识视野方面超出了同时代的王夫之、黄宗羲、顾炎武三人,然而在思想的精审方面,与同时代其他三大家各自取得的成就相比略为逊色。这大约与他晚年的不幸遭遇及过早的逝世有关。① 他与朱明王朝有着深刻的政治情感联系,抗清失败后不得不逃禅,而即使在逃禅的状态下也未必完全放弃了反清复明的内在念想。这就使得他在学术上有折衷诸家的抱负,而在终极的文化理想方面缺乏王夫之的"六经责我开生面"的深沉理想,甚至也不可能像黄宗羲那样在明亡后持一更为超越的立场,从政治上彻底反省并批判传统帝王专制政治的过失。方以智的哲学思想虽然有种种不足,然其奠基在广阔知识视野之上的思辨哲学体系,为中国哲学在后期的发展提供了新的思想形态与博大的气象,蕴含着逸出儒家以道德为终极归依的思想倾向,凸显了哲学思考与科学知识的内在关联性。这是方以智哲学的显著特色。其主要科学与哲学著作有《通雅》《物理小识》《东西均》《易余》《一贯问答》《性故》《药地炮庄》等。

第一节　方以智的本体论与人性论

方以智在哲学本体论的问题上,有一个从早年的"唯气"说到中年以后的"所以"说的转向过程。因而,其哲学思想从整体上看有一个从重视实证向重视思辨的方向发展的过程。尽管其早年的唯气论思想中也含有"心物不二"的唯心论思想,但其主要倾向是唯气论。其晚年的思想中也没有否定气本论,但更多的是从思辨的角度讨论气之运用、变化的"所

---

① 方以智逝世后,顾炎武活了十一年,王夫之活了二十一年,黄宗羲活了二十四年。顾氏小方氏两岁,王氏小方氏八岁,黄氏长方氏一岁。而大多数哲学家的思想往往要到六十岁左右才渐臻成熟。

73

以然",以太极、所以等程朱理学的概念及其相关的思维方式来思考并解释事物运动、变化的终极根据与原因。

一、物(气火)论

与黄宗羲、王夫之不同,方以智主要继承了程朱理学的思想并充分吸收了气学一系的思想,将气本论的宇宙论与追问万物之"所以"的本体论结合起来,形成了一种带有杂糅性质的哲学体系。"盈天地间皆物"的命题是方以智关于世界根本性质的一种判断。但他所说的"物"并不是现代汉语中的事物,也不是马克思主义哲学中的"物质"概念,而只是一个表述思维对象的存在,既指具体物质性的东西,也指非物质性的,如心灵、精神之类的东西,如他说:

> 盈天地间皆物也。人受其中以生,生寓于身,身寓于世,所见所用,无非事也。事一物也。圣人制器利用以安其生,因表理以治其心。器固物也,心一物也。深而言性命,性命一物也,通观天地,天地一物也。推而至于不可知,转以可知者摄之。以费知隐,重玄一实,是物物神神之深几也。①

由此段文献可知,方以智哲学中的"物"既非"物质",亦非心灵,而是包括物质、心灵在内的"东西"——即现代哲学中的"思维的对象"。不过,方以智又认为,"物"的构成要素是"气",故"盈天地间皆物"的命题可以转化为"盈天地间皆气"。他说:"一切物皆气所为也,空皆气所实也。"②"世惟执形以为见,而气则微矣。然冬呵出口,其气如烟;人立日中,头上蒸歊,影腾在地。考钟伐鼓,窗棂之纸皆动,则气之为质,固可见也。充一切虚,贯一切实,更何疑焉?"③这样一来,方以智似乎又可以被看作是"气本论"者。

---

① 方以智:《自序》,《物理小识》,第 1 页,上海,商务印书馆,1937。
② 方以智:《天类》,《物理小识》卷一,第 3 页。
③ 方以智:《天类》,《物理小识》卷一,第 3 页。

　　问题在于,方以智未能一以贯之地坚持这一气本论的立场。中年以后,他又从气本论滑向以"太极""所以"为宇宙本原的立场,从而回归到宋儒程朱一路的理学形上学立场。虽然如此,就气论而言,方以智关于世界统一于气的认识,仍然有超逸前人之处。具体表现在他对气的变化形态以及万物统一于气的复杂现象有更为明晰的论说。他说:"气凝为形,发为光、声,犹有未凝之气与之摩荡、嘘吸。故形之用,止于其分;而光、声之用,常溢于其余。气无空隙,互相转应也。"①又说:"气凝为形,蕴发为光,窍激为声,皆气也。而未凝、未发、未激之气尚多,故概举气、形、光、声为四几焉。"②"气动皆火,气凝皆水,凝积而流,动不停运。"③

　　上述有关"气"的变化形态的具体分析,不仅超越了张载、二程、朱子等人的说法,而且也超过同时代的大哲学家王夫之对于气的诸形态的认识。其对气的形、光、声、色的四种形态的分析,在当时的自然科学条件下具有相当鲜明的科学认知的进步意义。有学者曾根据方以智有关"火气"的论述文字,认定方以智是"火气一元论者",或者是"气火一元论者"。如果全面考察方以智的火气论,我们就会发现,早年的方以智仍然是一个气一元论者,因为他明确地说过,火亦是气。他认为,"水为润气,火为燥气,木为生气,金为杀气……土为冲和之气,是曰五行"④。又说:"火与气,一也。"⑤"火即真阳之元气。"⑥这些说法表明,早年的方以智并非是什么火气一元论,而只是一个气论者。

　　从现代哲学认识的角度看,方以智并不理解人类精神现象的独特性,正如他在"盈天地间皆物"的命题中把"心"看作物一样,他将"精神"也看作是气。他说:"形者,精气之所为……精神皆气也。"⑦因此,方以智

①　方以智:《天类》,《物理小识》卷一,第5页。
②　方以智:《天类》,《物理小识》卷一,第11页。
③　方以智:《人身类》,《物理小识》卷三,第79页。
④　方以智:《天类》,《物理小识》卷一,第11页。
⑤　方以智:《人身类》,《物理小识》卷三,第78页。
⑥　方以智:《人身类》,《物理小识》卷三,第78页。
⑦　方以智:《人身类》,《物理小识》卷三,第76页。

以气为基质的宇宙论并不能简单地归类到唯物主义的理论谱系之中。中年以后，方以智转向了理学立场，以心、所以、太极等抽象的精神观念作为世界的终极因，从"盈天地间皆物"的气本论转向了以所以、太极为核心的客观唯心论。如他说："气生血肉而有清浊，气息心灵而有性情。本一气耳，缘气生'生'；所以为气，呼之曰'心'。……世无非物，物因心生。"①又说："一气中有理焉，如主统仆。"②这些说法表明，中晚年的方以智在本体论的立场上有所转化。

二、方以智的所以论

方以智思想驳杂的特征之一，就在于他使用多个抽象的名词表达对终极问题的理解，这在一定程度也引起了思维的混乱。他认为：

> 未有天地，先有此心；邈邈言言，则可曰太极，可曰太一，可曰太无，可曰妙有，可曰虚满，可曰实父，可曰时中，可曰环中，可曰神气，可曰烟煴[氤氲]，可曰混成，可曰玄同，以其无所不禀，则谓之为命，以其无所不生，则谓之为心。以其无所不主，则谓之为天。③

上述文献中"未有天地，先有此心"的说法，显然是一种客观唯心论的说法，与朱子哲学"未有天地之时，毕竟有是理"的说法，在精神结构上如出一辙。他虽然努力从邈邈、无所不禀、无所不生、无所不主四个侧面来分别论说此"心"与以往哲学史上诸体系中的根本观念有相通之处，但都无法改变其哲学思维的客观唯心论性质。他又引进"所以""太极"两个概念来重新解释"心"："人之有心也，有所以为心者；天地未分，有所以为天地者。……则谓未有天地，先有此'心'可也，谓先有此'所以'者

① 方以智：《尽心》，《东西均注释》，庞朴注释，第67—68页，北京，中华书局，2001。本章所用《东西均》一书的原文及注释，均以庞朴先生《东西均注释》(中华书局，2001年版)一书为蓝本，个别地方的标点及概念的解释有别于庞先生之处，特此说明。
② 方以智：《总论下》，《药地炮庄》，张永义、邢益海校点，第84页，北京，华夏出版社，2011。
③ 方以智：《译诸名》，《东西均注释》，庞朴注释，第166页。

也。"①这样的解释,也只是更加明确地将自己的哲学思考立场奠定在程朱理学的"理本论"之上,虽然表面上他并没有运用"理"或"天理"等概念。

中年时段的方以智明显地意识到自己思想与早年的气本论立场有较大的裂痕,故要认真处理"所以"与"气"的内在关系。他说:

> 考其实际,天地间凡有形者皆坏,惟气不坏。……由此征之,虚空之中皆气所充实也,明甚。人不之见,谓之"太虚"。虚日生气,气贯两间之虚者实者,而贯直生之人独灵。生生者,气之几也,有所以然者主之。所以者,先天地万物,后天地万物,而与天地万物烟煴[氤氲]不分者也。既生以后,则所以者即在官骸一切中,犹一画后,太极即在七十二、六十四中也。于是乎六相同时,世相常住,皆不坏矣;称之无二。②

他一方面要继续坚持"虚空之中皆气所充实"的气本论立场,另一方面要融合程朱理学追问气化生生背后的"所以然"之"理"的思想,提出"生生者,气之几也,有所以然者主之"新说法,将"所以"看成是"先天地万物,后天地万物,而与天地万物烟煴(氤氲)不分"的思维实体。从表面上看,他在理论上整合了气本论与理本论的哲学思想体系,实际上不知不觉滑向了理本论的哲学立场。因为,在张载—王夫之的气本论哲学体系里,无须一个思维实体"所以"来主宰"生生不息"的"气几"。气本论与理本论,作为两种截然不同的哲学体系,在其根本的哲学出发点上是无法通约或合并的,两者之中只能选择一种立场。我们认为,方以智在此根本问题上所做的理论融合是不可能成功的。

中年以后的方以智,为了追求哲学表述上的圆融,避免自己的哲学在本体论上陷入偏执于有或偏执于无的缺陷,又引进传统的"太极"概念。他说:"不落有无又莫妙于《易》矣。太极者,先天地万物,后天地万

① 方以智:《所以》,《东西均注释》,庞朴注释,第218页。
② 方以智:《所以》,《东西均注释》,庞朴注释,第219—220页。

物,终之始之,而实泯天地万物,不分先后、终始者也;生两而四、八,盖一时具足者也。"他又进一步补充道:"太极者,犹言太无也。太无者,言不落有无也。"①这些说法,从表面上看已经融合了各家各派的说法,建构了一个圆融的、无所不包的哲学体系,实际上在不知觉中滑向了客观唯心主义的哲学体系之中。而方以智在哲学根本问题上由气本论滑向以心、所以、太极等为本体论的客观唯心主义立场,这与他的哲学认识论有密切的关系。他要从根本上杜绝人们在认识上的偏执而达致圆融、统贯性的真理。他说:

> 形本气也,言气而气有清浊、恐人执之,不如言虚;虚无所指,不如言理;理求其切于人,则何如直言"心宗"乎?近而呼之,逼而醒之,便矣。然圣人且忧末师偷心自尊之弊,遁于洸洋,无所忌惮,故但以好学为教。②

方以智的意图有可取之处,即气本论所言之"气"本身带有某种"可执"的局限性,不足以表达终极的实在。然而,任何对于终极实在的言说在语言上都可能产生问题。而方以智本人最终也没有找到解决这一问题的方法。他提出的"以好学为教"的主张,只能说是逃避了他在此段文献开始说的问题,并没有解决他自己提出的问题。

为了破除人们对"名"的执着,方以智以多种名相命名宇宙、本体,从而努力达到对有机、连贯的世界本相的认识。他说:

> 本无名字而立名字,随其名字,是无相相。……故吾又变"所以"之号,旧谓之"太虚",我何妨谓之"太实"? 旧谓之"太极",我何妨谓之"太无"? 且谓之"生生",且谓之"阿阿",又安往而出吾宗乎?③

---

① 方以智:《三征》,《东西均注释》,庞朴注释,第46—47页。
② 方以智:《所以》,《东西均注释》,庞朴注释,第221页。
③ 方以智:《所以》,《东西均注释》,庞朴注释,第224页。

上文中的"吾宗",即是方以智所言的"心宗"。而方以智"心宗"之"心",并不能等同于现代哲学中的认识之心,而是一种"公心",是一种"生生"之意。故方以智又说:

> 气也,理也,太极也,自然也,心宗也,一也,皆不得已而立之名字也。圣人亲见天地未分前之理,而以文表之。……夫乌知名殊而实本一乎? 吾从无是非之原,表公是非之衡而一之。①

他又说:

> 天地生人,人有不以天地为征者乎? 人本天地,地本乎天,以天为宗,此枢论也。天以心予人,人心即天,天以为宗即心以为宗也。②

由上所引的诸则材料可知,方以智的哲学在宇宙根本特征的界定方面,混淆了无意识之天的"生生之意"与作为人类社会的"生生之意"——仁德的不同性质。他试图"坐集千古之智,折衷其间",建立一个无所不包、无所不容的哲学体系,而最终则丧失了自己早年哲学气本论的根本立足点,在不自觉之中滑向了客观唯心主义的理论体系之中。

三、方以智的人性论思想

从天人关系的角度看,方以智在人性论的问题上也是坚持天人一体论的思想。他认为,只有通先、后天然后才能明白人性之所以然。他对历史上五种主要的人性论观点进行分析之后说道:

> 性相近也,习相远也;此就性住气中而言之也。言性善,举其性之不受变于气者而言之也。可以为善为恶,止就习相远而言之也。有善不善,止就上智下愚不移而言也。言无善无恶者,指其全气全理为人事人语之所不到,而形容其泯云尔。③

---

① 方以智:《所以》,《东西均注释》,庞朴注释,第216页。
② 方以智:《所以》,《东西均注释》,庞朴注释,第217页。
③ 方以智:《性故》,《方以智全书》第3册,第7页。

方以智本人认为,人性之"性"可以从不同的角度来认识:"因其生之所本曰性,无所不禀曰命,无所不主曰天,共由曰道,自得曰德,密察其中曰理,虚灵曰心,称性之德曰善。称本体为善,犹称本色为素也,非恶所敢对也。"①但是,方氏的这些说法并未对人性之性做出新的规定,只是表现为贯通各家之说,而在实际上又未必真能贯通各家的人性论思想。他说的"称本体为善,犹称本色为素也,非恶所敢对也"的"善",似可称之为"元善"。然而从这种"元善"出发为何又衍化出种种不善,方以智并没有给出更新颖、更合理的回答。

他通过对历史上各种人性论思想出发点的分析,试图综合各家学说之长,化解各家在人性论方面的冲突。他说:

> 以质论之,气交凝形,而气篦栖灵,此生后之气质也。即未生前,亦缘气以为质也。辟天地一气质也,混天地一气质也,所以为气者,贯乎混、辟气中者也。气凝形者坏,而气不坏;气习聚者散,而大心无聚散。故称性之质为气,而明气之中曰理。物各一理而共一理也,谓之天理。气分阴阳则二其性,分五行则五其性。人物灵蠢各殊,是曰独性,而公性则一也;公性在独性中,遂缘习性。故学以《剥》《复》而用之,辩明而晦养之。……若欲通而谓之,以为气则无非气也,以为心则无非心也,以为理则无非理也。②

上述方以智对人性的论述有不同于其前人及同时代其他学者的地方。首先,他将性分为质与质中之理两个部分,而且认为阴阳、五行之气实即二种、五性之性。其次,他提出了独性、公性、习性三种分类方法,公性是"天理",独性是人物之间不同的属性,而公性又寄寓于独性之中并在习性中得以完成与实现。其三,性既可看作是气,也可以看作是心,也可以看作是理,问题的关键在于我们从什么角度立论。气、心、理都统一于性。

---

① 方以智:《性故》,《方以智全书》第 3 册,第 8 页,合肥,黄山书社,2019。
② 方以智:《性故》,《方以智全书》第 3 册,第 8 页。

方以智将气质之性中的理(所以然)看作是可以脱离气质之性的思维实体,如他说:"钻火燃灯而用其光,若惟其理,则未有灯火之先,已具此火光;是光理贯明暗,而灯与火乃其质体之名耳。光之理,乃灯火体中所以然之神。"①很显然,方以智所讲的气中理,不同于王夫之等同时代其他学者讲"理"为"气中之理"的观点。王夫之等唯气论思想家着重强调,离开了"气"就根本没有所谓的"理"。"理"只能是具体的气之理。而方以智所说的"理"似乎是可以脱离"气"的实体性的存在。

方以智对于历史上诸人性论虽然从理论上做了一个折衷性的评析,各取其长,然他本人的人性论仍然可以归入性善论的大范畴里。他认为,人性无不备,正如核中之仁全备植物之性一样,不以人知不知为转移。他说:

> 核中之仁,根干花实皆具,汝见之耶? 汝以不见为不备,又何怪焉! 人用之而有善不善,益可以信性之本善矣! 故曰:众人生性,圣人始是成性。圣人见物即见物之则,知天即知天之理,奉性即尊性之德,情复性而情中节,即费见隐,而边皆中矣。众人随气质而不知其性之理,但顺流而率情耳。率性之谓道,率其天然之秩叙也。修道之谓教,表此公理而折中于事事之中节也。②

因此,方以智的人性论基本上没有跳出孟子以降性善论的思维框架,而且将现实中表现出来的善或不善的结果看作是人为的结果。仅就此点而言,他的人性论并没有提供更多的新内容。方以智还认为,能知"性故",则"忍性、尽性、节性、率性、见性、无性本一贯"。③ 这也是他《性故》篇的基本思想。所谓"性故",即是指"性之本来"。"性故"一词原出《荀子·性恶》,是荀子批评孟子的观点:"今人之性善,将皆先丧其性故也。"今本《孟子》不见此语,且此语校勘者以为是"故恶也"。但方以智所

---

① 方以智:《性故》,《方以智全书》第 3 册,第 10 页。
② 方以智:《性故》,《方以智全书》第 3 册,第 16 页。
③ 方以智:《性故》,《方以智全书》第 3 册,第 19 页。

说的"性故"不同于荀子所说的"性故"。因为荀子所讲的性乃是"本始材朴"的自然之性,而方以智讲的"性故"即是上文提到过的,与经验世界之恶无对的"本体之善"。

对于宋儒强硬地区分"气质之性"与"义理之性"的做法,方以智明确地表示不同意,他说:

> 形为气所凝,神为气之灵,圣人见其中之理而表之。尝因物、事、位、时而显,因心而知,知其故乎? 此折摄之言所由起也。如曰形不是气,又曰形即是气,可乎? 如曰神不是气,又曰气即是神,可乎? 理不同于神、气、形,而在神、气、形之中,因心而知。心不生时,理何在乎? 此泯也。泯乃本泯也。不以自受用之心自不知,而谓两间无此理也。惟圣人然后可以践形。向正行者言"气"之一字,乃所不甘;向了当人言"性"之一字,吾不喜闻。[1]

但他也不同意直接将"气质之性"当作人性的做法,而是要对气质之性作一"化"的处理,然后方能成为人之性,故他又说:

> 性以气为质,凡夫所共见共知者也。气质中之理,则其所不见者也。因天地已分后之气质,而举出天地未分前之气质,此智者之巧也。贯混沌与开辟,乃能不作两橛。偏人便倚贯混、辟之气质,而圣人必表其贯混、辟气质中之理。一表之而即化其气质,即用其气质矣。[2]

最后,对"气质之性"与"义理之性"的关系问题,方以智给出了一个折衷的说法。他说:

> 六合万古,一气而已! 圣人知所以为气者因而理之,所谓心与理来而理与知泯者也。特尊之以修教,曰於穆之命自命,气数自气

---

① 方以智:《性故》,《方以智全书》第 3 册,第 22 页。
② 方以智:《性故》,《方以智全书》第 3 册,第 22—23 页。

数,降衷之性自性,气质自气质,此孟子之两不谓也。①

方以智的意思是说,就实存性的宇宙而言,都是一气,性也不外乎是气。然而圣人知道所以为气的道理并且加以秩序化(即"理之"),故气质之性不妨碍义理之性。孟子的"两不谓",即是不把生理性的"小体"称之为性,不把人间的外在之命称之为命而视之为性,即是说,在人性的问题上,并不因为人有生理性的欲求而将这种欲求称之为人性天然,故尔放纵追求;不因为父子之命、君臣之义是命之所限而表现为被动状态,反而要将这种命视之为人性天然拥有的,要视为当然之则而不懈的努力,使之完美地表现出来。这样一来,方以智在人性论的问题上又回到了孟子的立场。

尽管方以智反对用二分的方法来讨论人性问题,但他的综合却又不同于同时代唯气论者,如王夫之的人性论思想。他不从特定的唯气论或唯理论立场出发来综合气质之性与义理之性的关系,而是从每一理论的侧重点和实际立教的权宜与方便角度,阐述人性二分法的言说环境与对象。这种综合方式与方以智追求"圆融"折衷的思想倾向密切相关。

第二节 方以智的科学哲学思想

与晚明诸遗老的哲学思想相比,方以智哲学最具鲜明个性的地方在于他十分重视对自然科学知识的探究,进而上升到对哲学问题的思考。他首次明确地提出了"质测即藏通几"的新命题②,对科学研究与哲学思考活动的内在关系做出了度越前人与时人的论述。在方以智的哲学体

---

① 方以智:《性故》,《方以智全书》第 3 册,第 21 页。
② 在方以智看来,人类似乎有三大类知识:质测、通几、宰理之学。他本人瞧不起"宰理"之学,特别重视"质测"与"通几"之学,并对这二者之间的关系进行了论证。然究竟何谓"宰理"之学?方以智并没有明确的定义,只是说"儒者守宰理而已"。(《物理小识·总论》)"汉儒解经,类多臆说;宋儒惟守宰理,至于考索物理时制,不达其实,半仍前人。"(《通雅》卷首一《音义杂论·考古通说》)

系中,"质测"相当于今日的自然科学,"通几"相当于今日意义上的哲学。① 他是这样界定"质测"内涵的:"物有其故,实考究之,大而元会,小而草木蠡蠕,类其性情,征其好恶,推其常变,是曰质测。"②

"元会"是指宋明以来推测天地运行变化的一种带有神秘命运论的宇宙学。在方以智看来,无论是大尺度的宇宙变化现象,还是具体而微的草木微虫的性情,皆称之为"物"。而物皆有其"故"——即所以为此物及变化的道理,通过实在的、可以把握、可以理性地表达出来的方法加以研究。这种研究就是"质测"。很显然,方以智此处所说的"质测"在内涵上与今日所言的"科学研究"一词相近。

方以智是这样界定"通几"的:

> 器固物也,心一物也。深而言性命,性命亦一物也,通观天地,天地亦物也。推而至于不可知,转以可知者摄之,以费知隐,重玄一实,是物物神神之深几也。寂感之蕴,深究其所自来,是曰通几。③

上述所引文献中所言,有几处需要特别地解释一下。对于所有的"物"而言,通过"实考究之"的"质测"之学,可以把握他们。然而如何去把握不可知的领域呢? 方以智认为,这时人们应当反过来,不在"不可知"的领域继续下功夫,而是以"可知"来统摄"不可知"。"摄"含有统摄、合理推测的意思。通过日常的现象"费",进而推知不可见,然而实际存在并对实际存在产生某种影响的"隐",老子哲学讲的"玄之又玄"的道,又称"重玄"(道教理论的核心概念),其实不是虚无一物的,反而是实有的(气)或太极。"以费知隐、重玄一实"的认识与掌握实在对象的方式就是"物物""神神"的深奥之几(征兆)。"物物",即把握物;"神神",即把握神,通过运用人的理性所把握的已知知识来统摄"隐"与"重玄"。人、物、

---

① 有学者认为,"质测"是"科学方法"而不是科学,"通几"是哲学方法,而不是哲学。可备一说。
   参见蒋国保《方以智与明清哲学》,第135—149页,合肥,黄山书社,2009。
② 方以智:《自序》,《物理小识》,第1页。
③ 方以智:《自序》,《物理小识》,第1页。

天地最根本、最原始的寂感之义蕴是从何处而来的呢？对此根本问题的研究与探索，就是"通几"。这一"通几"之学与研究具体事物之故（或曰几）不同，故称之为"通几"。"通几"不是具体事物之故的简单叠加的总和，而是对宇宙开端处的"寂感之蕴"的深入思索，这种思索才可以称之为"通几"。而此种"通几"其实就是今日哲学中的宇宙论或曰本体论，是第一哲学。

方以智从三个方面揭示了"质测"与"通几"的关系：其一，"质测即藏通几者也"。意思是说，具体的考究物故的"质测"之学即蕴含着"通几"的学问。如果有人离开对具体物的考究而笼统地阐述"通几"之学，则必然丧失对于具体物的认识。因此，方以智说："有竟扫质测而冒举通几，以显其宥密之神者，必流遗物。"[1]

其二，"通几护质测之穷"。由于人类的认识能力有限，总有不可知的"重玄"世界存在于人的认识之外，因此任何"质测"之学皆有其能力所达不到的地方。此时，"通几"之学可以庇护人们在具体事物认识过程中的短处，避免人们流于神秘的猜想，使人保持一种"阙疑"的理性态度。因为，"通几"之学告诉人们，万物皆有其所以然，世界是由气构成的，而气是生生不已的。这样就可以避免人们被有神论或各种神秘主义迷惑的可能性。

其三，"不可以质测废通几，不可以通几废质测。或质测，或通几，不相坏也"[2]。这即是说，"质测"之学与"通几"之学各有其相对的独立性，不能够相互否定或相互取代。

应当说，方以智对"质测"与"通几"关系的阐述，原则上是正确的，在科学昌明的今天，科学与哲学的关系，包括科学与神学、宗教的关系也是如此。哲学以整个世界、存在为研究对象，这就决定了哲学不可能像具体科学那样研究世界的细节，也达不到具体科学研究那样确定性的结论，但任何具体科学也取代不了哲学的功用。当人们试图将具体科学研究的结论

① 方以智：《自序》，《物理小识》，第1页。
② 方以智：《自序》，《物理小识》，第1页。

当作宇宙的根本法则时,总会引出一系列的哲学争论。值得注意的是,方以智对"测质"与"通几"的关系还有不同的说法,如"质论"与"推论",或曰"通论"。如《东西均・所以》篇说:"有质论者,有推论者,偏重而废一论乎?"《东西均・声气不坏说》篇云:"其曰总不坏者,通论也。质核,凡物皆坏,惟声气不坏,以虚不坏也。"《性故》篇说:"质论即藏通几。"《药地炮庄》卷一中"质测曰……通论曰……"凡此种种说法均表明,推论、通论即是"通几",而质论即是"质测"。由此可以看出,方以智在思考科学与哲学的关系时,特别突出了科学的实证思维方法与哲学的抽象思辨方法的不同与内在联系之处,而其所说的"通几",如果从方法论的角度看,更多地表现为一种形上学的方法,而非一些具体性的哲学方法,如归纳推理、演绎推理之类的方法。就其"质测即藏通几"的科学与哲学,科学方法与哲学方法之间的内在关系而言,这一思想原则在今天仍然是正确的。

第三节　方以智的辩证法思想

一、"随、泯、统"与"交、轮、几"

方以智试图以自己创立的辩证思维体系来把握世界的本相。这套辩证思维体系主要由两组概念体系和一个命题组成。第一组概念体系反映客观现实的变化法则,如交、轮、几;第二组概念体系反映人的主观认识的辩证性特征,如随、泯、统。一个命题是:"合二而一"。"交、轮、几"与"随、泯、统"二者之间的关系是:

> 明天地而立一切法,贵使人随;暗天地而泯一切法,贵使人深;合明暗之天地而统一切法,贵使人贯。以此三因,通三知、三唯、三谓之符,叕(核)之曰交、曰轮、曰几,所以征也。交以虚实、轮贯前后;而通虚实前后者曰贯,贯难状而言其几。[1]

---

[1] 方以智:《三征》,《东西均注释》,庞朴注释,第 37 页。

　　上述引文中的"随、泯、统"可以看作是认识的辩证过程。人们之所以要阐明天地及其运动的诸法则,其目的是要求人们随顺天地及其运动的法则,此是人类认识的第一步。接下来是要消除天地万物及其现象的对立状态,目的是要求人们对天地及运动法则的认识变得更加深刻。第三步将明与暗两方面再一次地统贯起来,使人对有法与无法二者的关系在认识的更高层次再作一次综合,从而贯通圆融,名之曰"贯"。"随、泯、统"称之为"三因",运用此"三因"将儒家思想史上的"三知"——"不知命无以为君子;不知礼,无以立也;不知言,无以知人也"、"三唯"——"唯深也,故能通天下之志;唯几也,故能成天下之务;唯神也,故不疾而速,不行而至"、"三谓"——"天命之谓性,率性之谓道,修道之谓教"的认识体系贯通起来。简而言之,从天地的本然运动状态事看,"三因"可以分别称之为"交、轮、几"。

　　所谓"交",主要是针对虚实现象而言,讲哲学上性质对立的二者之间相辅相成,不可截然分开的状态,亦即现代辩证法所讲的对立统一状态。如方以智说:"一与二为三,此教父也。……可方可圆,可棱可破,可末可长,而交之轮之。"①他又说:"虚实也,动静也,阴阳也,形气也,道器也,昼夜也,幽明也,生死也,尽天地古今皆二也。而两间无不交,则无不二而一者,相反相因,因二以济,而实无二无一也。"②

　　所谓"轮",主要针对事物变化的连续性与循环性的特征而言,如方以智说:"轮也者,首尾相衔也。"以时间为例,"一元一轮,一岁一轮,一月一轮,一日一轮,一时一轮,刹那一轮,则一呼吸间与天地同符、前后际同符"。③ 他还以天文学的地平环、子午环、赤道环为喻,提出了平轮、直轮、横轮等说法,以此揭示"轮"的普遍性。最后,他得出结论:"物物皆自为轮。直者直轮,横者横轮,曲者曲轮。虚中之气,生生成轮。举有形无

① 方以智:《三征》,《东西均注释》,庞朴注释,第39页。
② 方以智:《三征》,《东西均注释》,庞朴注释,第39—40页。
③ 方以智:《三征》,《东西均注释》,庞朴注释,第52页。

形,无不轮者。无所逃于往来相推,则何所逃于轮哉?"①

"几"本是《易传》的一个重要概念,如"圣人极深而研几"。在方以智的哲学体系里,"几"有多重意思。从《东西均·三征》篇来看,方以智至少从三个层面阐述了"几"的内涵。其一,从人的主观认识角度看,"几"是难以用语言表述的"贯":"交以虚实;轮续前后;而通虚实前后者曰贯,贯难状而言其几"。其二,"几"即是合二为一的"交"。"何谓几?曰:交也者,合二而一也……凡有动静往来,无不交轮,则真常贯合一几,可征矣"。其三,"几者,微也,危也,权之始也,变之端也"。《药地炮庄》卷首《养生主总炮》云:"间有其几。"《易余·三冒五衍》云:"无动无静者,不必言也。惟于动静之间,明阴阳、刚柔之交。"由上所引可知,"几"必发生,存在于动静的时间与空间之中。因此,方以智所说的"几",既是事物变化初始时的征兆,也是人处理事物之最好的"契几"。

就"交、轮、几"三种状态而言,方以智认为,人们对"几"应当给予更多的关注。一方面要领悟"於穆不已"的本体之天无前后、分别的对立,用现代的话说,要理解实存世界的连续性;另一方面人们又不能自恃这一领悟而对于世界对立、变化无所认识,无动于衷。相反,人们应该积极地去探索天地变化之"几",做到"诚知此几而合之、续之,几几不失"②,"以几先彻几后,以无待者运待"③,"明不息之几于代错者,藏正因了因于缘因。以三一参两之存,用掀翻三谛之泯,则俱泯俱不泯可也"④。此段文献中的正因即是内因或根据,了因即是认识能力,缘因即是外因或次要条件,均是佛学术语。"三一"之"三"有两层意思,一是指先天、后天、中天,亦是指统、泯、随与交、轮、几。而"一"即指整体或统一。参两即是"一因二而两即参"的意思。《易余·中正寂场劝》云:"因二为真一,执一为遁一。贞(真)一则二神,离二则一死。"按照庞朴的解释,"两即参,两

① 方以智:《三征》,《东西均注释》,庞朴注释,第56页。
② 方以智:《三征》,《东西均注释》,庞朴注释,第61页。
③ 方以智:《三征》,《东西均注释》,庞朴注释,第64页。
④ 方以智:《三征》,《东西均注释》,庞朴注释,第65页。

必中于参。并列的两即是统贯的参,参就在两中"①。两即参之"参",既是数字的"叁",又是动词"参与"的"参"。天地交而"叁",即产生万物与人。这是从二相互作用后的结果而言的。如果说天地的交互作用的状态与过程而言,天地之二必相互"参与"、作用,正如阴阳、男女必相互参与、相互作用一样。"三谛"是佛学的术语,谓万物无自性,是空谛;人们所认识的皆是施设的假名,为假谛。如果既承认假名不假,又能见性空的一面,即是中道或曰中谛。由此可以看出,方以智的辩证思维还是用儒家经学传统中的《易》哲学精神来统一佛教的辩证思想,在生生不息的造化洪流里把握事物变化的征兆。而他的"世即出世,是名超越"②的说法,在语言的形式上看过于简单化,取消了"在世"与"出世"的区别。但从更深的思想层面看,以出世之心做入世之事业,又何尝不是出世和超越呢? 反过来说,如果人的身体虽然出家,而心里整天想着的却是世人的功名利禄,则出世即是入世,这也是出家僧中常有的现象。

二、"合二而一"

"合二而一"是方以智辩证思维的另一方面内容,他主要强调现象界对立的双方最终会在更高的层次上实现统一,所谓"两间无不交,则无不二而一者,相反相因,因二以济,而实无二无一也"。③ 在《反因》篇,他比较系统地论述了"合二而一"的辩证思维。他说:"吾尝言天地间之至理,凡相因者皆极相反。"④他从自然界到人类的生活现象,列举了一系列"相反相因""相救相胜而相成"的道理:"昼夜、水火、生死、男女、生克(尅)、刚柔、清浊、明暗、虚实、有无、形气、道器、真妄、顺逆、安危、劳逸、《剥》《复》、《震》《艮》、《损》《益》、博约之类,无非二端。……夫对待者,即相反

---

① 方以智:《三征》,《东西均注释》,庞朴注释,第 41 页注释①。
② 方以智:《三征》,《东西均注释》,庞朴注释,第 65 页。
③ 方以智:《三征》,《东西均注释》,庞朴注释,第 40 页。
④ 方以智:《反因》,《东西均注释》,庞朴注释,第 87 页。

者也。"①

他还分别以水火、动静为例,进一步阐述相反相因的道理:"人身之水火交则生,不交则病,可不谓相因乎? ……静沉动浮,理自冰炭,而静中有动,动中有静,静极必动,动极必静。"②最后,他得出这样的结论:"有一必有二,二皆本于一,岂非天地间之至相反者,本同处于一原乎哉?"③

三、"一三"与"三一"

方以智不仅讲"一而二,合二而一",也讲"一三"、"三一"的问题,甚至讲"边四中五"、一与万、万与一的问题。把中国传统的易哲学、阴阳家等有关数的学说与佛教华严宗的思想综合起来,纳入自己的辩证法思想体系里,努力对大千世界与精神现象中的对立、矛盾的双方给出一个圆通无碍的解释。

方以智所讲的三一与一三的关系,是由一而二与合二而一的问题演化出来的。由矛盾的双方所共处的统一体则称之为"三",而此"三"又不脱离二与一,故方以智用"非一非三,恒三恒一"④来规定他们之间的关系。他所说的"不立三者,无以明生二贯二之一"⑤,意思是讲,不建立"三",就无法清楚地理解产生二又统贯二的一。可见由统一性的所以、太极产生出二,又统贯着二的一,必须通过"三"来进一步加以阐明。而此"三"乃是二(矛盾双方所共处的统一体)之为二的必需的思维实体。关于一三与三一之间的更为复杂的关系,《易余·三冒五衍》一文中有更加详细的论述。他说:

> 自有至[无]⑥者而言之,尚非其一,何是于三? 不三之三而言

①方以智:《反因》,《东西均注释》,庞朴注释,第88页。
②方以智:《反因》,《东西均注释》,庞朴注释,第89页。
③方以智:《反因》,《东西均注释》,庞朴注释,第89页。
④方以智:《三征》,《东西均注释》,庞朴注释,第37页。
⑤方以智:《易余·二虚一实》,《方以智全书》第1册,第137页。
⑥[无]为引者加。此处引文缺一"无"字。

三,不一之一而言一;一三非三尚不三,三一之一亦何一? 一不一自
非三;三不三自非一。非一之一,非三不留;非三之三,非一不立。
不立之一本无三;不留之三本无一,是一三本无,而无亦无矣!①

　　这段文献的意思可以从以下四个层次来解说,第一层意思是说,如
果从实有回归虚无的角度看,连"一"都没有,哪里能谈得上"三"呢? 这
显然是《庄子·齐物论》中"太初有无"的说法在此处的化用。第二层意
思是说,三与一都是现成的、固有的实存者,因而由统一体之一分化出
二,由二(矛盾双方)所共处的新的统一体之三的"三"还不是"三",则由
三而一的"一"又岂能是"一"呢? 第三层意思是说:一如果不是一,即由
一分化出来的二不能处在一个矛盾的共同体之中而构成"一",则就没有
所谓的在"二"之上的"三"。同理,没有这个新共同体的"三","一"(新的
共同体)就不可能存在。因此,"一"如果不是纯粹的、不可分的"一",就
不可能有所谓的"三"(让从一分化出来的二所在其中的新的共同体)。
同样,不是真正独立的"三",也就没有那所谓的"一"。最后,方以智要人
们破除对语言中一、三的执着,而采用了排遣名言的做法,认为不仅用来
论述事物变化过程的一、三等概念是不存在的,而且连"无"的说法与状
态也是不存在的。

　　方以智不仅谈论一而二、二而三的生成与演化的辩证发展观,而且
也谈论由二至四而无四,由四至五而无五的观点。在《东西均·三征》
篇,方以智说道:"圆∴之上统左右而交轮之,旋四无四,中五无五矣。"②

　　而五四三二一之间的关系最终要归结为一,如他说:"五止有四,四
止有三,三止有二,二止有一,此琉璃图书也。未有天地,先有琉璃。"③

　　方以智还进一步讨论了一与万,一与多的关系问题。在《易余·通
塞》一文中,方以智说:"一之万之,万之一之,反一无迹者,得其未始有一

①　方以智:《易余·三冒五衍》,《方以智全书》第1册,第50页。
②　方以智:《三征》,《东西均注释》,庞朴注释,第36页。
③　方以智:《三征》,《东西均注释》,庞朴注释,第39页。

而已矣……一之中有未始有一者,万之中依然[有]此未始有一者。"①

在《一贯问答》中说:"一是多中之一,多是一中之多;一外无多,多外无一,此乃真一贯者也。"②

要而言之,方以智的辩证法思想,其主要问题意识在于处理"一与多"的问题,在综合《易》哲学传统与儒道哲学传统中的"一物两体",即阴阳互体互用的思想基础上,讲一与二的问题。在综合中国大乘佛学天台宗三谛圆融的思想传统基础上,讲"一三"和"三一"问题。因旁涉阴阳五行的思想资源而讲一与四、五的关系。最终归结于华严宗"一多相即"的思维框架,而以儒家的"一以贯之"的命题来表达他的辩证思维。他说:

> 一多相即,便是两端用中;举一明三,便是统体相用。若一多相离,体用两橛,则离一贯之多识,多固是病,离多识之一贯,一亦是病。最捷之法,只从绝待处便是。两间无非相待者,绝待亦在待中,但于两不得处,即得贯几。以先统后,即无先后;二即是一,则无二无一。孟子"塞"字,最为得神。子思剔出"至"字,《易经》标出"太"字,此与"超"字、"统"字、"化"字、"无"字,俱是一样。③

由此段文献可以看出,在讨论"一多相即"的问题时,方以智最终试图以儒家的思想来对各家的辩证思维作"一以贯之"的处理。其"一贯"的思想虽然并不是《论语》中孔子及其弟子们所讲的"一贯之道",如忠恕之道,下学上达之道,但在精神上仍然以儒家的一些观念为典型标志,以揭示"一多相即"的辩证思维的精髓。

不过,方以智的辩证思维,最终还是落入了反辩证法的思维陷阱,以精致的反辩证思维——圆∴三点形式终结了其辩证的思想。在《反因》篇最后,他这样说道:

---

① 方以智:《易余·通塞》,第214页,《方以智全书》第1册。[有]为引者加。依上文之语意当加此一"有"字。
② 方以智:《一贯问答》,庞朴注释,庞朴主编:《儒林》第一辑,第265页,济南,山东大学出版社,2005。
③ 方以智:《一贯问答》,庞朴注释,庞朴主编:《儒林》第一辑,第266页。

因对待谓之反因，无对待谓之大因。然今所谓无对待之法，与所谓一切对待之法，亦相对反因者也，但进一层耳——实以统并，便为进也。有天地对待之天，有不可对待之天；有阴阳对待之阳，有不落阴阳之阳；有善恶对待之善，有不落善恶之善，故曰：真天统天地，真阳统阴阳，真一统万一，太无统有无，至善统善恶。[1]

这种"不落对待"之中的所谓真天、真阳、真一、太无、至善，只能是方以智用哲学思维构想出来的思维实体，并不是对客观真实世界运动、变化、发展道理的哲学解释。就中国哲学史的已有哲学思想而言，方以智的这种说法也偏离了《易》哲学的阴阳、太极观念与张载哲学"一固神，两固化"的古典辩证法思想传统。而且，他的哲学要揭示出世界变化的总根据，以通几、太极、太无、所以等词表述之，固然表现了所有哲学家力图以自己所把握的"一"来统贯世界杂多现象的哲学本性，但他也明显地表现出受程朱理学思想影响的痕迹。他说：

无对待在对待中，然不可不亲见此无对待者也。翻之曰：有不落有无之无，岂无不落有无之有乎？曰：先统后后亦先，体统用用即体矣。以故新其号曰太极，愚醒之曰太无，而实之曰所以。[2]

无论是"不落有无之无"与"不落有无之有"，无论是"太极"，还是"所以"，方以智在此处所说的都只能是思维中的抽象实体，而不是对实存世界的真实概括。因而，其辩证思维最终还是落入了反辩证法的思想体系之中。

第四节　方以智的"全均"理想与人生哲学

三教归儒的实际思想史历程，开始于北宋新儒家出现之时。然而，两宋新儒家虽然均从佛教与道家、道教思想中吸取了思想资源，却要努

---

[1] 方以智：《反因》，《东西均注释》，庞朴注释，第94页。
[2] 方以智：《反因》，《东西均注释》，庞朴注释，第94页。

力坚持自己的儒家立场,公开斥责佛教与道家、道教思想。这一争正统的思想路线斗争,一直延续到晚明。清王朝建立之后,理学又被官方奉为正宗学说,而乾嘉时期虽有反理学的思想,然被官方当作意识形态的程朱理学仍然被奉为儒学的正统。政治化的儒学作为正统的意识形态一直延续到清王朝的灭亡为止。作为晚明遗老的方以智,其"三教归儒"论的思想也不可避免地带有他所处时代里不言而喻的文化背景,而且他也常常批评佛教与道家、道教的思想。只是方以智理想中的儒家与政治化的儒家终有一定的区别,仅以《东西均》一书来看,其"三教归儒"的思想主要表现为一种终极价值的认同,而对佛教、道家、道教的批评主要表现在对其终极价值的否定和思想方法的否定方面。换句话说,在《东西均》一书中,方以智主要立足于哲学理论的高度来批评佛教、道家、道教思想的。而他所崇尚的儒家则是一理想型的儒家,并非秦汉以后经学化、逐渐僵固化的儒家。学术界曾有人指出,方以智的"三教合一"论主要表现为"三教归易"论。[①] 另外,也有学者从明清学术发展的内在脉络出发,判定方以智的学术思想主要表现为"由博返约,由道问学以上达乎尊德性,而无显背于其理学之家风也",并认定方以智晚年的思想仍表现"儒与释之一贯,且于理学转入考证"的特征。[②] 这些说法当然都能言之成理,且持之有故,但若是针对《东西均》一书所表现出的思想倾向而言则并不准确,也不是很清晰。就第一种观点而言,《易》是儒家的经典之一,而方以智的思想也不局限于《易》,虽然,他在《易》方面有家学传统,他本人对《易》也有极深的造诣,且在易学方面做出了别开生面的哲学解释。然而,如果就"三教合一"的思想归宿来看,至少,从《东西均》一书来看,其"三教合一"论,更准确地说主要表现为"三教归儒"论。就第二种观点而言,方以智在"三教合一"的时代思潮里,其所坚持的"一"究竟是儒、是道、是释,还是他理想中的儒家,语焉不详。仅说方以智论学"出入

---

① 参见罗炽《方以智评传》第三章,南京,南京大学出版社,2006。
② 参见余英时《方以智晚节考》,第48—74页,北京,三联书店,2004。

三教,而胸中自有主宰,绝非一味炫奇逞博者之比"①,而未能向人们展示方氏哲学思想"主宰"的具体内容究竟为何。本节不欲论方以智一生的思想归宿,仅以其中年的重要哲学著作《东西均》一书为例,揭示其三教归儒的思想宗旨,以期深化人们对方以智思想的认识。而有关方以智哲学思想的系统论述,可参见蒋国保的相关论著。②

要而言之,方以智的学术气象虽然表现为淹博,然而其在《东西均》一书中所表现出的学术宗旨还是十分明晰的,那就是合佛、道思想,甚至是扬榷宋明理学、心学而归宗理想中的原始儒家。不过,此处所说的"儒"必须稍加辨证,因为方以智在《神迹》篇明确地说过:"今而后儒之、释之、老之,皆不任受也,皆不阂(碍)受也"③。或有人据此文献为证,说方以智并不认同儒家,亦不可靠。依我们的理解,此处所说的"儒"并非原始儒家,尤非方以智理想中的儒家,而是概指汉以后政治化和教条化的儒者。本节所说"三教归儒"之"儒",主要是指以孔子为代表的原始儒家,包括孟子等人,并非秦汉以后的儒者及其思想,而原始儒家则是方以智心目中理想型的儒家。庞朴曾经说:"中道之教,为著者④所理解的儒学。"⑤庞氏此处所说的"中道之教",即是理想型的儒家。本节是在理想型儒家的意义上论述方以智"三教归儒"论的思想。下面从四个方面揭示《东西均》一书中"三教归儒"的思想倾向。

一、"大成均"与儒家的价值理想

方以智哲学中"均"的概念,意义颇为复杂。从实际存在的角度看,"均"即是一种表示自然的存在物,"均固合形、声两端之物也。古呼均为

---

① 余英时:《方以智晚节考》,第55页。
② 参见蒋国保《方以智哲学思想研究》《方以智与明清哲学》,以及王茂、蒋国保等著《清代哲学》第十六章。
③ 方以智:《神迹》,《东西均注释》,庞朴注释,第160页。
④ 此处"著者"指方以智。
⑤ 方以智:《疑信》,《东西均注释》,庞朴注释,第262页注释④。

东西,至今犹然"①。作为一种历史的存在物,"均者,造瓦之具,旋转者也"②。由此造瓦之具而引申为衡量、裁度他物之一特殊之物:"物物而不物于物,莫变易、不易于均矣。"由此,方以智再进一步提出了公均、隐均、费均三个概念。他说:

> 两端中贯,举一明三:所以为均者,不落有无之公均也;何以均者,无摄有之隐均也;可以均者,有藏无之费均也。相夺互通,止有一实,即费是隐,存泯同时。③

依庞朴先生的注释,费均之"费"为光貌,则费均实为"光均"。费虽可以解释为"光貌"的意思,如《楚辞·招魂》"费白日些"(蒋骥注)。然联系方氏著作的上下文,将"费"释为"光貌"似乎不通。费有散、耗、用等多种意思。依上下文,此处"费"应当释为"用"。此"费"字正是《中庸》篇"君子之道费而隐"之"费"字,而此"费"字正是"有藏无"的意思。所以、太极、太无是方以智中晚年哲学中最根本的概念,是用来表述其哲学形上学的概念。故"所以为均者,不落有无之公均"是方以智自己的哲学理论体系中用来解释整个宇宙人生的根本之"均",也与他另一个概念——"通几"是相通的。而"何以均"则是方法论层面的系统理论,他将此理论称之为"以无摄有"之"隐均",大约统称道家与佛教的理论,而"费均"当是儒家的理论。

"均"的最独特意义,也是方以智自己创造出来的意义,即是指一种思想体系、理论体系。他称孔子为"大成均"、老子为"混成均"、孟子为"邹均"、庄子为"蒙均"、印度佛教为"空均"、禅宗为"别均"、宋明理学中为"独均"。别均与独均,又号之为"性命均",还有经论均、传注均,后世其他"专门性命、专门事业、专门象数、专门考辨、专门文章,皆小均,而非全均",而只有孔子的"大成均"才是"全均"。他说:

---

① 方以智:《东西均开章》,《东西均注释》,庞朴注释,第1页。
② 方以智:《东西均开章》,《东西均注释》,庞朴注释,第1页。
③ 方以智:《东西均开章》,《东西均注释》,庞朴注释,第2页。

开辟七万七千而有达巷之大成均,同时有混成均。后有邹均尊大成;蒙均尊混成,而实以尊大成为天宗也。①

又说:

惟大成明备,集允中之心均,而苦心善世,以学为旋甄和声之门,弥纶乎大一而用万即一之一,知之乐之,真天不息,而容天下。②

由上述所引的文献可知,方以智将孔子的"大成均"看作是最无偏颇的理论体系,将它又称之为备集"允执厥中"的心均,通过"苦心"的方法而达到救世的目的,又以"重学"作为具体的"苦心"方法,从而实现"用万即一之一",以"知之者不如好之者,好之者不如乐之者"的知学、好学、乐学的态度,表现出一种真正的"於穆不已"的"真天"精神,而包容天下万物。可以说,方以智在《开章》篇以无以复加的赞美言词表达了对以孔子为代表的儒家真精神的赞美之情,而以孔子为代表的"大成均"也可以称之"全均"。它可以统贯易学理论、佛教的轮回学说。而后来的宋明理学特别重视《伪古文尚书》的十六字心传,把"人心"放到了悬崖之傍以显示人心的危险性,这是宋明理学给人心提供的一块砥砺之石,而邵雍的先天学说,亦有助于"全均",从而指导人们从生死的迷途中解脱出来。

方以智虽然尊奉孔子的思想为"大成均",或曰"全均",但他又清醒地意识到要以"全均"来拯救世界,劝人相信"全均"的道理,还是非常困难的。因为世俗的人们往往是"矜高自傲",而上苍又不能帮助"全均"之人斥责那些不接受"全均"理论的人。所以方以智说:"全均者苦矣,愚矣!"尽管如此,他还是要以"全均"重学的方法论作为解救世人的一种"解毒药之毒药",此之谓"以毒攻毒"。

值得注意的是,方以智在《东西均》一书中主观上虽以孔子为大成均、全均,在"三教合一"的问题上自觉地坚持以原始儒家的价值理想为

---

① 方以智:《东西均开章》,《东西均注释》,庞朴注释,第7页。
② 方以智:《东西均开章》,《东西均注释》,庞朴注释,第7—8页。

终极归宿。但是,从他论述"大全"的文字来看,其中也包含了《易传》与道家的思想。因此,他所推崇的孔子已经不再是先秦历史上真实的孔子,究其实而言,是一种文化理想的符号,即以一种积极入世的态度面对人生一切问题,而努力以切实可行的知识与方法逐步解决之,在思想上以包容、尊重一切有真知灼见的各家学说为体系的,没有偏颇的绝对中道的真理体系。因此,大成均、全均只能是方以智的文化理想。而方以智"三教归儒"之"儒"乃一理想型的思想体系,并非历史上的真实儒家,更不是秦汉以后的儒者所奉行的逐渐僵化的儒学思想。试以下列一段文字证明之:

> 有大全,有小全。专门之偏,以求精也;精偏者小全。今不精而偏,必执黑路胜白路,而曾知黑白之因于大白乎? ……惟全者能容偏,惟大全者能容小全;而专必厌全,小全必厌大全。大全随人之不见是,而专者摧人以自尊。大全因物以作法,法行而无功,天下皆其功,而各不相知。专者必自露得法,而不容一法在己之上;以故闻者屈于其迅利,遂以为大全诚让专偏一等矣。①

上述对"大全"的肯定,对"小全""专"之理论形态缺失的指陈与批评,均体现了方以智对"大全"、大成之均的高度肯定的价值取向。

在《兹燚黇》一文中,方以智将孔子称之为"能收古今之利器,以集成一大棘栗蓬"之人,对孔子的赞美可以说是无以复加。他从十二个方面揭示了孔子对以前优秀文化精神的集大成特征:

> 羲皇凿破阴阳,成三百八十四利器,而孔子收之;轩辕创干支、文字之利器,而孔子收之;尧舜夺其子之天下,以成揖让之利器,而孔子收之;汤武夺其人之天下,以成征诛之利器,而孔子收之;殷三人为亡国之利器,而孔子收之;周公蒙杀弟之名,权侵冲主,成周礼之利器,而孔子收之;箾韶以来之乐,为诱人歌舞、迷人魂魄之利器,

---

① 方以智:《东西均开章》,《东西均注释》,庞朴注释,第18—19页。

而孔子收之；彙五帝以后之条例簿书，成奔走天下之利器，而孔子收之；抄三皇以来俚谣巷叹、士大夫之怨讪诔祝，成泄忿放情之利器，而孔子收之；伯夷壁立万仞，秉吹毛剑，使人不敢注视，此立清极之利器也，孔子收之；伊尹五就失节，贪功放主，不惜为后奸权藉口，而立此任极之利器，孔子收之；柳下以盗为弟，而苟且卑污，立一和极之利器，孔子收之。①

我们以现代语言对上文所说的十二方面内容稍加解释。第一方面是说孔子接受了《周易》六十四卦三百八十四爻的思想精髓；第二方面是说孔子接受了轩辕（即黄帝）创造的天干、地支和创造文字的精神传统；后面第三、四、五、六、七等五个方面的内容，主要是讲孔子继承了尧舜、汤武、周公的礼乐制度的优秀精神传统；第八方面是讲孔子继承了五帝以后政治管理的制度文化传统，而四处周游列国，宣讲于诸侯；第九方面是讲孔子继承了《诗经》、歌谣等上古采风制度所具有的体察民情的精神；第十个方面是讲孔子继承了伯夷、叔齐的理想人格精神；第十一方面是讲孔子继承了伊尹敢于承担，不避嫌疑的政治道义精神；第十二方面是讲孔子从柳下惠那里学得了宽容小人，使天下有德之君子与无德之小人都能和融相处的宽容精神。很显然，历史上的孔子，以及反映孔子思想的传世儒家文献，都无法毫无矛盾地容纳方以智上文所说的十二方面的内容。因此，方以智要归依的"儒家"及其所追求的"大成均"，只能是一理想型的儒家，而非历史上真实的儒家，是以孔子为文化符号而创设的一种理想的"大成均"或"全均"。

二、重学以拯心，下学而上达

与家学传统密切相关，方以智特别重视以孔子为代表的儒家"重学"思想。他说：

---

① 方以智：《兹燚黇》，《东西均注释》，庞朴注释，第287页。

本先生①曰:孔子之教,尊上用中,说于下学,以前民也;有大过人之才,而不尽用。佛以无上教人无住;有大过人之智,而多半谲权。老子专惜之不用耳。孔子尽性、知命而罕言,言学以正告者也;老尊命以殉性,反言者也;佛尊性而夺命,纵横倍仟者也。②

这段文献表明,方学渐重视孔子下学上达的"重学"思想,是方以智"重学"思想的家学渊源。在家学传统的基础上,方以智更进一步把"重学"思想上升到理论形态,将各种引导人们进入迷途的偏颇学说称之为"毒均",而将解此毒药的学说称之为"毒毒药之毒"——即破解各种迷妄学说的一种"毒药"。方以智这种以双重否定表达肯定的独特哲学用语,使得他的《东西均》一书非常晦涩,给后人理解他的思想造成了不小的障碍。在方以智看来,能够拯救人们走出迷途的只有"重学"这一理性主义的途径。他说:"毒均高炉,听人投迷。……不迷则死,不如迷学,学固轮尊毒毒药之毒也。"③

在《道艺》篇,他称"学问"为"古今之盐酱"④,不可废也,严肃地批评了历代废学的主张。他非常敏锐地指出,即使是赤子的吃饭与走路的行为都不是天生的,而是通过学习之后才具备的一种能力。他说:

据实论之,赤子之饭与行必学而后知,谓赤子可以笔、可以书则然,责赤子不学持笔而能作书乎? 欲离外以言内,则学道人当行从不许学饭始! 而好玄溺深者必讳学,即语学亦语偏上之学,直是畏难实学而踞好高之竿以自掩耳。⑤

在方以智看来,那些自命为达到了最高境界的人,也仍然要以"学问为事",从而保任高超的境界。他说:"真大悟人本无一事,而仍以学问为

---

① 本先生指方以智曾祖父方学渐,字本庵。
② 方以智:《全偏》,《东西均注释》,庞朴注释,第 144 页。
③ 方以智:《东西均开章》,《东西均注释》,庞朴注释,第 15 页。
④ 方以智:《道艺》,《东西均注释》,庞朴注释,第 175 页。
⑤ 方以智:《道艺》,《东西均注释》,庞朴注释,第 179 页。

事,谓以学问为保任也可,谓以学问为茶饭也可。尽古今是本体,则尽古今是工夫。天在地中,性在学问中。寡天无地,乃死天也。学道人守住净妙境界,即是恶知恶见。"①

　　方以智的观点非常明确,经验世界里的各种正派的学问当中,当以"重学"为大宗——即主流。如他说:"下学上达,是谓公心之大宗。"②这即是说,以孔子为代表的儒家重知的理性主义态度,是作为解决人生困境的主要途径。因此,"重学"思想是他"三教归儒"思想的重要体现,而且也体现了方以智对儒家思想的新发展。为了更进一步地理解方以智"重学"的思想,我们可以从以下五个大的方面揭示《东西均》一书的"重学"思想。

　　其一,从人性成长的必要性角度论"重学"。方以智说:"人之生也,自赤子不能求其母,自是而进,皆学焉而事能之,无所不学则无所不能。此无所不学则无所不能者,即'不虑而知''不学而能'者也,是人之性也,是独性也。所以为独性者,无始以前之公性也。……圣人知私心横行之弊,而表其空空之公心以天之,故不专标性命而以时学铎人。"③

　　其二,从解决人生诸问题的效用性角度论"重学"。在这方面似乎又可以细分为四个小的方面。第一,通过"重学"的途径,解决人生的信仰与信念问题。《东西均》的第一篇就是《扩信》,所谓"扩信",即是要通过切实可靠的实事、实理,以使人们相信宇宙、人生的新道理。这是他的重学思想在有关人的信仰方面的集中体现。在《尽心》篇,方以智提出以学问的方式化解人们对生死的恐怖。他说:"怖生死,求脱离,此黄、礜④也。不能不为生累,而以学问化之,此枳、苓也。"⑤这种"以学问化解生死之怖"的生死观,典型地体现了方以智尊崇孔子"重学"的理性主义生死观。

　　针对传统文化中"鬼神"现象对于人生的困扰,方以智仍然以"重学"

---

① 方以智:《道艺》,《东西均注释》,庞朴注释,第 187 页。
② 方以智:《译诸名》,《东西均注释》,庞朴注释,第 168 页。
③ 方以智:《译诸名》,《东西均注释》,庞朴注释,第 167—168 页。
④ 礜,指矿物质的毒性。
⑤ 方以智:《尽心》,《东西均注释》,庞朴注释,第 69 页。

的方法来加以解决。他说:"知者不惑,知乌可已?……则学者于人间世,欲无忝所生,不负天地,独在从本心不愧怍而已。不虚生,不浪死,不学又何为哉?弦歌则弦歌,删述则删述,不厌不倦,优哉游哉!"①

第二,在解决"名教"与文字的流弊问题时,方以智还是提出以"好学"方法拯救人们好名之流弊。他说:"东土、西方之公议名者曰:使人好'不好名'之名,至矣;使人好'无可名言'之名,至矣。然益可以欺人,谁是真平怀泯然自尽者乎?何何氏不得已于自泯中以不泯泯天下,而立一平名以覈[核]实,曰:惟使天下好'好学无欺之名',则天地慰。"②在《颠倒》篇之末,方以智提醒人们不要因为世人为文字所束缚而就放弃学习。真正要破除世人在这方面的弊病,仍然要从重学入手。他说:"慨世人执定字面,末师屈缚科条,故为一吐气。学者若是死心一番,自能吐气,不为一切所缚。设非利根,大悟大彻,则一往任之,病更不小,故圣人只以好学为言。"③

第三,解决上智与下愚两类人的弊病,其方法也是"重学"。面对愚不肖与贤智等人的"庸而不中"与"中而不庸"的两极现象,方以智认为以孔子的"时中者"决破这两种人的偏颇,最为有效。而具体方法,仍然是"学","以天下万世为心,毋自欺而好学,则在药病中,风吹不着矣"④。"虚高者以学为习气。不知人生以后,一切皆有而无在其中,性在习中。……一切皆病,一切皆药,学正'回习还天'之药。溺学者,药病也;而忌学者,根病与药病相投,其病难治,故须以圣人中道药之。"⑤

第四,在德性与学问的二者关系中,学习的活动可以解决"蹈虚"的缺陷。他说,"德性、学问本一也,而专门偏重,自成两路,不到化境,自然相訾,今亦听之"。⑥"圣人切切尊德性,而堂楹十半鸣学问之铎;问学切

① 方以智:《无如何》,《东西均注释》,庞朴注释,第 277 页。
② 方以智:《名教》,《东西均注释》,庞朴注释,第 256 页。
③ 方以智:《颠倒》,《东西均注释》,庞朴注释,第 120 页。
④ 方以智:《奇庸》,《东西均注释》,庞朴注释,第 137 页。
⑤ 方以智:《道艺》,《东西均注释》,庞朴注释,第 186 页。
⑥ 方以智:《道艺》,《东西均注释》,庞朴注释,第 187 页。

切乎躬行,而坛墠十半传弦歌之风,何不废一切而尊邪?"①在《疑信》篇,方以智说:"疑不真,则信不真、煅炼不熟,必流狂邪;终不如信学问,变化之无大失也。"②在《象数》篇,方以智直斥"以废学为无心,直是未梦见在。"③而在《所以》篇,他坚定地称:"故但以好为教。学至于学天地,盖莫可以征于天地也。"④这些论述,无非都是要求通过"道问学"的方式去"尊德性",初步展示了明清之际的学风由明代心学、禅学末流的"蹈虚",转向清代学术"征实"的变化征兆。

其三,方以智还通过文字学的知识,进一步阐明学与孝、教二字在义理上的贯通性,从而将"学"所具有的一般知识论意义与伦理学意义、社会教化的意义结合起来,体现了方以智对原始儒家"重学"思想进行新的诠释的时代特征——即通过语言文字的分析以阐发哲学思想。他说:

> 孝(孝)从子当斆,子即效父,即谓之孝。斆(孝)也者,效也、孝也、效也、教也、觉也,一以交万,人以交天,而自觉、觉人之几也;兼参悟、诵读、躬行,合外内、本末,无所不具者也。古原通用,后"斆(孝)"分老部,作"学"以别之。斆(孝)即教(敎),《记》引《兑命》曰"斆学半",则明证矣。后加宀,加左右二手作斆,又加攴作教,或作敎。学有效义,有觉义,音亦相转。人效天地,乃大功效。自觉觉世,乃习孝之分量。⑤

其四,以"学天"作为重学的基本内容,试图通过学习的理性活动解决人生的终极关怀问题。

"重学"的方法,成为方以智解决人生一切痛苦的不二法门,由此而体现了方以智对以孔子为代表的儒家重视"下学而上达"的人生解放之路。既然如此,方以智对于所学的内容又是如何规定的呢? 方以智主张

① 方以智:《张弛》,《东西均注释》,庞朴注释,第200页。
② 方以智:《疑信》,《东西均注释》,庞朴注释,第260页。
③ 方以智:《象数》,《东西均注释》,庞朴注释,第215页。
④ 方以智:《所以》,《东西均注释》,庞朴注释,第221页。
⑤ 方以智:《译诸名》,《东西均注释》,庞朴注释,第170—171页。

"学天"。他说：

> 谓人学天，人谓之外；今谓人自学心，心即天也。天亦自学，天不学则何以日左旋、老不歇心邪？毋乃老天之习未除邪？日日虚，日日实；日日义，日日玄；以心还天地，天地还心，如是为一如是可耳。圣人曰：人在此天地间，则学天地而已矣。尽人事以不负天地，则言人事而天地之道可推矣；人能尽其所见之事，而不可见者坐见之，则往来之道可推矣；知天地、人事之往来，而昼夜、生死、呼吸一矣。①

由上面一段文献来看，方以智所说的"学天"至少包含三层意思：第一，学习天的日新不已的刚健精神；第二，努力发挥人的主观能动性，不辜负天地给予人的生命；第三，领悟天地变化不已的根本精神，从而超越对生死的恐怖。在"学天"的总原则指导下，方以智对"重学"过程中的种种问题进行了一一的化解。

其五，方以智所重之学乃是实学。方以智大声疾呼："欲挽虚窃，必重实学，即大悟者以学为养，中下人多，教主广被，乌有考钟伐鼓，日日拈花，而鞭扫日星理数之学，贱而弃之，乃为尊乎？"②

方以智重学，是要求尊六经而不师心自用，称那些主张立地成佛的顿悟者是"自掩其畏难失学之病，故往往假托于此"③。所以，他要提倡广泛地学习，一方面"补理学拘胶之病"，另一方面医治"守悟之鬼话"。他说："愚故欲以横竖包罗、逼激机用，补理学之拘胶，而又欲以孔子之雅言、好学，救守悟之鬼话；则错行环轮，庶可一观其全矣。"④

由上五个大的方面内容可知，方以智的"重学"思想，非常鲜明地体现了其理想型儒家的思想倾向，从而在明末清初"三教合一"的时代思潮

---

① 方以智：《奇庸》，《东西均注释》，庞朴注释，第 134 页。
② 方以智：《道艺》，《东西均注释》，庞朴注释，第 182 页。
③ 方以智：《道艺》，《东西均注释》，庞朴注释，第 185 页。
④ 方以智：《道艺》，《东西均注释》，庞朴注释，第 185—186 页。

里表达了自己鲜明的儒家思想立场。方以智也深知理智性的学习行为并不能解决一切问题，如在《兹燚烖》一文中，他虽也看到真正的思想创新并非直接来自于"学"，然不废"学"："大悟自非学习，而必言学习者，则为古今留此总棘栗蓬也专门之偏精者，且笑学天之务大；而大者容偏精之笑之者，为古今留此偏至之棘栗蓬也"①。而且，方以智也意识到，人们通过学习活动获得的知识也有精专、广博的区分。如方以智说："凡学非专不精，而专必偏，然不偏即不专。惟全乃能偏。偏而精者，小自全；然不可暱小之足全，而害大之周全于也。"②然而，所有这些有关"学"的局限的问题都不足以动摇他对"学"的重视。方以智坚定地认为，只有通过"下学"的经验理性过程，方可以"上达"于对"天道"的理解，从而要求人们在切实的学习过程中解决人生的实际问题。这一致思的思想路线只能是儒家的，而非道家与佛教的。

三、不虚生浪死

方以智将"生死问题"看作是"醒世第一铎"。他批评世俗社会的人们或沉沦于日常生活而忌讳讨论生死问题，或生活于富贵温柔之乡、醉生梦死。其对于生死问题的哲学思考在精神祈向上与20世纪德国哲学家海德格尔"向死而在"的观念有可以沟通之处。方以智说：

> 人生视死，诚大事哉！知生死，生死小矣。然营营者不大生死之事，何由知之？苟决华腴，营营相逐，如是乎忌讳生死，不闻生死之言，而日拖尸以趋死。死于宛娈金穴之缠羞鬼谪，比死于蓬室之酸邻烧纸，更难令人见，则安乐乃古今之石椁也。有言生死一大事者，岂非醒世第一铎乎？③

上述一段文献的意思很明确，生死问题是人生的一大问题，然而沉

---

① 方以智：《兹燚烖》，《东西均注释》，庞朴注释，第 286 页。
② 方以智：《全偏》，《东西均注释》，庞朴注释，第 141 页。
③ 方以智：《生死格》，《东西均注释》，庞朴注释，第 121 页。

溺于人世间的利益与荣华的人,忌讳谈论生死问题,每天拖着一个僵尸般的身体麻木地走向死亡。而那些死于温柔富贵之乡的人们,其实就是将安乐当作一个巨大的石棺。故方以智要人们认真面对死亡问题,并将死亡问题看作是唤醒世人的第一重要的木铎。

通过对中国历史上各家各派生死观的总结与批判,方以智将"心"看作是"生死之源",认定只有那些"以重险待处忧患之人,置之死地而后生"[1],而世俗社会的普通人,因为缺乏对生死问题的透彻理解,反而会"互相欺以死"[2]。这一对世俗社会死亡观的批评,与海德格尔对于普通世人死亡观的批评有诸多暗合之处。海德格尔为了揭示死亡对于"此在"[3]的本真意义,特别地指出了日常生活中公众对死亡现象认识的平面性:"日常杂然共处的公众意见把死亡'识认'作不断摆到眼前的事件,即'死亡事件'。"当他们常常在传播着"有人死了"这一意见的时候,"死亡被领会为某种不确定的东西","这种东西必定要从某个所在到来,但当下对某一个自己尚未现成,因此也还不构成威胁"。这样,"死本质上不可代理地是我的死"[4]的真相,被扭曲地摆到公众眼前而成为一个平面化的事件。常人总是"向自己掩藏其最本己的向死亡存在的诱惑","不让畏死的勇气浮现"[5],其结果是"按照常人的无声的令谕,理所当然之事就是对人总有一死这件'事实'漠然处之。这一种'(自觉)优越的'淡漠教养使此在异化于其最本己的、无所关联的能在"[6]。由此,海德格尔将日常生活中公众"向死亡的存在"看作是一种"沉沦的存在方式",这种"沉沦着的存在方式乃是在死亡面前的一种持续的逃遁"。[7]

由上简单的对比可以看出,方以智要求世人"不虚生浪死",海德格

---

[1] 方以智:《生死格》,《东西均注释》,庞朴注释,第 125 页。
[2] 方以智:《奇庸》,《东西均注释》,庞朴注释,第 135 页。
[3] 张祥龙译为"缘在"。
[4] 海德格尔:《存在与时间》,陈嘉映、王庆节译,第 303 页,北京,三联书店,1987。
[5] 海德格尔:《存在与时间》,陈嘉映、王庆节译,第 304 页。
[6] 海德格尔:《存在与时间》,陈嘉映、王庆节译,第 305 页。
[7] 海德格尔:《存在与时间》,陈嘉映、王庆节译,第 305 页。

尔批评世俗的人们"在死亡面前的持续逃遁",他们二人的思想体系虽然大不相同,然而仅就他们对世俗社会人们不理解死亡的真正意义而言,有可以相互启发之处。方以智还从儒家重视"名教"的角度出发,揭示"死亡"之于人的根本警醒意义。他说:"若论劝世止恶,兼用死字、名字;欲歇名心,专须死字。死字是亘古亘今大恩人、大宝贝,切莫错过。"①这一独特的"向死而在"的思想与方以智晚年艰苦卓绝的人生经历密切相关。

就生死观的终极价值取向而言,方以智主要认同儒家的积极进取的观点。他虽然也有"齐同生死"的观念,但在根本上不同于庄子的齐同生死观。其关键的差异在于:方以智不以自然气化的观念来看待死亡问题。方以智认为,人可以拥有出入"生死"的高度主体的自觉性。这一主体自觉性使得他的齐生死观与道家庄子的齐生死的观念区别开来。他说:"故虚浪以生死为小事者,必使以生死为大事而后可以入道;至执生死为大事者,又必至以生死为小事而后可言大道。"②

而且,方以智自觉地对庄子生死观进行反思,进而超越庄子的生死观。他说:

> 凡言生死者二也,不生不死者一也。然不生不死之一,即在生生死死之二中。止为因循汩没,直须层层剥烂,亲过庄子疑始无始之关。……疑至不疑,则微危精一过关而知命造命矣。故常随生死无生死,而即以生死炼天下之生死,岂徒坐无事窟耶?③

针对庄子保养个人生命的"养生"思想,方以智提出了"以死养生"的儒家式"养生"思想,即通过给父母送终的"养死"之大事,以彰显人道的无穷性——"死死于不死",并且通过"观我生,观其生,即观天下之生"的社会性的养生方法,彰显儒家关怀民生的政治理想。这可以说是方以智

---

① 方以智:《名教》,《东西均注释》,庞朴注释,第257页。
② 方以智:《生死格》,《东西均注释》,庞朴注释,第127页。
③ 方以智:《总论中》,《药地炮庄》,张永义、邢益海校点,第57页。

生死观的一大特色。他说：

> 缘督知养，以知养其不知，谓之养生。以死养之，死其心，所以心其心之主也。生即无生，无生长生。生生于不生，死死于不死。惟送死可以当大事。人能送生，乃以送死。日舍（捨）一日，舍（捨）以为送，送以为养，尽则知送。朝送送，夕逃逃，朝不能送夕而夕可乎？观我生，观其生，即以观天下之生。我虽欲不舍（捨），日已见舍（捨），何如先舍（捨）之而目送之之为豫乎？观我非我，观非我之我其我，尽变化其我，尽变化其生矣。①

与庄子的养生观念相反，方以智认为，只有人们对死亡的现象有所知觉，才能了悟人生在世活着的意义，故以死来养生，从而使人的生命获得根本性的价值与意义。然而，个人的生死问题并不是大事，而父母的死亡才是大事。就个体生命而言，人生日逝，不舍也得舍，现象中的个体自我从超越的角度看并不属于"我"，故而要努力变化个体的自我，从而使"我"的生命竭尽变化之能，做到每天自觉地送走父母每一天的生命，这就是最好的送终。以送走父母每一天的生命知觉作为敬养父母的生命的方法，这才是真正的尽到了"送终"的本真意义。由此可知，方以智的生死观浸透着儒家的"孝道"思想，与道家重视个体"养生"的思想大相径庭。

方以智通过对历史上各种生死观的分析、批判，最后认定儒家的生死观最为最高明。他说："以《易》观之，动静即生死，逆变顺变，无往非儵忽，而无方无体者。生死自生死，可出可入……惟不浪死虚生以负天地，故当然者无不可为。……是即以求出生死为幂数，是即以知生死为鬼牖矣，亦一流之道术也。"②又说，"上下二《经》，以二《过》收水火，与《养》《孚》对。以公因反因论之，《大过》送死，独立不惧，所以养生也；《小过》

---

① 方以智：《尽心》，《东西均注释》，庞朴注释，第80页。
② 方以智：《生死格》，《东西均注释》，庞朴注释，第129页。

宜下,过恭、过哀、过俭,所以中孚上达也"①。而且他认为,所有关于生死的观点,不如孔子"知生"一语更能道尽生死意蕴:"孔子'知生'一语,足为骨髓铭旌之格"②。

虽然,方以智以儒家的积极入世态度来面对生死的问题,然而,处在他那个特殊的历史时期,他最终也只能"以尽心""不自欺"的心性修养来避免作为不确定的偶然因素的代名词——鬼神的干扰。他说:

> 生生死死,皆苍父主之,知乎不邪[耶]? 乃寻苍父,合其恩仇朋友五人,极乎南北,旋乎东西,历九阶而扣之,惟有苍父所用者七公,而苍父竟不可得见。见最明者,曰:尽心则见,本无生死。生死勿自欺,欺则不能逃乎鬼神。③

方以智无法实现个人的自主权能以把握自己的生命,从而达至"不虚生浪死"的理想境界。他虽有思想上的自觉而没有现实上的可操作性,这既是他个人的不幸,也是当时民族的不幸。

四、对于名教价值的哲学辩护

方以智深知"名教"与"学问",在劝导人们向善的方面都有其内在的不足,但他还是认为"名教"与"学问"更能有助于世道的善化。他说:"名教因之,以中道立邪正之大防,而主于劝善。故伯夷、盗跖等死,而右伯夷;学问、利禄等累,而褒学问。"④在《东西均》一书中,方以智专辟《名教》一篇,系统地为儒家的"名教"思想进行哲学的理论辩护。寻绎该文的脉络,大体上可以从下述四个方面理解方以智为儒家"名教"进行哲学辩护的思路。

---

① 方以智:《全偏》,《东西均注释》,庞朴注释,第 142 页。
② 方以智:《生死格》,《东西均注释》,庞朴注释,第 130 页。
③ 方以智:《无如何》,《东西均注释》,庞朴注释,第 281 页。
④ 方以智:《公符》,《东西均注释》,第 103 页。

首先,方以智从圣人立"名教"的动机及名教利大弊小的角度,对于名教的合理性进行辩护。他说:"好名而畏死,人诚无奈其情何。然圣人之所以补救天地,使万世安生,正惟恐天下之不好名而畏死也。明知好名之末流,故又使好'不好名之名',自立忠信、廉知、退让、仁勇诸名;其救世也,利十之九,弊十之一。"①

其次,从名实关系的角度,进一步为名教进行理论辩护。他说:"有实即有名,犹有形即有影。天地既分,物物而名之,事事而名之。称其名使知其实,因有名实……圣人教人,求实而已。实者,忠孝之所以忠孝,文章之所以文章,生所以不虚生,死所以不浪死者也。"②

再次,方以智从方便社会管理的实用性角度为名教进行辩护,认为名教有利于人心的管理。他说:"人情莫微于喜,莫危于惧。毁誉、生杀,动天下之风雷也。"富比王侯者、普通百姓者、大暴穷凶者,能使他们内心深处产生震动,莫非"名与死"两样东西。"使天下皆不好名、不畏死,圣人又奈天下何哉?断断然不好名、不畏死,非无以加之至人,即无法可制之恶人矣。"

最后,方以智又从名教之体与名教之用的关系角度,进一步论证不能因为名教之流弊而否定名教之体的重要性,要求人们以辩证的眼光看待名教之体的正面作用与名教之用的负面作用之间的辩证关系。他说:"名如火之光、草木之香,相传于空中,不离不息,不得不然者也。画地作饼,虚名之罪也。因名之为累而罪所以为名者,是火罪光、草木罪香;天地能无罪乎?"③他认为,如果人们都像道家庄子那样否定社会中那些砥砺高节、见利思义之士,则会出现"名教贱"这样不好的社会效果,而"名教贱则人以无名之名便其所讳,而父子、君臣之名不足事,事皆可倒行逆施矣"④。因此,作为权教,名教有其不可忽视的社会作用。他说:"告闻

---

① 方以智:《名教》,《东西均注释》,庞朴注释,第250页。
② 方以智:《名教》,《东西均注释》,庞朴注释,第250页。
③ 方以智:《名教》,《东西均注释》,庞朴注释,第254页。
④ 方以智:《名教》,《东西均注释》,庞朴注释,第254页。

人为圣人,必嗛嗛然不从;曰欲汝不同禽兽耳,欣欣然从矣。无上之名太远难从,故圣人以疾没世之药治万世,而以无闷之药治疾没世者。经之权在史,拈花之权在地狱也,安得罪名? 安得不罪名? 安得不罪罪名之名?"①

通过思辨哲学的否定之否定,方以智非常巧妙地肯定了"名教"的合理社会功用。不过,我们不能把方以智理解的"名教"局限于政治化儒家"三纲五常"的狭隘内容上面,而应当视之为一种社会伦理道德思想体系。也正是从这一角度看,方氏对名教的哲学辩护就获得了超越时代内容的意义,从而对后人思考伦理道德体系对维系世道人心的积极作用给予理论上的启示意义。

初读方以智《东西均》一书,往往被表面上看起来光怪陆离的思想所迷惑,然而稍微深究一番,则发现方氏思想的核心还是儒家的精神。但是,方以智心中的儒家,既不同于董仲舒合阴阳、法家思想于一体的汉儒,也不同于汉代今文经学奉孔子为神人,为汉代立法,是没有王位的素王的经学之儒,当然也不同于东汉《白虎通德论》中以三纲、五常、六纪为法典的政治化儒家。概而言之,汉、唐以后逐渐意识形态化的儒学,主要借用了儒家思想中重视人伦秩序的思想,以政治化、法典化的形式维护孝道、礼教,把原本出于人的情感意愿的人伦亲情政治化,以政治与行政的力量来推行儒家的教化思想,在教育与人才使用方面以官方认可的儒学思想来推行儒家思想的教育,确定人才的标准。北宋新儒家在与佛老的思想斗争中,重新确立了儒家思想对于现实社会,特别是士大夫们精神世界的指导地位。而南宋以后,经过朱熹的积极努力,逐渐确立了以"四书"为核心的新儒学的思想地位。宋代元祐年间(1086—1093),朱熹的《四书集注》成为官方科举考试的标准答案,从此,以"四书"为核心的新儒家思想又成为新的思想教条,束缚着一大批读书人的头脑。与上述政治化、意识形态化的儒家思想不同,方以智在《东西均》一书中提倡的

① 方以智:《名教》,《东西均注释》,庞朴注释,第 254 页。

儒家思想是一个重视下学而上达的理论体系。这一理想型的思想体系就其思想的包容性而言，一是吸收了佛、老思想的优长而又能以积极入世的精神来治理社会，使之向善；二是以清醒而又开放的学习精神来不断充实自己，使自己能以理性的、接近事情本身的方式来把握对象，从而实现人的合理的要求。这一理想型的思想体系虽然也运用名誉、名分等伦理规范来引导人、约束人，然而不再以政治化的手段推行"三纲五常"，而是通过教育的手段，使人从道德理性上明白人禽之别而自觉地践履君臣、父子的伦理规范。本节从大成均、重学、不虚生浪死、为名教进行哲学辩护等四个方面分析了《东西均》一书的儒家思想的价值取向，对于深入理解晚明清初"三教合一"的时代思潮可以提供一曲之见。《东西均》一书中的儒家是一理想型的儒家而非历史上任何时代的政治化的儒家（全面区分方氏在《东西均》一书中提倡的理想型儒家与历史上政治化的儒家的不同，非本节所能胜任，也不是本节的主要任务），作为"大成均"的孔子也是一理想性的文化符号。然而，在明末"三教合一"的大时代背景下，方以智自觉地以理想型的儒家为旨归统合佛、道二教思想，与王夫之自觉地以六经为资源而别开生面的思想旨归殊途同归，从而与以佛教、道教思想为宗旨的"三教合一"论的思想划清了界线。正是从这一角度讲，方以智仍然是儒家阵营里的思想家。

本章结语

作为晚明清初的大思想家，方以智的思想带有鲜明的过渡性质，一方面带有新的突破旧的思想倾向，如科学的实证，以理想型的儒家思想为宗旨综合佛教哲学、道家道教哲学思想，构造了一个综罗百家的思想体系；另一方面又深深地保留着程朱理学的客观唯心主义的思维方式，窒息了自己哲学中所包含着的面向现实，开拓未来的新思想气息。就其与鼎盛期的清代哲学重视实证的思维方式而言，方以智有关语言哲学的新思考具有某种先声的意义。他在《通雅》一书的序文及补记中写道：

"函雅故,通古今,此鼓筐箧之必有事也。不安其艺,不能乐业;不通古今,何以协艺相传,讵曰训诂小学可弁髦乎？理其理,事其事,时其时,开而辨名当物;未有离乎声音文字,而可举以正告者也。"①又说:"学惟训诂,博乃能约;当其博,即有约者通之。博学不能观古今之通,又不能疑,焉贵书籍乎？……上下古今数千年,文字屡变,音亦屡变。学者相沿不考,所称音义,传讹而已。"②正是有鉴于此,方以智著《通雅》一书,希望在名物、训诂、制度方面广泛考证,以求得对古代典籍的正确理解。就语言、文字与经籍意义之间的内在关系,他有诸多正确的认识。如他看到声音随时代变化,经典训诂与方言的内在关系,说:"天地风时推移,而人随之声音亦随之,方言不可不察乎？古人名物,本系方言,训诂相传,遂为典实"③。而实际上,"古人说理事之音义,转假譬喻为多,不可执后人之详例以论也"④。从哲学思想方法的角度看,方以智已经开创了从训诂学角度批评汉儒与宋儒的思想风气,他说:"孔融曰:'郊天鼓必麒麟之皮。'写《孝经》当曾子家策乎？汉儒解经,类多臆说。宋儒惟守宰理;至于考索物理时制,不达其实,半依前人。"⑤方以智十分看重文字、语言对于人类文化的保存作用,要求士人从文字、语言入手来认识万事万理。他说:"'备万物之体用,莫过于字;包众字之形声,莫过于韵'是理事名物之辨,当管库也。……今遵《正韵笺》,详考诸家,上收金石,古今辨难,皆决其下,此小学必不可少者也。"⑥

　　方以智对文字、训诂、语言之于哲学思考关系的认识,虽然还远未达到戴震"由字通词,由词通道"的明晰、简练的程度,但像顾炎武的思想一样,均为清代鼎盛期的哲学思考提供了新的思想基础。从哲学与学术发展史的角度看,值得高度的重视。

① 方以智:《方以智全书》第 1 册,侯外庐主编,第 3 页,上海,上海古籍出版社,1988。
② 方以智:《方以智全书》第 1 册,侯外庐主编,第 3 页。
③ 方以智:《通雅凡例》,《方以智全书》第 1 册,侯外庐主编,第 6 页。
④ 方以智:《通雅》卷首之一《音义杂论·考古通说》,《方以智全书》第 1 册,侯外庐主编,第 2 页。
⑤ 方以智:《通雅》卷首之一《音义杂论·考古通说》,《方以智全书》第 1 册,侯外庐主编,第 3 页。
⑥ 方以智:《通雅》卷首之二《杂学考究类略》,《方以智全书》第 1 册,侯外庐主编,第 36 页。

第三章　王夫之的哲学

王夫之(1619—1692),字而农,号姜斋,中年别号姜翁、一壶道人、以髻外史等,湖南衡阳人。晚年隐居湘西蒸左的石船山,又自号船山老农、船山逸老、船山病叟,学者称为船山先生。

他生于明万历四十七年(1619)夏九月初一日,卒于清康熙三十一年(1692)夏历正月初二日,出身于一个日趋衰落的在野地主知识分子家庭,从小接受了丰厚的传统文化教育。青年时代的王夫之,一方面眷恋科举,另一方面又关心动荡的时局,参加"行社""匡社""须盟",立志改革社会。晚明的农民起义风暴,打破了他"学而优则仕"的迷梦。明亡后,清顺治五年(1648)他也曾在衡山起兵抗清,失败后,投奔南明永历政权,曾任行人司小官,因而结识了瞿式耜、金堡、蒙正发、方以智。在永历小朝廷,因弹劾权奸,险遭残害,后经农民起义军领袖高一功营救脱险,回到湖南,过了近四年的流亡生活。顺治九年,李定国率大西农民军反攻,收复衡阳后,派人招请王夫之,他"进退萦迥",最终未去。晚年隐居衡阳石船山麓,在极其艰苦的条件下从事学术研究,总结明王朝灭亡的教训,并由此而展开对整个传统文化的总结、批判工作。在51岁时自题观生堂联道:"六经责我开生面,七尺从天乞活埋",表达了依托"六经"开创文化新局面的文化理想与不愿做异族王朝之下臣民的矛盾情感与复杂心情。在 71 岁时,他总结自己一生的政治与学术活动宗旨,自题墓石:"抱刘越石之孤愤而命无从致,希张横渠之正学而力不能企",以自谦的情怀表达了一种政治上的失败感与学术方面的力不从心感。

王夫之的学识极为渊博,在传统的经、史、子、集诸部门均有较深的造诣,在天文、历数、医理乃至兵法、卜筮、星象等方面,亦有旁通,而且留心当时传教士传入的"西学"。一生著述宏富,留下的著作有一百多种、四百多卷,其中主要哲学著作有十三种之多:《周易外传》《老子衍》《黄书》《读四书大全说》《诗广传》《庄子通》《相宗络索》《庄子解》《噩梦》《俟解》《张子正蒙注》《周易内传》《思问录》《读通鉴论》《宋论》《尚书引义》《夕堂永日绪论》等。王夫之的著作富有批判精神,他别开生面注解经、史、子、集,实际上是发挥他自己的思想。他把以往的学术明确地判为"贞邪相竞而互为畸胜"的对立阵营,自觉地继承、发扬《易》学系统中的朴素辩证法和从王充到张载的唯物主义气一元论思想,对历史上大体上属于"惟心惟识之说"均划入"异端",并对这些思想"伸斧钺于定论",给以严厉的批判。另一方面,他又主张采取"入其垒,袭其辎、暴其恃而见其瑕"的内在批判与继承相结合的方法,对老庄哲学、佛教理论加以认真研究,在哲学本体论与价值取向两个方面判定它们为"异端",在思想方法、具体认识方面又吸取它们的合理认识。王夫之非常善于熔铸大量的先行思想资料,并在此基础上创立了具有历史总结意义的博大思想体系。

为了比较清晰地理解王夫之学术思想的前后变化,我们将其主要哲学著作的写定时间(虚岁)排列如下:

1655 年(37 岁),开始撰写《周易外传》,同年八月,写《老子衍》初稿。

1656 年(38 岁),三月,写成《黄书》。

1663 年(45 岁),《尚书引义》初稿完成。

1665 年(47 岁),《读四书大全说》十卷完成。

1668 年(50 岁),相继写成《春秋家说》三卷,《春秋世论》二卷。

1669 年(51 岁),撰《续春秋左氏传博议》。自题观生堂联:"六经责我开生面,七尺从天乞活埋"。

1671年(53岁),《诗广传》约写成此时。

1672年(54岁),重订《老子衍》,稿本被唐端笏携去毁于火灾。今存《老子衍》为34岁时写成的初稿。

1673年(55岁),《礼记章句》初稿写成。

1676年(58岁),始撰《周易大象解》。

1677年(59岁)秋,《礼记章句》四十九卷定稿。其中《大学》《中庸》依朱子旧注。萧萐父先生认为"盖授徒讲,非自得之作。"

1679年(61岁),写成《庄子通》。该年秋,始著《四书训义》。

1681年(63岁),病哮喘。始撰《相宗络索》。又为门人讲解《庄子》,写《庄子解》,与《庄子通》相表里。

1682年(64岁),写成《说文广义》两卷。十月,写成《噩梦》一书。

1683年(65岁),重订《诗广传》。

1684年(66岁),病中写成《俟解》一卷。

1685年(67岁)孟春,写成《张子正蒙注》。同年八月写成《楚辞通释》十四卷。九月,为门人讲解《周易》,写成《周易内传》十二卷,又写成《周易内传发例》一卷。另外,《思问录》内外篇亦当定稿于此时。

1686年(68岁),重订《周易内传》及《发例》。又写出《四书笺解》十一卷。

1687年(69岁),开始写《读通鉴论》。

1688年(70岁),重订《四书训义》四十卷,今存三十八卷。

1689年(71岁),四月,重订《尚书引义》。

1690年(72岁),写成《夕堂永日绪论》内外篇,重订《张子正蒙注》。

1691年(73岁),久病哮喘,四月《读通鉴论》三十卷,《宋论》十五卷定稿。①

从上述简明的著述年表可以看出,57岁以后的王夫之几乎是每一年都有新的著述完成,而且学术的堂庑愈加广大,出入儒、道、佛,精研中国

---

① 本章主要吸收了先师萧萐父先生的研究成果以及他与许苏民教授合著的《王夫之评传》一书的学术成果,有些地方的表述作了润色与修改,在行文中不再一一注出。同时,本章还参考了侯外庐、嵇文甫、陈来诸人的研究成果。

历史,对历史的兴衰成败作了深入的哲学思考。下面将从四个方面勾勒其主要的哲学思想。

第一节 王夫之的气本论思想

"气本论"是中国传统哲学中的宇宙论或本体论的一种形态,经过王充、柳宗元、刘禹锡、张载的哲学阐发,愈加精致。特别是张载,从宇宙—本体论的角度对气本论作了新的阐发,对于中国哲学史上各种唯心主义哲学思想进行了深刻、有力的批判。然而张载哲学在气本论的哲学论证方面没有很好地处理作为"太虚"状态的"元气"与聚散攻取的具体"物质之气"之间的关系,因而在理论上未能很好地解决本体与现象之间的关系。而在现实层面也未能为后期地主阶级政权提供合适的哲学理论,故张载之后,气本论哲学并未获得应有的发展。处在明末清初的历史大变故之际,王夫之一方面积极参与当时社会的政治运动,另一方面从理论上总结明王朝灭亡的教训,对他之前的各种唯心主义的哲学本体论从理论上予以清算,以"气化日新"的宇宙—本体论和辩证发展的思想,呼唤中华民族文化未来的新生命。

学术界对于王夫之气本论的思想特质的贞定大体上没有异议。但对其哲学的逻辑出发点,即以什么概念为最根本概念的认识上,有一定的分歧。有学者认为王夫之的哲学以太极为根本概念[1],有学者反对这种说法,坚持认为"气"是哲学的根本概念,并对气的多重意义作了阐发。[2] 我们认为,"气"是王夫之哲学中的根本概念,太极、太和、诚、天、道

---

[1] 张学智认为,"太极是王夫之哲学的根本概念"。其根据是《周易外传·系辞上传》第九章,参见氏著《明代哲学史》,第553—557页。陈来亦认为在船山哲学中,"有一阴阳和合、理气不分的浑沦实体,此为气之本体,为宇宙的本原,亦称太极、天、诚。其所称天为诚,是因为《中庸》以诚言天。此一实体,就其为宇宙的根源而言,称为太极;就其气化之前的浑然实体则称为天,就其变合之几以前的本然之体称为诚"。参见氏著《诠释与重建》,第184页,北京,北京大学出版社,2004。
[2] 王茂、蒋国保等:《清代哲学》,第171—175页。

（气化流行之秩序意义上的道）、实有等概念，都是在不同的语境下，从不同侧面来阐述阴阳二气的不同存有状态、特征与性质的。王夫之的哲学思想始终是借助经典的阐释与再阐释为其表达形式的，其所用的概念深受所阐释的经典文本的影响，并且是通过对前贤固有哲学概念内涵的新阐释来表达自己哲学思想的，他几乎没有自己特别鲜明的哲学概念体系，而只是通过对以往哲学传统中不同概念的规定与阐释，来阐发自己的哲学主张，这对于后来者理解他的哲学思想及其内在的一致性造成了很大的困难。不过，其哲学思想的主线还是十分清晰的，正如熊十力评论其易学思想时所言，"尊生以针寂灭，明有以反空无，率性以一情欲"。这就是说，其哲学以气论为根本出发点，讲世界的实有性，内在的自我运动特征——"一固神，两固化"；"气化即道"，气中涵理，理气相依的"天道"。进而讲"天人之际"的继善成性说，讲"道大而善小，善大而性小"，人有"性"，继善而成性，性日生日成，习与性成等人道的哲学。由于他身处民族矛盾尖锐、激烈、复杂的特定历史时期，他又讲"华夷之辩"，高度肯定中华文明的优良传统，要求君子、普通人都要具备竭天成能、相天辅地，裁成万物的积极进取精神，从而实现中华民族文化的未来复兴与辉煌。其人道论与社会政治哲学中的积极因素与人民性、民主性的精华，都是通过其维护汉民族的文化自尊而展现出来的。了解以上三个基本出发点，就可以较好地把握王夫之庞杂的哲学体系及其内在的一致性。

一、"气—诚—实有"与"太极"

王夫之从哲学本体论的高度对宇宙的存有方式做出了带有唯物论色彩的论述。他认为，无论人的感觉知与不知，人所面对的太虚世界都是充满着实有之气的，并不像佛、道二家所说那样是一种"无"。他说：

> 虚空者，气之量。气弥纶无涯而希微不形，则人见虚空而不见

气。凡虚空皆气。聚则显，显则人谓之有；散则隐，隐则人谓之无。①

人之所见为太虚者，气也，非虚也。虚涵气，气充虚，无有所谓无者。②

阴阳二气充满太虚，此外更无他物，亦无间隙，天之象，地之形，皆其所范围也。③

由上所引三则材料可知，王夫之从"宇宙—本体论"的高度把一切唯心主义的哲学思维道路给堵死了。以实有之气作为宇宙的本源，这种实有之气并不以人的感官所见为转移，稀微不可见之气并非是"无"，而是气的隐而不可见的存在方式而已。因此，在讨论宇宙的本然状态时，我们不能用"有无"的范畴来加以判断，而只能用幽明、隐显的范畴来加以描述。在当时科学认识水平上，王夫之还举出一些经验性的实例来证明"气"的永恒不灭性，如他说：

车薪之火，一烈已尽，而为焰，为烟，为烬，木者仍归木，水者仍归水，土者仍归土，特希微而人不见尔。一甑之炊，湿热之气，蓬蓬勃勃，必有所归，若盒盖严密，则郁而不散。汞见火则飞，不知何往，而究归于地。有形者且然，况其絪缊不可象者乎！④

这些具体的实例在今天看来并不能证明客观实有世界的不灭性质，但在当时的历史条件下，还是相当有力的经验证明。尤其值得肯定的是，他以这种实证的科学思维方式来从事哲学的论证，体现了与宋明理学重视思辨的时代差异。

相对于张载及张载以前的气本论哲学思想家而言，王夫之更进一步地提炼了"气"概念的哲学纯粹性，他将"气"的存在状态规定为诚与实有，从而在较高的哲学思辨水平上论证了"物质存在"的道理。他说：

① 王夫之：《张子正蒙注》卷一，《船山全书》第 12 册，第 23 页，长沙，岳麓书社，2011。
② 王夫之：《张子正蒙注》卷一，《船山全书》第 12 册，第 30 页。
③ 王夫之：《张子正蒙注》卷一，《船山全书》第 12 册，第 26 页。
④ 王夫之：《张子正蒙注》卷一，《船山全书》第 12 册，第 21—22 页。

太虚，一实者也。故曰"诚者天之道也"。①

诚也者实也；实有之，固有之也；无有弗然，而非他有耀也。②

夫诚者实有者也。前有所始、后有所终也。实有者，天下之公有，有目所共见，有耳所共闻也。③

因此，就自然哲学与一般意义上的存有论而言，王夫之坚持并发展了中国气论哲学思想传统，对于宇宙的存在状态作了实有论的贞定。他还从多方面对其哲学的最核心范畴"诚"进行了哲学规定。

首先，从哲学语言上，他将"诚"看作是无对之词，即用来描述绝对实有的最高哲学范畴。"诚者，无对之词也。""说到一个'诚'字，是极顶字，更无一字可以代释，更无一语可以反形……"④

其次，从认识主体与对象的关系角度，他将"诚"看作是不依赖人的感官与感觉的绝对实有，但可以为人所信，为理所允。如夫之说："诚则形，形乃著明，有成形于中，规模条理未有而有，然后可著见而明示于天下。故虽视不可见，听不可闻，而为物之体历然矣。"⑤

王夫之还认为，客观实在的对象世界在人出现之前就已经长久的存在了，只是人类出现之后才意识到了它们的存在。人通过感性与理性的认识逐渐地意识到了它们的广阔无垠、变化有度，而且深刻地意识到游心而不能越的正是天地之广大与客观实在性。他说：

两间之有，孰知其所昉乎？无已，则将自人而言之。今我所以知两间之有者，目之所遇，心之所觉，则固然广大者先见之；其次则固然可辨者也；其次则时与相遇，若异而实同者也；其次，则盈缩有时，人可以与其事，而乃得以亲用之者。是故，寥然虚清，确然凝立，

---

① 王夫之：《思问录·内篇》，《船山全书》第 12 册，第 402 页。
② 王夫之：《尚书引义》卷四，《船山全书》第 2 册，第 353 页。
③ 王夫之：《尚书引义》卷三，《船山全书》第 2 册，第 306 页。
④ 王夫之：《读四书大全说》卷九，《船山全书》第 6 册，第 997 页。
⑤ 王夫之：《思问录·内篇》，《船山全书》第 12 册，第 442 页。

无所不在,迎目而觉,游心而不能越,是天地也。①

在上述所引文献中,王夫之比较正确地揭示了人类对客观实在认识的逐渐深化过程,首先是认识到天地之广大,其次对天地中的众多事物进行分类,再次对貌似不同的事物进行理论的抽象,把握其表相差异背后的实质性的相同,最后对于事物变化的规则有所认识。而其根本精神在于揭示客观实在世界的第一性,人类的后起特征与人类认识的第二性特征,并抽象地论述了人类认识的不断深化过程。

再次,王夫之从"体用相胥"的角度进一步论证了"气—诚—实有"的唯物论的根本主张。他说:"天下之用,皆其有者也。吾从其用而知其体之有,岂待疑哉！用有以为功效,体有以为性情。体用胥有而相胥以实,故盈天下而皆持循之道。故曰:'诚者物之终始,不诚无物。'"②

又次,基于"太虚一实"的气本体论,王夫之还进一步提出"实有可依""不能绝物"的观点,坚持认为人类生活必需建立在衣、食、住、行的客观物质基础之上。他说:"夫可依者,有也;至常者,生也。皆无妄而不可谓之妄也。"③"况夫欲绝物者,固不能充其绝也。一眠一食,而皆与物俱;一动一言,而必依物起。不能充其绝而欲绝之,物且前却而困己,己且龃龉而自困。"④这些观点均深刻地批判了佛老唯心主义,乃至于宋明理学中唯心主义的思想倾向,努力剔除宋明理学中唯心主义的思想成分。

最后,王夫之还分析了历史上各种言"无"者的心态。他说:"言无者激于言有者而破除之也,就言有者之所谓有而谓无其有也。天下果何者而可谓之无哉?"⑤

可以这样说,王夫之在中国传统哲学的范围里,第一次全面、深刻、思辨地论证了朴素的唯物论的思想,使传统的气本论思想达到了历史条

---

① 王夫之:《周易外传》卷七,《船山全书》第 1 册,第 1076 页。

② 王夫之:《周易外传》卷二,《船山全书》第 1 册,第 861 页。

③ 王夫之:《周易外传》卷二,《船山全书》第 1 册,第 887 页。

④ 王夫之:《尚书引义》卷一《尧典》,《船山全书》第 2 册,第 239—241 页。

⑤ 王夫之:《思问录·内篇》,《船山全书》第 12 册,第 411 页。

件所允许的最高成就。王夫之将宇宙本体规定为"实有",从根本上批判了他所认为的佛老二派将宇宙本体归定为"真空"的唯心主义的观点,从而提出了"破块启蒙,灿然皆有",以及"富有日新"的哲学理想。他说:

> 然彼之所谓"真空"者,将有一成不易之侀,何不取两间灵、蠢、姣、丑之生,如一印文,均无差别也哉?是故阴阳奠位,一阳内动,情不容吝,机不容止,破块启蒙,灿然皆有。静者治地,动者起功。治地者有而富有,起功者有而日新。殊形别质,利用安身,其不得以有为不可依者而谓妄,其亦明矣。[①]

就其思想的主要脉络来看,王夫之哲学的气本论形象是比较鲜明的,但他在阐述这一气本论哲学时,早期与中期、晚期所使用的一些概念,也容易让人产生错觉。在《周易外传》中,他第一次比较明确、系统地阐述了气本论的哲学思想,但对于道、太极与气的关系,有时说得不是很明确。《系辞上传》第九章,王夫之对"太极"作了颇为详细的阐述,以至于有学者认为他的哲学以太极为最根本的概念。我们认为,该处对"太极"的阐述,其实即是对未生天地的"元气"观念的阐述,此处的"太极"仅是"气"的混沌未分状态,而不是有别于"气"的另一种极精微之物质。[②]他说:

> 太极之在两间,无初无终而不可间也,无彼无此而不可破也,自大至细而象皆其象,自一至万而数皆其数。故空不流而实不窒,灵不私而顽不遗,亦静不先而动不后矣。……要此太极者混沦皆备,不可析也,不可聚也。以其成天下之聚,不可析也;以其入天下之析,不可聚也。虽然,人之以为功于道者,则因其已然,而益测之以

---

① 王夫之:《周易外传》卷二,《船山全书》第 1 册,第 887 页。
② 当然,王夫之也有"夫太极○之生元气(阴阳者,元气之阖辟也)直而展之,极乎数之盛而为九"的说法。参见氏著《周易外传》卷五,《船山全书》第 1 册,第 984 页。从其小字注文可以看出,太极即是元气的开合。此处"生"字并非母生子之"生",而是呈现,表现为的意思。

尽其无穷;而神而明之,分而剂之,裹而益之,则惟圣人为能显而神之。①

这里所说的在天地之间的"太极",没有时间上的终始,没有彼此的分别,一切象都是由它而产生的象,一切数都是因它而产生的数。就其图形的虚空形象而言并不流(不流荡虚无),就其实有而有方所而言并不窒碍而停留于某一处。人类要想有功于道的话,必依此太极发动的已然之物,然后加以测算而追溯至无穷。此段对具有"元气"性质的"太极"的描述,有一定的涵混之处。然在其晚年《张子正蒙注·太和篇》开头一段,就明确地阐述了太极与道、气、太和的关系。他说:"太和,和之至也。道者,天地人物之通理,即所谓太极也。阴阳异撰,而其絪缊于太虚之中,合同而不相悖害,浑沦无间和之至也。未有形器之先,本无不和,既有形器之后,其和不失,故曰太和。"②

我们大体上可以这样说,"气"是作为哲学上实有观念的概念化表达,气之原始未分的状态可以名之为"太极",也可以称之为"道",即"形而上者谓之道"的"道",也可以称之为"太和"。而"一阴一阳之谓道"的"道",实即是气化流行的总规则,即"天地人物之通理",而具体事物的条理、秩序则称之为"理"。阴阳二气统一起来,称之为"神"。这统一的二气因为有阴阳的两种属性,故能够变化,也即是"两故化"。王夫之依托《易经》,以及儒家的其他经典,对以实有之气为本体的世界存有方式、自我运动变化,以及人在天人之际通过对天地之道的继与择,从而实现人文化成的人道理想,做出了非常精细的阐述。其哲学中的"理气"关系论,主要是清算宋明以来儒学内部的以理为本体的思想传统及其所产生的理论认识的谬误与现实危害性,其道器论则主要继承《易传》哲学传统,纠正儒学内部长期以来所坚持的"无其道则无其器"的唯心论的认识偏颇,着重阐述无其器则无其道的理论认识,要求士君子们在知器、作器

---

① 王夫之:《周易外传》卷五,《船山全书》第1册,第1016页。
② 王夫之:《张子正蒙注》卷一,《船山全书》第12册,第15页。

的经验世界里开拓更加广阔的生活境界,培养健动有为的理想人格。

二、理气相依

"理气"关系问题,是思维与存在这一哲学基本问题的中国式的表达。[1]"理气"关系问题涉及面较广,但在本体论的意义上,这一问题首先关系到世界的统一性和统一于什么的问题,其次是二者之间的分合与主次关系。坚持世界统一于"气",即坚持世界统一于"实有",这种实有可以通过感觉去把握。超越感觉的稀微之物也还是实有的一种存在方式,可以通过其他的实验方式去把握。这种"实有"永远处于变化之中;坚持世界统一于"理",即坚持世界统一于某种"法则",这种法则在理学家们看来也是"实有",但不能通过感觉去把握,而且这种"实有"是亘古不变的。典型的说法是"万一山河大地都陷了,毕竟有是理"(朱子语)。

王夫之坚持气本论,其主要的理论批判目标就是南宋以来逐渐成为官方哲学形态的朱子理学。朱熹坚持理在气先,理为万有之根据的观点,如他说:"宇宙之间,一理而已……其张之为三纲,其纪之为五常,盖皆此理之流行,无所适而不在。"[2]针对朱子这一理本论观点,王夫之反复强调:"天人之蕴,气而已。从乎气之善而谓之理,气之外更无虚托孤立之理也。"[3]他"从理气相依"的角度反驳朱子的"理先气后"说,认为"理即是气之理,气当得如此便是理,理不先而气不后"。[4]

王夫之不承认在气之外还有一个独立于气而先在的理:

> 天下岂别有所谓理,气得其理之谓理也。气原是有理底,尽天地之间无不是气,即无不是理也。[5]

---

① 陈来认为,"船山理气论的讨论在其思想中并非终极性的本源问题",因为气化是船山宇宙论的第二序的阶段,理气关系正是在此阶段立论的。见氏著《诠释与重建》,第188页。
② 朱熹:《读大纪》,《朱子文集》第7册,陈俊民校订,第3500页,台北,德富文教基金会,2000。
③ 王夫之:《读四书大全说》卷十,《船山全书》第6册,第1054页。
④ 王夫之:《读四书大全说》卷十,《船山全书》第6册,第1052页。
⑤ 王夫之:《读四书大全说》卷十,《船山全书》第6册,第1058页。

气之妙者，斯即为理。气以成形，而理即在焉。两间无离气之理，而安得别为一宗，而各有所出？①

在王夫之的著作中，有关理气关系的论述很多，其要旨皆是理气相依不离，理皆是气之理。在王夫之的哲学体系中，其"理"字有两层意思，如他说"凡言理者有二，一则天地万物已然之条理，一则健顺五常、天以命人而人受为性之至理。二者皆全乎天之事"②。这即是说，一是客观事物固有的"条理"，类似后来戴震所讲的万事万物的"分理"，一为人类的先天的性命之理，即人的先天的道德理性。从这一点讲，王夫之既继承了孟子的性善论思想，也继承了宋明儒的先天道德理性说。但王夫之的人性理论不过多地强调人继天而有的这种先天的道德理性，而是强调人在每天的道德生活实践中不断地选择，从而长养这种道德理性（此点见后面的人性论）生成论的人性论。这又使得他与宋明儒中程朱理学与陆王心学的人性理论区别开来了。

王夫之从"气本论"的"实有"立场出发，讲"实有"中之理，讲"气者，理之依也。气盛则理达。天积其健盛之气，故秩序条理，精密变化而日新"③的道理，开辟了不同于朱子"以理为本体"的哲学思想路线，充满着一种健动日新的积极气象。④

三、道不离器

"道器"关系一直是中国哲学的根本问题之一。《易传》提出了"形而上者谓之道，形而下者谓之器"的命题，然而没有系统、深入地阐发这一命题。老子哲学中的"道器"关系论是生者与被生者的关系，道生万物，

---

① 王夫之：《读四书大全说》卷五，《船山全书》第6册，第716页。
② 王夫之：《读四书大全说》卷五，《船山全书》第6册，第716页。
③ 王夫之：《思问录·内篇》，《船山全书》第12册，第419页。
④ 唐君毅先生也赞许船山哲学的气本论，然唐先生对船山气本论思想中气的理解带有太多的现代新儒家的色彩。参见吴根友《唐君毅的"明清思想研究"述评》，刘笑敢主编《中国哲学与文化》第七辑，桂林，广西师范大学出版社，2010。

朴散为器。朱子在"理先气后"的思想框架下,提出了"道先器后"的思想。如他说:"天地之间,有理有气,理也者,形而上之道也,生物之本也;气也者,形而下之器也,生物之具也。是以人物之生,必禀此理然后有性,必禀此气然后有形,其性其形,虽不外乎一身,然其道器之间,分际甚明,不可乱也。"①王夫之在理气关系的问题上坚持理依于气,理气相依的气本论思想,在道器关系的问题上也坚持道不离器,道为器之道的观点,不承认有脱离具体之器而先在的道。他说:"盈天地之间皆器矣。"②"天下惟器而已矣。道者器之道,器者不可谓之道之器也。"③与朱子的道器观也是针锋相对的。

就王夫之哲学体系的主要倾向来看,其道器关系论主要讨论的是一般(普遍)与个别(特殊)的关系,从而与宋明以来理气关系论讨论存有与法则的关系区别开来。从本体论意义上讲,王夫之用来表述"一般"的"道"范畴至少有两层涵义,其一指"物质一般",即普遍的物质实体。如他所说的"清通不可象"的"气之本体",是"物所众著",是"气体"之"道";二是指"规律一般",即普遍的共同规律或事物的共同本质,如他所说的"天地人物之通理",是"物所共由"的"气化"之"道"。"道者,物所众著而共繇者也。物之所著,惟其有可见之实也。物之所繇,惟其有可循之恒也。既盈两间而无不可见,盈两间而无不可循,故盈两间皆道也。"④

"物所众著",意思是说一切事物所共同表现的,因而是普遍存在的物质实体;"物所共由",意思是说一切事物所共同遵循的,因而是普遍规律。王夫之所说的"道"是这两种属性的统一体。

至于他所说的"器",则是指具体的、个别的事物,以及和事物的普遍规律与共同本质相对的具体规律和特殊本质,用土夫之自己的话来说,即是"阴阳与道为体,道建阴阳以居,相融相结而象生,相参相耦而数

---

① 朱熹:《答黄道夫一》,《朱子文集》第6册,陈俊民校订,第2798页。
② 王夫之:《周易外传》卷五,《船山全书》第1册,第1026页。
③ 王夫之:《周易外传》卷五,《船山全书》第1册,第1027页。
④ 王夫之:《周易外传》卷五,《船山全书》第1册,第1003页。

立。……象日生而为载道之器，数成务而因行道之时，器有大小，时有往来，载者有量，行者有程，亦恒龃龉而不相值。"①

上述引文的意思是说：道不脱离阴阳二气而以阴阳二气为自己的存在方式，故从存有论意义上说，阴阳与道互为一体，分言之为阴阳，合言之为道。阴阳在具体的结合中生成"象"，交互作用而生成"数"。"象"即是"有形"而为形而下，有"象"而就有"数"，故具体的"象"（有形）就成为载道之器，器的大小、往来之变化则是道在具体情境、具体方面的表现，可见"数"是"行道"的具体表现，因而表现为具体的规律与法则。

就王夫之"道器"关系论的具体内涵来看，可以从两个层面来认识。一是从气本体的意义上说，"道"即一阴一阳之气永恒、有序的运动本身。而一阴一阳之气在运动过程中形成的具体之"器"只能是"道"的具体表现，道与器都统一于实有的阴阳之气。他说："统此一物，形而上则谓之道，形而下则谓之器，无非一阴一阳之和而成，尽器则道在其中矣。"②

王夫之的观点很明确，道、器仅是阴阳之气的不同表现形态而已，道为形而上未成形之气，器为形而下已成形之气。"两间皆形象，则两间皆阴阳也；两间皆阴阳，两间皆道。"③故将王夫之的道论看作是气本论前提之下的"形上学"是有内在根据的。

虽然，王夫之有时说"道体器用"，"器敝而道未尝息"④，但这也只能从一阴一阳之气永恒运动的本身与具体的凝气而成之器的关系去理解，不能将"道"理解成一抽象的、永恒不变的，如程朱理学中的"理"那样的思维实体。此两处文献所说的"道"只能理解成未成形的阴阳之气。

二是从一般（普遍）与个别（特殊）的角度看，"道"意指事物的普遍法则、规律，甚至是本质属性，其中包含事物的"必然之理"与"当然之则"。"器"是指具体的事物与特殊的属性。在这一意义上，王夫之反复阐述

① 王夫之：《周易外传》卷五，《船山全书》第 1 册，第 992 页。
② 王夫之：《思问录·内篇》，《船山全书》第 12 册，第 427 页。
③ 王夫之：《周易外传》卷五，《船山全书》第 1 册，第 1003 页。
④ 王夫之：《张子正蒙注》卷一，《船山全书》第 12 册，第 427 页。

"器体道用",道与器不可分离,道在器中,"无其器则无其道","据器而道存,离器而道毁"等道理。概而言之,我们可以从以下四个方面来认识他的道器关系论,考察他与程朱理学的不同之处,以及对于此问题的理论贡献。

其一,"上下无殊畛,道器无易体"——道器之间的关系是相对的。二程、朱熹均认为,"道器之间,分际甚明,不可乱也"。① 王夫之则认为:"'谓之'者,从其谓而立名之名也。'上下'初无定界,从乎所拟议而施之之谓也。然则上下无殊畛,而道器无异体矣,明矣。"②

这即是说,道与器之间没有截然的分界线,其本体都是实有之气。只是人们为了方便地把握气的不同存有方式,故有道与器之分别。他还进一步从语言与思维的逻辑角度,区分有形与无形的关系,"器而后有形,形而后有上。无形无下,人所言也。无形无上,显然易见之理,而邪说者淫曼以衍之而不知惭,则君子之所深鉴其愚而恶其妄也"③。其"无形无上"的观点与后来戴震从语言学角度将"形而上"解释成"形以前""形而下"解释成"形以后"具有高度的偶合性。

其二,"天下惟器而已矣","无其器则无其道"——世界上一切事物都是具体的存在物,没有抽象的思维实体,如没有"水果"而只有具体的苹果、梨子等一样。所有的"一般"只是具体的器物经过思维抽象的结果。王夫之说:"盈天下而皆象","象不胜多"而"天下无象外之道"。"盈天地间皆器"④,"象日生而为载道之器"⑤,故"群有之器,皆与道为体"⑥。抽象的"道",正如抽象的水果一样,共同与具体的器物,如苹果、梨子一道作为体而存在。

① 朱熹:《答黄道夫一》,《朱子文集》第 6 册,陈俊民校订,第 2798 页。
② 王夫之:《周易外传》卷五,《船山全书》第 1 册,第 1027 页。(新版编校者认为"易"当为"异"。今从之。)
③ 王夫之:《周易外传》卷五,《船山全书》第 1 册,第 1029 页。
④ 王夫之:《周易外传》卷六,《船山全书》第 1 册,第 1038—1039 页。
⑤ 王夫之:《周易外传》卷五,《船山全书》第 1 册,第 992 页。
⑥ 王夫之:《周易外传》卷二,《船山全书》第 1 册,第 862 页。

王夫之还从自己尊"器"的哲学观念出发,深刻而富有理论激情地阐述了"他年之道"的可能世界,说道:

> 天下惟器而已矣。道者器之道,器者不可谓之道之器也。无其道则无其器,人类能言之:虽然,苟有其器矣,岂患无道哉!……人或昧于其道者,其器不成;不成,非无其器也。无其器则无其道,人鲜能言之,而固其诚然者也。洪荒无揖让之道,唐、虞无吊伐之道,汉、唐无今日之道,则今日无他年之道者多矣。未有弓矢而无射道,未有车马而无御道,未有牢醴璧币、钟磬管弦而无礼乐之道。则未有子而无父道,未有弟而无兄道,道之可有而且无者多矣。故无其器则无其道,诚然之言也,而人特未之察耳。①

王夫之的意思非常明确,所有抽象的人类法则无非都是人类在具体的社会生活中逐步总结出来的,离开了具体的器物世界,就不可能有抽象的生活法则。人类的生活法则只能在具体的生活与器物世界之中抽象出来,并与之相适应。因此,对于未来世界,我们只能期待有更多的"他年之道",而不能用已有之道来加以规定。不过,上述一段文献中的个别论证案例,如"未有牢醴璧币"等"而无礼乐之道",容易引起歧义。因为反对者可以说因为有礼乐之道,才选择"璧币"等作为礼之器。

其三,"圣人治器"而"不能治道"。就经验世界的生活而言,抽象的道只能通过具体的器来体现,来把握。则圣人治世也只能从治器出发,而不能从事抽象的"治道"活动。王夫之说:

> 故古之圣人,能治器而不能治道。治器者则谓之道,道得则谓之德,器成则谓之行,器用之广则谓之变通,器效之著则谓之事业。故《易》有象,象者像器者也;卦有爻,爻者效器者也;爻有辞,辞者辨器者也。故圣人者,善治器而已矣。自其治而言之,而上之名立焉。

---

① 王夫之:《周易外传》卷五,《船山全书》第1册,第1028页。

上之名立,而下之名亦立焉。上下皆名也,非有涯量之可别者也。①

王夫之的意思很明确,社会政治生活是具体的、经验性的,必须在具体的、经验的活动中展开活动。成功的治器活动即可以称之为"道",得到这一成功之道便可以称之为"德",所成之器能够在经验世界行得通就称之为"行"(可以,可以这样做),能够普遍推广就称为"变通",所有具体的器用功效卓著就可以称之为"事业"。因此,社会政治活动不是经常性搞什么真心诚意式的道德修养活动,也不是从事所谓的思想教育活动,让人们洗脑。哪怕是"立法"这样一件看起来是从事"治道"的活动,其实也是"治器"。因为任何一部具体的、行得通的"法律"都是具体的社会管理之器,即具体的社会制度的一部分。所立之法若是"良法",就是一种可行的"制度之器",所立之法若非尽善,甚至于是恶法,就是一种不可行的"制度之器",当然也就难以卓有成效,因而也就没有所谓的"事业"。

其四,"尽器则道无不贯,尽道所以审器"——"个别"与"一般"之间的辩证关系。就王夫之哲学的主要倾向而言,他在"道器"关系论方面突出强调的是尽器而知道、践道的方面,因为在他之前的思想史中,人们已经过多地谈论了"无其道则无其器"的道理,而对于"无其器则无其道"的道理则很少有人论及。王夫之的伟大之处在于,他没有走向另一个极端,而是辩证地处理了"道器"关系,提出了"尽器则道无不贯,尽道所以审器"的光辉命题。上面的引文曾经提到,王夫之已经认识到,"人或昧于其道,其器不成"的一面,他为了突出强调"尽器"的困难,着重论述无其器则无其道的思想,但他也深刻地认识到"尽道所以审器"的重要性。因此,在《思问录》一书中,王夫之又辩证地说道:"圣人之所不知不能者,器也;夫妇之所与知与能者,道也。故尽器难矣! 尽器则道无不贯,尽道所以审器。知至于尽器,能至于践形,德盛矣哉!"②

具体"器"世界,实即是复杂的个性化、特殊化的实有世界,即使是圣

---

① 王夫之:《周易外传》卷五,《船山全书》第 1 册,第 1028 页。
② 王夫之:《思问录·内篇》,《船山全书》第 12 册,第 427 页。

人对于此复杂世界也不能尽知。抽象的一般原则虽然高妙,普通人也可以认识、可以理解的,并能够按照这些原则行事的。在"尽器贯道"与"尽道审器"的辩证过程之中,重要的还在于每个人能够将"道"贯彻于生活的实践之中,即王夫之所说的:"识其品式,辨其条理,善其用,定其体,……成器在心,而据之为德。"①只有在个人的"成德"的效果下,作为规则、普遍性的"道"才能发挥效用。所以王夫之说:"勇于德而道凝;勇于道,则道为天下病矣。"②因为,只坚持所谓的普遍原则而不顾具体条件,很有可能导致两种恶果,一是在道德实践上用高调的道德原则指责他人,一是在一般的具体实践层面上可能会陷入教条主义的泥坑。

要而言之,王夫之的"道器"关系论在理论层面比较辩证地处理了一般(普遍)与个别(特殊)的关系,但着重强调的是"无其器则无其道","尽器可以贯道"的实践主张,在明末清初的特殊历史情境下,优先强调认识具体经验世界、治理经验世界的重要性,具有强烈的时代气息。

第二节 "能必副所"与"行可兼知"的致知论

就认识论问题而言,"心物"关系一直是中国传统哲学的主题。佛教传入中国后,"能所"关系也成为认识论的主题之一。宋明以后,在伦理与道德哲学领域里又再次出现了一个新问题——知行关系的问题。在此领域里,王夫之通过对程朱、陆王、佛老哲学的批判与扬弃,在气本论的前提下,提出了"能必副所""行可兼知"的哲学认识论。在有关知识的根本来源的问题上,他提出了"行可兼知"的重行理论,在中国哲学史上开辟了重视人的社会实践的新思想道路。

一、心物(事)、心理、能所关系

在王夫之的哲学体系之中,"心"既是与人的先验道德理性相关的道

---

① 王夫之:《周易外传》卷五,《船山全书》第 1 册,第 1029 页。
② 王夫之:《思问录·内篇》,《船山全书》第 12 册,第 428 页。

德心,也是现代哲学中人的主体认识能力与实践能力相统一的认识心。"心"作为一特殊的器官,将人的先验道德理性与后天的知、能统一起来,从而对物与所(认知对象)发生作用,使人能在正确地把握物与所的基础上成就德性,建立功业。王夫之说:

> 仁义者,心之实也,若天之有阴阳也。知觉运动,心之几也,若阴阳之有变合也。若舍其实而但言其几,则此知觉运动之惺惺者,放之而固为放僻邪侈,即求之而亦但尽乎好恶攻取之用;浸令存之,亦不过如释氏之三唤主人而已。①

这是约47岁的王夫之对"心"的认识,将"仁义"看作是"心之实",将知觉看作是"心之几"、而"心之实"即是"心之本",所以他又警告人们说:

> 学者切须认得"心"字,勿被他伶俐精明的事物占据了,却忘其所含之实。邪说之生于其心,与君心之非而待格谓之心者,乃"名从主人"之义。以彼本心既失,而但以变动无恒,见役于小体而效灵者为心也。若夫言"存"、言"养",言"求",言"尽",则皆赫然有仁义在其中,故抑直显之曰"仁,人心也"。而性为心之所统,心为性之所生,则心与性直不得分为二,故孟子言心与言性善无差别。"尽心者知其性",唯一故也。②

由上述所引材料可知,王夫之哲学体系中的"心",其实包含着"性",即先天具有道德理性。在《张子正蒙注》中,王夫之对"心"的解释又有一点变化,他通过对天道变化与人性的由来两个问题的论述,揭示人性与人心的特质。他认为,人之性乃是"原于天而顺乎道,凝于形气,而五常百行之理无不可知,无不可能,于此言之则谓之性"。通过此人性,然后"函之于心而感物以通,象著而数陈,名立而义起,习其故而心喻之,形也,神也,物也,三相遇而知觉乃发。故繇性生知,以知知性,交涵于聚而

————
① 王夫之:《读四书大全说》,《船山全书》第6册,第895页。
② 王夫之:《读四书大全说》,《船山全书》第6册,第895—896页。

处有间之中,统于一心,繇此言之则谓之心"。①

很显然,王夫之哲学中的"心",既是指人先天具有的人性的一种能动的功能,又通过此能动性来认识人性,因而是先天的认识能力与后天的能动能力的结合体,通过发挥人心的能动性而使人成就自己的德业。有关心与性、性与天道三者之间的辩证关系,王夫之有"顺而言之""逆而推之"与"合而言之"的三个层次的认识。在《张子正蒙注》中讲了顺与逆两个层次,他说:

> 顺而言之,则惟天有道,以道成性,性发知通;逆而推之,则以心尽性,以性合道,以道事天。惟其理本一原,故人心即天,而尽心知性,则存事没宁,死而全归于太虚之本体,不以客感杂滞遗造化以疵颣,圣学所以天人合一,而非异端之所可溷也。②

在《周易外传》里,王夫之讲到了合而言之的内容。他将人心看作是知、能的合体,以此与天、地区别开来。如他说:"夫天下之大用二,知、能是也;而成乎体,则德业相因而一。知者天事也,能者地事也,知能者人事也。"③

对于天为何以知名之,地为何以能名之? 王夫之有一个较为复杂的思辨性的解释。他说:"天则有其德,地则有其业,是之谓乾坤,知、能者,乾坤之所效也。"④意思是说,天则与地则,一有其德,一有其业,因此称之为乾坤,而乾坤所产生出的效用即分别称之为知与能。乾之知即乾之刚健,如王夫之说:"知者惟其健,健者知之实也。"⑤坤之能即表现为坤之顺,如王夫之说:"能者惟其顺,顺者能之实也。"⑥这是在宇宙论的视野里将大地遵循天道的法则看作是大地的品性。如果就大地与人类而言,大

---

① 王夫之:《张子正蒙注》卷一,《船山全书》第 12 册,第 33 页。
② 王夫之:《张子正蒙注》卷一,《船山全书》第 12 册,第 33 页。
③ 王夫之:《周易外传》卷五,《船山全书》第 1 册,第 983 页。
④ 王夫之:《周易外传》卷五,《船山全书》第 1 册,第 984 页。
⑤ 王夫之:《周易外传》卷五,《船山全书》第 1 册,第 984 页。
⑥ 王夫之:《周易外传》卷五,《船山全书》第 1 册,第 984 页。

地亦有能载、能生之能。然王夫之没有从这一角度来讨论大地的品性。

王夫之将知、能的源头追溯到天与地的实有形态，与其体用一源的哲学思想是联系在一起的，从而在源头处要杜绝老子、佛教从虚无本体讨论知、能问题的理论漏洞。如他说：

> 然则独乾尚不足以始，而必并建以立其大宗，知、能同功而成德业。先知而后能，先能而后知，又何足以窥道阃乎？异端者于此争先后焉，而儒者效之，亦未见其有得也。夫能有迹，知无迹，故知可诡，能不可诡。异端者于此，以知为首，尊知而贱能，则能废。知无迹，能者知之迹也。废其能，则知非其知，而知亦废。于是异端者欲并废之。①

王夫之此处所说的"异端"，一是指老子，二是泛指佛教。他认为，老子讲"善行无辙迹"，属于废能；"涤除玄览"，属于废知。而佛教讲"应无所住而生其心"，是废能；"知见立知即无明本"，是废知。最后，王夫之的结论是：

> 知能废，则乾坤毁。故曰："乾坤毁则无以见《易》。"不见《易》者，必其毁乾坤者也。②

从今人的角度看，王夫之对佛、老在知、能问题上的认识是不准确的，故其批评是有问题的。另外，他还不能理解人的知能是来自于人类长期发展的结果这一道理，但他正确地看到了人将知、能合为一体的特性。如他说："而夫人者，合知、能而载之一心也。故曰'天人之合用'，人合天地之用也。"③这即是说人类的出现与发展，首先是天人交互作用的结果，然后是人通过人心的主体能动性的作用，在合乎天地规则的前提下实现人的目的性要求——"人合天地之用"。这一知能合一，人能动地

---

① 王夫之：《周易外传》卷五，《船山全书》第1册，第989—990页。
② 王夫之：《周易外传》卷五，《船山全书》第1册，第990页。
③ 王夫之：《周易外传》卷五，《船山全书》第1册，第984页。

利用天地之用的观点,一方面高度地肯定了人的能动性,另一方面也要求人的知、能要合乎天地变化之规律。这一知、能合用的思想没有抽象地谈论人的知识理性从某一原点生出,以及其内在结构等问题,而是在动态的天地之化和人与天地参的过程中阐述知、能的关系,体现了中国传统哲学在知识论方面的民族特色。但他将心之"体"规定为一先验的道德本性,又表明其哲学认识论与思孟学派、宋明理学的心性论有极深的内在联系,带有极大的理论局限性。

在心理关系方面,王夫之极力反对程朱理学"心包万理"的先验论和唯理论,坚持"即事以穷理","以心循理"的认识论原则,将"理"看作是具体物与事的本来之用、当然之则,同时又是人的认识能力所把握的对象。他说:

> 万物皆有固然之用,万事皆有当然之则,所谓理也。乃此理也,唯人之所可必知,所可必行,非人之所不能知、不能行,而别有理也。具此理于中,而知之不昧、行之不疑者,则所谓心也。以心循理,而天地民物固然之用、当然之则各得焉,则所谓道。自天而言之,则以阴阳五行成万物万事之实体而有其理;即此阴阳五行之灵妙,合于人而为情性,以启其知行者,而有其心。则心之于理,所从出者本非二物。故理者,人心之实;而心者,即天理之所著所存者也。①

这一段话乃王夫 60 岁以后的思想,意思极为丰富复杂,可从如下几个层面去理解。其一,理为万物、万事固有的客观之用与当然法则。这种事物固有的功用、法则从原则上讲并非在人的知、行能力之外,而不能为人所用所知。这一层意思表明,王夫之相信客观实有世界是有秩序的、有功用的,这种秩序、功用从原则上说是人的知、行能力所能认知与把握的,因而从原则上说,王夫之是一个可知论者。

其二,王夫之认为人"心"即是在认识万事万物的事理过程中,能够

---

① 王夫之:《四书训义》卷八,《船山全书》第 7 册,第 377 页。

准确地把握事物之用与事物之理的认知能力与实践能力,而不是一种先验的灵觉。此点体现了王夫之认识论与实践观相结合的特点,体现了王夫之"合知行"来讨论人心的理性认识能力与实践智慧的哲学路径。

其三,道是人的主观认知与客观事物的高度吻合,是人把握到的万事万物各得其当的一种称谓,绝不是什么虚幻的形上之物。

其四,天理、人心都同出于客观的万事万物。万事万物的实际功用与法则就是人心的具体认知内容,而人心即是实有的万事万物之理在人心中的表现和实际内容。

很显然,王夫之在心理关系方面,虽然也使用了宋明理学中的"天理"概念,但其概念的内容与宋明理学颇不相同。从上述所引的晚年观点来看,其心理关系说基本上是一能动的、客观的反映论,偏重于"合知行"的路径来论述人"心"的认知与实践能力的。

王夫之还说:

> 凡理皆天之理,凡心皆天之心,天以此理为人之心,人即以此心体天之理。使非然也,则尽者何所尽,推者何所推乎?非身体力行如曾子,而欲知此也,其必难矣。[①]

这就表明,王夫之在心理关系方面,不是从静态的、机械的角度来讨论心理关系,而是从能动的、知行合一的实践的维度来讨论心理关系的。这是他综合并扬弃程朱理学与陆王心学的心理关系论,从"知行合一"的角度重新阐述心理关系的理论成果。

在能所关系方面,王夫之肯定了佛教中对能与所的区分,但不同意佛教中对能与所关系的论述。他说:

> 天下无定所也,吾之于天下,无定所也。立一界以为"所",前未之闻,自释氏昉也。境之俟用者曰"所",用之加乎境而有功者曰"能"。"能""所"之分,夫固有之,释氏为分授之名,亦非诬也。

---

① 王夫之:《四书训义》卷八,《船山全书》第 7 册,第 380—381 页。

乃以俟用者为"所",则心实有其体;以用乎俟用而可以有功者为"能",则能必实有其用。体俟用,则因"所"以发"能";用乎体,则"能"必副其"所"。体用一依其实,不背其故,而名实相称矣。①

王夫之的观点是,与主观认识能力相对的"所"是不固定的,凡是俟用之境均可称之为"所",凡是对作用对象施加影响而有功用的行为均可以称之为"能"。从"所"的角度看,人心不是虚幻的,而是"实有其体";从作用的对象通过人的能动作用而有功效的角度看,"能"是有客观化的作用的。"能"必借"所"来发挥其效用,"所"必待人之"能"来展现其效用。从能所的相互依赖、相互作用的角度来考察能所的关系,则能所之名就可以做到名实相称了。

王夫之批评佛教中的能所关系是"以有为幻,以无为实,'唯心唯识'之说,抑矛盾自攻而不足以立"②。佛教中故意诡秘其词地说"空我执而无能,空法执而无所"③。"然而以心合道,其有'能'有'所'也,则又固然而不容昧。是故其说又不足以立,则抑'能'其'所','所'其'能',消'所'以入'能',而谓'能'为'所',以立其说,说斯立矣。"④故意从理论上混淆能与所的关系,最终是"消所以入能",取消对象的实在性,从而放大人的主观能动性。

在批评了佛教的能所关系之后,王夫之又将能所关系与儒家传统思想中的体用关系、己物关系等一系列表征主观与客观关系的范畴联系起来,从而将佛教哲学与中国哲学固有的问题意识联系起来,以之拓展中国传统哲学的问题论域。他说:

夫能所之异名,释氏著之,实非佛氏昉之也。其所谓能者即用也,所谓所者即体也,汉儒之已言者也。所谓"能"者即思也,所谓

① 王夫之:《尚书引义》卷五,《船山全书》第2册,第376页。
② 王夫之:《尚书引义》卷五,《船山全书》第2册,第377页。
③ 王夫之:《尚书引义》卷五,《船山全书》第2册,第377页。
④ 王夫之:《尚书引义》卷五,《船山全书》第2册,第377页。

"所"者即位也,《大易》之已言者也。所谓"能"者即己也,所谓"所"者即物也,《中庸》之已言者也。所谓"能"者,人之弘道者也;所谓"所"者,道之非能弘人者也,孔子之已言者也。援实定名而莫之所易矣。阴阳,所也;变合,能也。仁知,能也;山水,所也。中和,能也;礼乐,所也。①

通过王夫之这样的哲学解释,佛教哲学中能所范畴所阐述的主观与客观的关系思想,与儒家传统哲学所阐述的主观与客观的关系思想达到了视界上的融合,一方面丰富了佛教哲学的能所关系论,另一方面也使儒家偏重于道德实践的哲学思想获得了更加清晰的理论思辨性。

从现代哲学的认识论来看,王夫之在心物、心理、能所等问题的认识方面没有摆脱传统儒家,特别是宋明以来心性哲学思想框架的束缚,认为人心与天理有内在的同构性,通过尽性可以知人心中之理。但他的确又认为,存在于对象世界之中的事物之理、秩序又不能通过人的主观加以限制,使对象之理服从于人的主观营构的法则。他在《续春秋左氏传博议》卷下曾经说道:

> 有即事以穷理,无立理以限事。故所恶于异端者,非恶其无能为理也,罔然仅有得于理,因立之以概天下也。而为君子之言者,学不及而先言之,与彼同归,不已诬乎!异端之言曰:"万变而不出吾宗。"宗者,罔然之仅得者也,而抑曰"吾之宗"矣。吾其能为万变乎?如其不能为万变,则吾不出吾之宗,而非万变之不出也。无他,学未及之,不足以言而迫欲言,则罔然亦报以仿佛之推测也。②

王夫之的观点十分明确,人的正确认识只能来自对经验世界具体事实、事件的研究而探索事物之中的理则,从来没有人能够凭借主观想象设立一种理则来规定万事万物依照这种主观之理而行事。佛、老"异端"

---

① 王夫之:《尚书引义》卷五,《船山全书》第2册,第377页。
② 王夫之:《续春秋左氏传博议》下,《船山全书》第5册,第586页。

不是不能制造出种种理则,恰恰是其仅以主观狭隘的认识设定一种理则而牢笼天下。儒学当中的所谓君子们,在实际的知识探究过程还未正确地把握事物之中的理则时,就事先宣布一个所谓的理则。这种思维方式与佛、老异端的思维方式又有何不同呢?

由此,他通过批评佛、老异端的"吾宗"说,而上溯到对儒家思想史中的各种"立理以限事"的主观唯心论思想进行清算,认定历史上的"天人感应"说即属于"吾宗"类型的主观唯心论,同属于"私为理以限天,而不能即天以穷理之说也"①。在王夫之看来,真正的圣人总是在等待来学阐明自然之理,从而有助于心性之学。他说:"呜呼!日食之理,幸而灼然于后世历家之学,则古人之诐辞辨矣。使不幸而未之明焉,则为文伯之言者以终古述焉可也,恶得有灼然于心性之藏,尽出以诏天下者起乎?异端冥行摘埴之浮言,五尺童子皆得而箝其喙矣。此圣人所以有俟来学也。"②这一重视对经验世界万事万物之理进行探究的思想倾向,使得王夫之的哲学思想系统具有面向事实、面向未来的开放性。

二、知行关系

在宋明理学的传统里,程朱理学提出了"知先行后"的观点,陆王心学提出了"知行合一"的学说。然而,在王夫之看来,他们的知行理论从整体上看都有共同的缺陷,即在知行的关系上"立一划然之秩序"③,而表现出"惮行之艰,利知之易,以托足焉"④,其结果是"异尚而同归"⑤。通过对程朱、陆王知行观的双向扬弃,王夫之提出了"知行相资以为用","并进而有功"的辩证的知行观。他说:

> 诚明相资以为体,知行相资以为用,惟其各有致功而亦各有其

---

① 王夫之:《续春秋左氏传博议》下,《船山全书》第5册,第587页。
② 王夫之:《续春秋左氏传博议》下,《船山全书》第5册,第587页。
③ 王夫之:《尚书引义》卷三,《船山全书》第2册,第311页。
④ 王夫之:《尚书引义》卷三,《船山全书》第2册,第313页。
⑤ 王夫之:《尚书引义》卷三,《船山全书》第2册,第313页。

效,故相资以互用,则于其相互,益知其必分矣。同者不相为用,资于异者和同而起功,此定理也。不知其各有功效而相资,于是而姚江王氏知行合一之说得藉口以惑世。①

王夫之的意思是:诚与明相互作用以为体,知与行相互作用以为现实的功用。诚与明、知与行的功能各不相同,但正因为它们之间有分别,才有可能相互作用而产生功效。如果它们之间没有分别,如何能起到相互作用的结果呢? 王阳明的"知行合一"说恰恰在理论认识上出了偏差,将知与行二者混同了。

虽然,从整体的过程来看,知行相资,知行并进,但就人类的知识起源、人类行为的目的来说,行是第一位的,如王夫之说:

> 且夫知也者,固以行为功者也;行也者,不以知为功者也。行焉可以得知也,知焉未可以收行之效也。知焉,未可以得行之效也。……行可兼知,而知不可兼行,下学而上达,岂达焉而始学乎? 君子之学,未尝离行以为知也必矣。②

上述一段文献表明,王夫之高度肯定"行"对于人类获取知识的第一性意义。他并不是否定间接之"知"对于人的指导作用,而是强调人的社会实践、具体格物的活动对于人探求到真知的首要意义。而且从"求知"目的的角度立论,强调"知"必以行为服务对象,反对抽象的、空洞的、与人的实际生活无关的知识(当然,王夫之在这里并不是反对现代知识体系中的理论知识)。他还进一步地指出:"凡知者或未能行;而行者则无不知。且知行二义,有时相为对待,有时不相为对待。如'明明德'者,行之极也,而其功以格物、致知为先焉。是故知有不统行,而行必统知也。"③

这就表明,王夫之是从儒家重视社会实际功效的角度谈论知行问题

---

① 王夫之:《礼记章句》卷三十一,《船山全书》第 4 册,第 1256 页。
② 王夫之:《尚书引义》卷三,《船山全书》第 2 册,第 314 页。
③ 王夫之:《读四书大全说》卷六,《船山全书》第 6 册,第 817 页。

的,带有鲜明的时代特色。处在明末清初的社会与政治环境里,首先需要的是能对现实社会产生直接正面作用的知识,而不是空洞的理论知识与只服务于个人心性修养的体验性之知。

最后,他批评"离行以为知"的理论道:

> 离行以为知,其卑者,则训诂之末流,无异于词章之玩物而中陋焉;其高者,瞑目据梧,消心而绝物,得者或得,而失者遂叛道以流于恍惚之中。异学之贼道也,正在于此。①

从上述的批评性言论可以看到,王夫之的知行关系论是服务于明末清初重整社会与政治秩序的现实需要的。虽然,他仍然是在传统儒家的道德之知与道德践履的大框架下来讨论知行关系,与现代哲学从认识与实践的角度来讨论知行关系还有相当大的距离。然而,他强调了行的第一要义,在他那个充满着奇诡变数的时代里尤其具有积极意义。而现代认识论框架下的"实践出真知"的思想与王夫之"行可兼知"的理论命题,也具有内在的理论上的可通约性。

第三节　王夫之的伦理学与政治哲学思想

在王夫之之前,中国的人性论思想已经相当丰富了。性善、性恶、不善不恶、性三品说等观点皆有丰富的内容。宋明理学又提出"气质之性"与"义理之性"的观点。王夫之人性论的突出贡献在于:他第一次明确而系统地从日常生活的动态过程角度论证人性的变化、发展的特征,提出了"性者,生理也,日生则日成也",以及"习与性成"的观点。

一、"性者,生理也,日生则日成也"

与传统的人性论思想不同,王夫之着重从社会生活的动态角度来阐明人性永远处于一种形成的过程之中的特性。这一人性论思想将人看

---

① 王夫之:《尚书引义》卷三,《船山全书》第 2 册,第 314 页。

作是一非现成的、未完成的活动者,较真实地揭示了人之为人的特性。

首先,他从人性的来源角度分析了人性与天道、与天命的内在关系。他说:"惟天有道,以道成性,性发知通。"①而对《易传》"一阴一阳之谓道,继之者善也,成之者性也"一语,他着重从"成性"的角度予以发展,凸显了人类所具有的潜在的发展能力。他说:"天命之谓性,命日受则性日生矣,目日生视,耳日生听,心日生思。……是以君子自强不息……以养性也。"②

王夫之在这里所说的人性中之"命",并非传统哲学中讲的绝对的天命或偶然性的命运,因而不是一成不变的"命"。他只是借助传统哲学中"命"的概念揭示人受制于一种不可抗拒的外在力量的影响。但这种不可抗拒的外在力量的影响也使得人积极应对而使人性有所变化。因此,人性也就不是初生的"天命"降落在具体个人身上的先天规定性,而是一种不断应对天道之作用的能动性的产物。如王夫之说:"天日临之,天日命之,人日受。命之自天,受之为性。终身之永,终食之顷,何非受命之时? 皆命也,皆性也。天命之谓性,岂但初生之独受乎?"③

王夫之一再反对将人性看作是初生所禀的说法,他说:

> 天命者,岂但初生之顷命哉? ……二气之运,五行之实,始以为胎孕,后以为长养,取精用物,一受于天产地产之精英,无以异也。形日以养,气日以滋,理日以成。方生而受之,一日生而一日受之……故天日命于人,而人日受命于天。故曰:性者,生也;日生而日成也。④

上述引文中的"天日命于人"之"天",亦非自然之天或命运之天,而是合天人而言的外在客观力量之方便说法。王夫之的思想体系中,其

---

① 王夫之:《张子正蒙注》卷一,《船山全书》第 12 册,第 33 页。
② 王夫之:《尚书引义》卷三,《船山全书》第 2 册,第 301 页。
③ 王夫之:《尚书引义》卷三,《船山全书》第 2 册,第 301 页。
④ 王夫之:《尚书引义》卷三,《船山全书》第 2 册,第 299—300 页。

"天"的概念既指自然之天，也指"人之天"。而"人之天"中又可细分为圣贤之天与民之天。因此，"人日受命于天"，其实即是讲人主动应对外在客观力量的作用而不断地长养人性。因此人性就是一个"日生日成"的动态过程。既然人性是"日生日成"，故人性始终处在变化之中。所以王夫之又认为，性日生日成，已成可革。如他说："惟命之不穷也而靡常，故性屡移而易。抑惟理之本正也，而无固有之疵，故善来复而无难。未成可成，已成可革。"①而人性之成之革都是基于人的内在主动接受与应对天命的结果，并非是由一全智、全能、全善的外在神秘力量教化或指引所致。

其次，从人的能动性来看，王夫之认为，人性是人在具体的生活中不断选择的结果，因而人性是"习与性成"的结果。他说："生之初，人未有权也，不能自取而自用也。惟天所授，则皆其纯粹以精者矣。天用其化以与人，则因谓之命矣。已生之后，人既有权，能自取而自用也。自取自用，则因乎习之所贯，为其情之所歆，于是而纯疵莫择矣。"②

因此，人性实是先天之性与后天之性的合成，即"先天之性天成之，后天之性习成之也"③，"习与性成者，习成而性与成也"④。

既然"习成而性与成"，则先天之善不能保证人性之善；而后天之"习中亦有驳杂之恶"，特别是"因乎习之所贯，为其情之所歆"，以至于"纯疵莫择"，道德理性被遮蔽之时，人性亦可以在习之中养成恶的习惯。这就要求人用自己的道德自由意志去继善、去择善，然后"守之以养性也"。如王夫之说："然则饮食起居，见闻言动，所以斟酌饱满于健顺五常之正者，奚不日以成性之善；而其卤莽灭裂以得二殊五实之驳者，奚不日以成性之恶哉？"⑤

---

① 王夫之：《尚书引义》卷三，《船山全书》第 2 册，第 301 页。
② 王夫之：《尚书引义》卷三，《船山全书》第 2 册，第 300 页。
③ 王夫之：《读四书大全说》卷八，《船山全书》第 6 册，第 946 页。
④ 王夫之：《尚书引义》卷三，《船山全书》第 2 册，第 299 页。
⑤ 王夫之：《尚书引义》卷三，《船山全书》第 2 册，第 302 页。

正是从"继善成性","习成而性与成"的动态发展的人性论观点出发,王夫之批评了历史上各种人性论思想的理论缺陷。他说:"故专言性,则三品、性恶之说兴;溯言善,则天人合一之理得;概言道,则无善无恶,无性之妄又熸矣。"①在王夫之看来,这些人性论的谬误正在于"悬一性于初生之顷,为一成不易之俐,揣之曰:'无善无不善'也,'有善有不善'也,'可以为善可以为不善'也,呜呼! 岂不妄与!"②

由上所论可知,王夫之的人性论对传统哲学中的各种人性论思想进行了合理的扬弃,在"天人合一"的思维框架下,给人的主体性、自由意志一个十分重要的位置,吐露出近代人性论的思想光芒。他运用的是古色古香的语言,如天命、五常之性等,所表达的却是充满着健动日新的近代性的思想光芒。虽然如此,他的人性论仍然局限于中国传统哲学的个体道德实践层面,未能清楚地阐述个人与社会的交互作用,特别是一定状态下的生产与生活方式对于人性的影响,因而与现代哲学特别是马克思主义哲学从社会实践角度论述人性不断生成变化的思想,还有相当大的距离。正是从此角度说,王夫之的人性论仍然是抽象的人性论。

二、天理"必寓于人欲以见"的理欲观

与宋明理学把"天理"与"人欲"对峙起来的伦理学思想不同,与李贽简单地将穿衣吃饭视作人伦、物理的新伦理学思想亦有差异,王夫之的伦理学则把人欲看作是天理的基础,天理看作是对人欲的规范。这一带有辩证思维特色的"天理人欲观",从思想发展史的角度看,正好是对宋明理学和李贽新伦理学思想的双向扬弃,表现出明末清初之际大思想家"推故而别致其新"的思想特征。

---

① 王夫之:《周易外传》卷五,《船山全书》第 1 册,第 1008 页。
② 王夫之:《尚书引义》卷三,《船山全书》第 2 册,第 302 页。

王夫之的伦理学思想可以从四个层面来加以认识:其一,人欲为天理之基础,天理乃是对人欲之规范,二者同根而异用;其二,人欲并不只是人的自然欲望,一般意义上的维持生理生命的食色行为,实乃是社会化之需求,故"甘食悦色,天地之化机也";其三,欲有公私,去私欲而尽公欲;最后,"我者,大公之理所凝也"①,在道德主体的方面挺立了理性个体的价值。

第一,天理"必寓于人欲以见"。有关理与欲之间的关系,王夫之有很多的论述,然其主要思想是强调"人欲"是"天理"的基础。他认为:"礼虽纯为天理之节文,而必寓于人欲以见"。"故终不离人而别有天,终不离欲而别有理也。离欲而别为理,其释氏为然,盖厌弃物则而废人之大伦矣。"②上述两则引文表明,王夫之绝对不孤立的谈论天理与人欲的问题,而总是从人的角度来谈论"天理"在人性中的呈现。离却了人与人欲的天理,即使是存在的,也是没有意义的。甚至是王夫之视为异端的佛教,其实也没有离开人欲来谈论"理"。所不同的地方在于,佛教通过对人、人欲的否定来谈论"理"或佛理。

与宋明理学不同,王夫之不仅不否定人欲,而且还认为"饮食男女之欲,人之大共也"。如果这种人欲体现了人的公共性的需求,则是最高的天理。如他说:"人欲之大公,即天理之至正。"在王夫之看来,谁要是看轻了这种"大公"之人欲,亦即是看轻"天理"的价值。故王夫之说:"吾惧夫薄于欲者亦薄于理,薄于以身受天下者之薄于以身任天下也!"③这一段话的后半句很像《老子》所言:"故贵以身为天下,若可寄天下;爱以身为天下,若可托天下。"王夫之的意思是说,那些看轻自己身体需要而接受治理天下之责任的人,恐怕也看轻自己对于天下的责任。由此可见,王夫之非常巧妙地吸收了道家重身的政治思想,将其与儒家的治天下的责任政治观念结合起来了。

---

① 王夫之:《思问录·内篇》,《船山全书》第 12 册,第 405 页。
② 王夫之:《读四书大全说》卷八,《船山全书》第 6 册,第 913 页。
③ 王夫之:《诗广传》卷二,《船山全书》第 3 册,第 374 页。

第二，"甘食悦色，天地之化机也"。王夫之说："君子敬天地之产而秩其分，重饮食男女之辨而协以其安。苟其食鱼，则以河鲂为美，亦恶得而弗河鲂哉？苟其娶妻，则以齐姜为正，亦恶得而弗齐姜哉？"[1]又说："甘食悦色，天地之化机也。老子所谓犹橐籥动而愈出者，谓天地以万物为刍狗者也，非天地之以此刍狗万物，万物自效刍狗尔。"[2]

在王夫之看来，人们对美色美味的追求，是天地大化的根本秘密之所在。万物相对于人的需要而言，只不过是如祭祀的牺牲品——刍狗一般，随着人们需求的变化而由必需的东西转变为过时的东西。人性的充分发展，正在于"入五色而用其明，入五声而用其聪，入五味而观其所养"，然后"可以周旋进退，与万物交，而尽性以立人道之常"。[3] 如果人们不懂得"甘食悦色"的"天地之化机"，将出现可怕的后果："恃天之仁而违其仁，则去禽兽不远矣"[4]。

王夫之强调人的欲望与人类文明之间的密切关系，虽然还不能说已经从社会实践角度阐述人的欲望的社会历史性特征，但毕竟比宋明理学只简单地肯定人的自然食色之性，否定人们追求"美色美味"的文明性特征，已经有了巨大的理论进步。在这一点上，王夫之远远地超越了朱子的思想认识，而与现代社会所追求、所肯定的观念更加接近。

第三，"天下之公欲即理也"。慎别人欲之中的公私之异是王夫之伦理学思想的又一个显著特点。正是这一点，使得他的思想既不同于宋明理学抽象的崇公抑私的思想，亦不同于李贽一味地肯定人性之私具有合理性的思想。就其哲学概念的内涵而言，王夫之所说的"公"不是宋明理学所说之"公"，在社会政治哲学层面，究其实乃是李贽、黄宗羲、顾炎武等人所说的"万民之私"。他说："天下之公欲，即理也；人人之独得，即公

---

① 王夫之：《思广传》卷二，《船山全书》第 3 册，第 374 页。
② 王夫之：《思问录·内篇》，《船山全书》第 12 册，第 405 页。
③ 王夫之：《尚书引义》卷六，《船山全书》第 2 册，第 409 页。
④ 王夫之：《思问录·内篇》，《船山全书》第 12 册，第 406 页。

也。道本可达,大人体道,故无所不可达之于天下。"①

他又说:"人欲之各得,即天理之大同,天理之大同,无人欲之或异。"②因此,王夫之表面上仍沿袭了宋明理学的一些概念,但这些概念在具体的内容上与宋明理学已经有本质的不同。王夫之认为,人的"意欲",即个人对食色的贪求之欲,乃为"私欲",这种"私欲"不能代表天下人之"公欲",故"天理""不行意欲之中"。他在解释张载"天人异用,不足以言诚"这句话时,认为"理,天也;意欲,人也。理不行于意欲之中,意欲有时而逾乎理,天人异用也"③。在《读四书大全说》中,他又说:"只理便谓之天,只欲便谓之人。饥则食、寒则衣,天也。食各有所甘,衣亦有各有所好,人也。但以'食不厌精'、'不及绀緅饰'两章观之,则以此而裁成万物,辅相天地,忠动以天,恕亦动以天矣。"④

由此上引文献可知,王夫之在天理人欲关系问题上的论述,其思想内涵极其深邃、复杂。一方面,他主张"于天理达人欲,更无转折"。另一方面他又主张"于人欲见天理,须有安排"。于是可以看出仁与恕的区别。⑤ 因此,当他说"私欲净尽,天理流行,则公矣"这句话时,其所说的"公"其实亦即黄宗羲政治哲学中的"公天下"之"公",顾炎武"合私成公"之"公",可以理解为万民之所同然的欲求。⑥ 这种同然的欲求即是上述引文中所讲的"饥则食、寒则衣,天也"的公共性的欲望。而他所说的"意欲",则只是人的个别性的、特别是不符合礼制要求的过分欲望,与万民的公共性需要——如安居乐业,老有所养,幼有所教等内容是不同的。

第四,"我者,大公之理所凝也"。王夫之的伦理思想严格地将道德主体之"我"与狭隘的功利性的"私"区分开来。在《思问录·内篇》,王夫

---

① 王夫之:《张子正蒙注》卷四,《船山全书》第 12 册,第 192 页。
② 王夫之:《读四书大全说》卷四,《船山全书》第 6 册,第 641 页。
③ 王夫之:《张子正蒙注》卷三,《船山全书》第 12 册,第 113 页。
④ 王夫之:《读四书大全说》卷四,《船山全书》第 6 册,第 641 页。
⑤ 王夫之:《读四书大全说》卷四,《船山全书》第 6 册,第 641 页。
⑥ 张岱年先生认为,王夫之的"公欲""公理"说似乎有矛盾,如《思问录·内篇》中说:"天下之公欲即理也。"(《张岱年文集》)

之明确地说"有我之非私"。他认为,在道德实践中,如果忽视道德义务承担的主体之"我",则会使整个道德规范失去载体,使伦理学迷失方向:"于居德之体而言无我,则义不立而道迷。"①他甚至更思辨地说道:"言无我者,亦于我而言无我尔,如非有我,更孰从无我! 于我而言无我,其为淫遁之辞可知。"②意思是说,那些主张无我的人,正是有一个言说着的"主体之我"存在着,如果连这个主体的言说之"我"都不存在,从何谈得上有"无我"的说法呢! 由此可知,在道德义务承担的问题上大谈所谓的"无我",一定是虚妄不实之辞! 仅就道德义务承担的问题而言,王夫之高度肯定"我"的价值,把"我"看作是"大公之理所凝也"的道德之体,认为"我者,德之主,性情之所持也"。③ 通过这一道德主体之我去在"天理人情上絜著个均平方正之矩,使一国率而繇之"④。"以我自爱之心,而为爱人之理,我与人同乎情也,则亦同乎其道也。人欲之大公,即天理之至正矣。"⑤这样的情况下,人们就能超越"小我"的局限性,展示出人伦的光辉。

从本质上说,王夫之挺立道德主体个性特征,与早期李贽所呼唤的"各从所好、各骋所长"的个性解放思想,在精神内涵上有其一致性的地方。李贽歌颂历史上不拘陈套的英雄人物,王夫之亦歌颂"英尤""果敢机谋"之士,批评历代统治者使人变成"拘恚巽谨之人"的奴才哲学,在《俟解》一书中,王夫之严厉地批判了老子的"返朴"之说,认为这种学说简直是教人"养不死之躯以待尽","自鬻为奴,穿窬为盗",是绝灭"人之生理在生气之中"。⑥ 王夫之还说:"惟主阳以用壮,大勇浩然,亢王侯而非忿;情宾阴而善感,好乐无荒,思辗转而非欲"⑦。这一道德主体的个体

① 王夫之:《思问录·内篇》,《船山全书》第12册,第418页。
② 王夫之:《思问录·内篇》,《船山全书》第12册,第417页。
③ 王夫之:《诗广传》卷四,《船山全书》第3册,第448页。
④ 王夫之:《读四书大全说》卷一,《船山全书》第6册,第439页。
⑤ 王夫之:《四书训义》卷三,《船山全书》第7册,第137页。
⑥ 王夫之:《俟解》,《船山全书》第12册,第487页。
⑦ 王夫之:《周易外卷》卷三,《船山全书》第1册,第924页。

是在尊重生理自然具有的生气与生机的前提之下,在动态的活动中来发展人性,所谓"才以用而日生,思以引而不竭"①。故王夫之呼唤"明日之吾":"已消者已鬼矣,且息者固神也。则吾今日未有明日之吾而能有明日之吾者,不远矣。"②这种尊"我"的积极伦理学思想,正是中华民族精神在明清易代的特殊时代条件下呼唤个性觉醒的哲学表达。它既继承了传统"易学"尊生、主动、尚变的思想,又将其变化的方向指向了未来。当然,这种以"贵我"方式表达出来的尊重个性的思想,还不同于近现代西方发展出来的原子论式的个性主义,但也不同于传统儒家精英主义的君子式的道德英雄。其所包含的下层平民气息与道德自救色彩,与晚明社会儒学下移运动所唤起的下层士人的觉醒有密切的内在关系。

三、王夫之的政治哲学思想

王夫之政治哲学的灵魂是"生民之生死"高于"一姓之兴亡"的民本主义(也可以说是人道主义)精神,并以此民本主义精神为核心而表现为"公天下"的政治理想。其反君主专制政治的政治批判思想以及各种具体的政治制度设想,均是这一政治哲学思想的合理延伸。

(一)"一姓之兴亡,私也,而生民之生死,公也"

处在民族矛盾极端激化的明末清初之际,王夫之政治哲学思考的现实出发点就是民族的自存与自维。这种民族自存与自维的现实要求使得王夫之的政治哲学在语言的表达方面带有强烈的汉民族自尊自大的色彩,但我们要充分理解王夫之时代汉民族的艰难处境——遭到关外满族贵族政权的严重威胁。然而他在维护汉民族生存的自然权利的要求下却阐发出了超越这一具体历史要求,带有极强的人民性与现代民主性色彩的新思想光芒。

首先,他突破正统儒家的纲常名教,反对将君臣大义看得高于一切

---

① 王夫之:《周易外传》卷四,《船山全书》第1册,第948页。
② 王夫之:《思问录·外篇》,《船山全书》第12册,第434页。

的政治伦理思想,提出了"不以一时之君臣,废古今夷夏之通义"①的民族大义至上的观念和"一姓之兴亡,私也,而生民之生死,公也"②的新民本主义(实即人道主义)的政治伦理原则。在民族主义与人道主义的新政治伦理原则之下,王夫之甚至说"宁丧天下于庙堂,而不忍使无知赤子窃窃弄兵以相吞啮也"③,这就将以往被看作是至高无上的君臣之义——政治伦理加以颠覆,使人的生命和族类的生存上升为至高无上的原则,从而体现了以人的生命和族类的生存为至上的人道主义的政治伦理理想。这一新的政治伦理在其史评中多次表现出来,如《读通鉴论》卷十一,他这样说道:

> 天下,非一姓之私也,兴亡之修短有恒数,苟易姓而无原野流血之惨,则轻授他人而民不病。魏之授晋,上虽逆而下固安,无乃不可乎!④

这一"生民之命高于一姓天下之兴亡"的政治伦理思想,在服务于后期君主专制的僵化的社会里固然是不可接受的,然而这一新思想又是传统民本思想里可以引申出的理论观点。当然,王夫之在这里并没有激进到鼓励臣下犯上作乱,以至于篡权的地步,他是在两难的取舍中提出了这种思想。在正常的情境下王夫之还是坚守君臣之义的,但王夫之的"君臣之义"前提又是重视生民之命这一理想中的先王与其大臣的伦理关系,表明王夫之具有将人道主义的理想与君臣之义统一起来的思想意图。因此,他的观点与李贽"奖谯周、冯道"这种激进的新民本主义政治观,还是有明显的区别的,也因此他对李贽所论大加斥责。⑤

尽管如此,王夫之"公天下"的政治理想仍然值得我们加以大力的阐扬。他提出的某些政治哲学的原则在今天仍然有一定的启迪意义。如他说:

---

① 王夫之:《读通鉴论》卷十四,《船山全书》第10册,第536页。
② 王夫之:《读通鉴论》卷十四,《船山全书》第10册,第669页。
③ 王夫之:《读通鉴论》卷十四,《船山全书》第10册,第669页。
④ 王夫之:《读通鉴论》卷十一,《船山全书》第10册,第416页。
⑤ 有关此点所论详见萧萐父、许苏民《王夫之评传》,第401—404页。

有一人之正义，有一时之大义，有古今之通义；轻重之衡，公私之辨，三者不可不察。以一人之义，视一时之大义，而一人之义私矣；以一时之义，视古今之通义，而一时之义私矣。公者重，私者轻矣，权衡之所自定也。三者有时而合，合则亘千古、通天下、而协于一人之正，则以一人之义裁之，而古今天下不能越。有时而不能交全也，则不可以一时废千古，不可以一人废天下。①

在上述文献里，王夫之看出了政治伦理中的三个不同层次的关系，"一人之义"属于君臣伦理中具体的国君与具体的大臣之间的关系，如历史上的管仲与后来的齐桓公之间的关系，带有个人之间的交谊的性质，属于政治伦理中的个案。"一时之大义"则是特殊历史时期的政治伦理，如秦汉以后第一个朝代内部的"君臣之义"。这一时期的"君臣之义"不能用来衡量战国时代的君臣关系，也不能用来衡量现代民主社会里国家最高领导人与其他属僚之间的关系。而"天下之通义"则是"生民之生命"高于一切所谓的政治伦理关系，即使在今天的政治生活里，人的生命财产还是一切政治伦理必须予以让步的根本政治原则。凡是违背这一政治原则——义的政治伦理与政治行为，都是不正义的，因而都是需要加以谴责的。王夫之提出的"不可以一时废千古，不可以一人废天下"的政治伦理原则，在今天的国内与国际政治关系中，仍然具有原则上的正确性与有效性。

在"公天下"的政治理想前提之下，王夫之肯定"君臣者，义之正者也"的政治伦理，但如果"君非天下之君，一时之人心不属焉，则义徙矣。此一人之义，不可废天下之公也"②。当然，王夫之的夷夏之别的政治伦理尤其严格，故他又说："为天下所共奉之君，君令而臣共，义也；而夷夏尤严者也。……不以一时之君臣，废古今夷夏之通义。"③他将"夷夏之

① 王夫之:《读通鉴论》卷十四,《船山全书》第 10 册,第 535 页。
② 王夫之:《读通鉴论》卷十四,《船山全书》第 10 册,第 536 页。
③ 王夫之:《读通鉴论》卷十四,《船山全书》第 10 册,第 536 页。

别"看作是"古今之通义",这一观点需要作具体的分析。在王夫之的思想体系中,夷夏之别实际上是文明与野蛮之别,与今天社会所盛行的民族主义思想并不相同。他自认为华夏文化代表文明,而少数民族地区代表落后与野蛮。这种说法在今天看来包含有汉民族自尊自大的思想成分,但在当时的历史条件下,王夫之的这一说法基本上也是符合历史事实的。以汉民族为主体的华夏民族在当时的历史条件下,的确代表了文明的一方。不过,即使如此,在当今世界多元文化共存的局面下,王夫之过分强调文明之间的区别,忽视其中的可沟通性以及不同形态文明之中的合理因素,这一思想并不足取。

在"公天下"的政治理念之下,王夫之还对传统政治体制——郡县与封建两种体制的得失进行了认真的哲学反省,他说:

> 郡县者,非天子之利也,国祚所以不长也;而为天下计,则害不如封建之滋也多矣。呜呼! 秦以私天下之心而罢侯置守,天假其私以行其大公,存乎神者之不测,有如是夫!

> 若夫国祚之不长,为一姓言也,非公义也。秦之所以获罪于万世者,私己而已矣。斥秦之私,而欲私其子孙以长存,又岂天下之大公哉![1]

通过这一哲学反省,他高度肯定了"郡县制"这一政治制度的历史进步意义,认为这一政治制度对于天下万民更加有利,对于统治集团的国命却更加不利。这一通过制度比较而得出的具体结论,对于今天思考当代中国政治制度建设亦具有理论上的借鉴意义,即我们应当从什么样的原则出发来思考政治制度的建设问题。

在"一姓之兴亡,私也,生民之生死,公也"的人道主义政治理念之下,王夫之还对传统政治伦理中具体的"忠义"原则进行了深刻的哲学反思,对"臧洪杀妾"式的"义"、"张巡杀妾"式的"忠",均作了严正的批判。

---

[1] 王夫之:《读通鉴论》卷一,《船山全书》第 10 册,第 68 页。

臧洪杀妾之事载于《后汉书》,对此历史事实,王夫之批判道:

> 张巡守睢阳,食尽而食人,为天子守以抗逆贼,卒全江、淮千里之命,君子犹或非之。臧洪怨袁绍之不救张超,困守孤城,杀爱妾以食将士,陷其民男女相枕而死者七八千人,何为者哉?……洪以私恩为一曲之义,历不顾身,而一郡之生齿为之併命,殆所谓任侠者与! 于义未也,而食人之罪不可逭矣。①

通过臧洪之事,王夫之进一步反省道:

> 天下至不仁之事,其始为之者,未必不托于义以生其安忍之心。洪为之而死于侠,巡效之而死于忠,于是而朱粲之徒相因以起。浸及末世,凶岁之顽民,至父子、兄弟、夫妻相噬而心不戚,而人之视蛇蛙也无以异,又何有于君臣之分义哉?②

很显然,王夫之认为,任何伦理行为必以仁爱为其根基,凡是违背仁道的所有伦理行为,都是一种异化的伦理。而仁爱、仁道的基本要求就是平等地尊视、尊重每个个人的生命价值,不得以任何理由来残杀他人的生命以实现所谓的伦理目标。这可以说是王夫之政治伦理思想最为核心的观念。这一核心观念是基于原始儒家的仁学观念而阐发出的,具有更加鲜明的人道主义色彩。由此思想基点出发,王夫之对臧洪的"异化之义"给予了严厉的批判与声讨:"孟子曰:'仁义充塞,人将相食。'夫杨、墨固皆于道有所执者,孟子虑其将食人而亟拒之,臧洪之义,不足与杨、墨,而祸烈焉。君子正其罪而诛之,岂或贷哉!"③

王夫之的意思是说,对于臧洪这种假"义"之名而实际上做的是违背人伦的基本准则,残杀无辜之人的人,要明确地给他加上反人类的罪名而予以诛杀,以正视听。

---

① 王夫之:《读通鉴论》卷九,《船山全书》第 10 册,第 352 页。
② 王夫之:《读通鉴论》卷九,《船山全书》第 10 册,第 352 页。
③ 王夫之:《读通鉴论》卷九,《船山全书》第 10 册,第 353 页。

与臧洪之事类似而性质稍有不同的是"张巡杀妾"一事。《旧唐书》卷一八七下《忠义传》记载,安史之乱时,张巡守睢阳城,该城被围很久,粮食殆尽,易子而食,张巡于是将自己的妾拉出来,当作将士们的面杀掉,以飨将士,随后又搜索全城的妇女、男性老人以及小孩,约二三万人口,全部杀掉,以充军粮。睢阳城是保住了,然而大量无辜的妇女、儿童、老人却无辜的成为专制政权的牺牲品。对于此事,王夫之愤怒地谴责道:

> 夫人之不忍食人也,不待求之理而始知其不可也,固闻言而心悸,遥想而神惊矣。于此而忍焉,则必非人而后可。①

王夫之的观点十分明确,君臣、父子之伦,必以尊重每个个人生命为其基本底线,突破此一基本的人伦底线,都是不允许的。"守孤城,绝外救,粮尽而馁,君子于此,唯一死而志事毕矣。臣之于君,子之于父,所自致者,至于死而蔑以加矣。过此者,则愆尤之府矣,适以贼仁戕义而已矣。无论城之存亡也,无论身之生死也,所必不可者,人相食也。"②

叛逆的政治与军事行动,所夺取者在于现实的政治权力,所破坏者乃是现存的政治秩序。维护现实政治秩序的目的也在于维护百姓的基本日常生活秩序。如果为了一姓王朝的政治秩序去屠杀无辜的百姓,这样的现实政治力量、军事力量甚至还不如叛逆者。这便是王夫之的结论。因此,王夫之对于张巡杀人以守城的极端错误的做法给予了严厉的批判,认为这种行为根本不符合政治伦理中"忠"的原则,而恰恰是"贼仁戕义"。虽然,就"一时之义"而言,"若张巡者,唐室之所可褒,而君子之所不忍言也"③。但从"天下万民"的生命高于一切的政治伦理角度看,张巡的行为绝对不值得肯定,相反,还应当受到严厉的批判。王夫之这些史论所表现出的政治哲学思想,上直承原始儒家的仁爱思想,下可接续

---

① 王夫之:《读通鉴论》卷二十三,《船山全书》第 10 册,第 872 页。
② 王夫之:《读通鉴论》卷二十三,《船山全书》第 10 册,第 872 页。
③ 王夫之:《读通鉴论》卷二十三,《船山全书》第 10 册,第 872 页。

近现代的人道主义的政治理想，与同时代黄宗羲的进步政治理想具有高度的一致性，并与后来袁枚等人的进步政治思想也具有高度的一致性。

（二）对"正统"与"道统"的辨析

"正统"主要是讲政治权力的获取及其使用的正当性问题，而"道统"是讲学术话语源头的正当性与合理性问题，往往是为政治上的"正统"论服务的，但也不完全一致。汉代董仲舒的"三统三正"说是"正统"论的较早来源，朱熹也肯定"正统"，说"岁周于上而天道明矣，统正于下而人道定"①，并说"只天下为一，诸侯朝觐，狱讼皆归，便是正统"②。仅就朱子的这些片言只语来看，其"正统"论基本上是符合儒家传统的"王道"思想的。王夫之的政治思想十分复杂，他自己有时也讲"治统"与"道统"问题。但其在晚年则集中批判"正统"论与"道统"论，体现了王夫之哲学新的突破旧的一面。③ 他批判"正统"论道：

> 正统之论，始于五德。五德者，邹衍之邪说，以惑天下，而诬古帝王以征之，秦汉因而袭之，大抵皆方士之言，非君子之所齿也。④

王夫之不相信"正统"论，认为这是基于"五行"理论基础上的一种方术之士的观点，恰恰为后世以暴力手段夺取政治统治权提供了一种口实罢了。政治理性应当建立在"君天下之道"的根本政治哲学原理之上，以生民之命，生民之忧乐的关怀为核心内容，而不在于一姓之私的王朝之兴亡。他说：

> 舍人而窥天，舍君天下之道而论一姓之兴亡，于是而有正闰之辨，但以混一者为主。故宋濂作史，以元为正，而乱大防，皆可托也。……晋之篡立，又奚愈于魏、吴，而可继汉邪？⑤

① 朱熹：《资治通鉴纲目序》，《朱子文集》第 75 册，陈俊民校订，第 3785 页。
② 黎靖德编：《朱子语类》第 7 册，王星贤点校，第 2636 页，北京，中华书局，1994。
③ 参见萧萐父、许苏民《王夫之评传》，第 445 页。
④ 王夫之：《读通鉴论》卷十六，《船山全书》第 10 册，第 610 页。
⑤ 王夫之：《读通鉴论》卷十六，《船山全书》第 10 册，第 611 页。

他进一步从"统""正"之范畴的意义分析与王朝权力变更的历史过程的双重角度批判历史上所谓的"正统"论,说道:

> 统之为言,合而并之之谓也,因而续之之谓也。而天下之不合与不续也多矣!盖尝上推数千年中国之治乱以迄于今,凡三变矣。当其未变,固不知后之变也奚若,虽圣人弗能知也。①

而他对"正统"之"正"完全做了一个新的政治哲学的阐述,以公为正,说道:

> 天下之生,一治一乱。当其治,无不正者以相干,而何有于正?当其乱,既不正矣,而又孰为正?有离,有绝,固无统也,又何正不正之云邪?以天下论者,必循天下之公,天下非夷狄盗逆之所可尸,而抑非一姓之私也。②

相对于儒家思想史上的各种"正统"论而言,王夫之始终抓住"公天下"的核心政治理念,对各种形式的"正统"论加以批判。而处在明清易代的特殊历史时期,他的政治哲学始终带有强烈的汉民族主义的情结,将正统论与华夏夷狄论联系起来,有其理论上的局限性。但是,他的政治哲学思考正是在维护汉民族政治文明的过程中展开了带有现代民主政治意味的天下、国家思想的论述,超越了传统一姓之私的家天下的政治观念。

"道统"论滥觞于孟子,成形于韩愈,在宋儒,特别是程朱理学的思想体系里得到了极其充分的发展。宋明以前的"道统"论为儒家文化争取正统的学术地位;宋明以后的"道统"论逐渐发展成为专制政治的理论基础,从而构成专制政治意识形态的重要组成部分。王夫之不认同二程、朱熹的"道统心传"或"孔门传授心法"的"道统"论,说道:

> 古今此天下,许多大君子或如此作来,或如彼作来,或因之而加

---

① 王夫之:《读通鉴论》卷末,《船山全书》第 10 册,第 1176 页。
② 王夫之:《读通鉴论》卷末,《船山全书》第 10 册,第 1177 页。

密，或创起而有作，岂有可传之心传，直指单传，与一物事教奉持保护哉！①

王夫之不承认儒家思想上有"直指单传"、以心传心的唯一"道统"，而且明确地说，"道统"绝非像某一具体"物事"那样教给后人，从而让后人"奉持保护"。他甚至非常尖锐地指出，凡以尧舜为名而论"道统"者，都是以"镇压人心"为目的的，如他说：

> 故学者之言学，治者之言治，奉尧、舜以为镇压人心之标的；我察其情，与缁黄之流推高其祖以树宗风者无以异。韩愈氏之言曰，"尧以是传之舜，舜以是传之禹"，相续不断以至于孟子。愈果灼见其所传者何道邪？抑仅高举之以夸其所从来邪？②

王夫之将儒学传统内部奉持"道统论"者视之为道教与佛教系统内部"推高其祖以树宗风"之流一样，都是故意制造宗派，对于儒学的发展、儒家学术与政治思想的发展均无益处。他还这样说道：

> 王者创制显庸，有传德而无传道也。体仁以长人，利物以和义，嘉会以合礼，贞固以干事，君子行此四德耳。千圣之教，百王之治，因天因人，品之节之，分之合之，以立一代之规模者，不度其终以善其始，乃曰吾固以前王为师，是犹操舟者见上游之张帆，而张之于下游，不背于彼之道而背于其道也矣。故传道者非道也。③

在王夫之看来，政治之道恰恰在于要为民谋现实的福利，故尔通过积德的活动而去传德，不是递相授受所谓的"道统"。历史条件不同，治理国家的法则也不同，如果依样画葫芦，表面上是继承前王之道，实际上是违背前王之道。既然在具体的政治实践中是"传道者非道"，那么在理论上哪里有什么"道统"呢？政治活动的目的就在于具体的历史条件下

---

① 王夫之：《读四书大全说》卷九，《船山全书》第 6 册，第 1029 页。
② 王夫之：《宋论》卷六，《船山全书》第 11 册，第 153 页。
③ 王夫之：《尚书引义》卷五，《船山全书》第 2 册，第 395—396 页。

为民众谋取福利，就是积德而传德的活动，而不是争抢什么"道统"。

王夫之虽然不相信"道统"论，但他相信有"治道"，并且认为"治道之极致，上稽《尚书》，折以孔子之言，而蔑以尚矣。其枢，则君心之敬肆也；其戒，则怠荒刻覈，不及者倦，过者欲速也；其大用，用贤而兴教也；其施及于民，仁爱而锡以极也"①。又说："以仁守天下，以义经天下，阅千古而莫能易者也。"②

上述王夫之所说的"治道"，其实就是他理想中的仁义之正道。只有从"仁义之正道"出发，才是千古不变的大经大法。在此大经大法的指导下，具体的政治制度、规则都可以因时因地而变。如王夫之说："以古之制，治古之天下，而未可概之今日者，君子不以立事；以今之宜，治今之天下，而非可必之后日者，君子不以垂法。古封建、井田、朝会、征伐、建官、颁禄之制，《尚书》不言，孔子不言。岂德不如舜、禹、孔子者，而敢以记诵所得者断万世之大经乎！"③

王夫之的观点很明确，历史条件不同，治理天下国家的政治原则及其制度是不一样的。就具体的制度而言，每一代高明的执政者都不要试图为后世"垂法"。这就是《尚书》、孔子不讨论具体的"封建、井田、朝会、征伐、建官、颁禄之制"的道理。而后来的儒者，又岂能用自己的"记诵之学"来裁断万世的大经大法呢？而所谓的万世大经大法其实是"无法之法"，仅以仁义为经为法而已。

（三）"恃一之耳目以弱天下"——王夫之对专制政治的批判

与同时代黄宗羲、顾炎武对专制政治的批判思路不同，王夫之将专制政治的发端上溯到儒家所尊奉的文王那里，体现了王夫之思想的深刻与独到之处。在《尚书引义》卷五《立政周官》一文里，他以非常隐曲之笔批评了周文王罢除宰相之位，开创政治集权的先例，并在文章的最后提出了这样的警告："故师文王者师其德，则允合于尧、舜之传德矣，师其道

① 王夫之：《读通鉴论》卷末，《船山全书》第 10 册，第 1181—1182 页。
② 王夫之：《尚书引义》卷五，《船山全书》第 2 册，第 396 页。
③ 王夫之：《读通鉴论》卷末，《船山全书》第 10 册，第 1182 页。

则非尧、舜之道也。后有兴者，其尚鉴之哉！"①

王夫之为何要求后人不能学习文王之道，而只能学习文王之德，其实也只是一种"衡虑较多"之辞，即不便于将儒家传统中的圣人一批到底。这既体现了王夫之思想中新旧杂陈的特征，还体现了王夫之政治哲学思考的深刻之处，即将明代专制政治的行为上溯到历史上最为称颂的文王那里，以一种深沉的历史理性批判了专制政治的思想来源。王夫之认为，夏、商二朝皆有宰相，即使是周初，周公实际上亦处于"正百工"的相位之上。然从文王开始，设立"三公"而不让他们掌握实际政治权力，仅仅论道议政而已。王夫之说：

> 若夫三公职专论道，则以议道而不任以政。且曰"官不必备，惟其人"，是又有无废置之不恒也。盖周之不置相也前乎此者无所因，因始之者文王也。

> 《诗》云："勉勉我王，纲纪四方。"合四方之纲纪，操之于一人之勉勉，《周官》之制，其昉于此矣。故立政三宅，立事庶尹，取天下之经提携于一人，而天工无与代焉，故曰文王始之也。②

在王夫之看来，文王将天下之权归于最高君王一人，其历史影响是十分恶劣的。然而王夫之没有像李贽那样正面批评这一做法，还专门从文王之德的角度来为文王这一做法从勤勉美德的角度加以辩护，体现了他依托"六经"而又努力创新的思想倾向。他引证孟子的话来批评这一专制政治的做法，其态度还是明确的。他说道：

> 孟子曰："为天下得人谓之仁。"尧之大也，舜之君也，末之强而卒不可弱，得其理而势自顺也。仁以厚其类则不私其权，义以正其纪则不妄于授，保中夏于纲纪之中，交相勉以护人禽之别，岂必恃一人之耳目以弱天下而听其靡哉！③

---

① 王夫之：《尚书引义》卷五，《船山全书》第 2 册，第 401 页。
② 王夫之：《尚书引义》卷五，《船山全书》第 2 册，第 397 页。
③ 王夫之：《尚书引义》卷五，《船山全书》第 2 册，第 400 页。

王夫之的意思是说,仁道的政治应当厚待同类之人而不必将政治权力化为一家之私。只要保证华夏民族免于退回到禽兽的野蛮状态,不必过于担心政治权力在同族之间的转移,因而也就无需依赖一人耳目的所见所闻之知,以削弱华夏民族的政治实力,听任其腐败而丧失政治的活力。由于文王是儒家的政治偶像,王夫之不得不小心翼翼地处理这一历史人物,但从维护民族生存、发展的大义出发,他还是含蓄地批评了文王所开创的"恃一人之耳目以弱天下而听其靡"的专制政治局面。他批评文王开创的这种专制政治的恶劣后果:

> 缘此而后世之以勤劳开国者,恃其精明刚健之才,师《周官》而一天下之权归于人主,禁制猜防,上无与分功,而下得以避咎,延及数传,相承以靡,彼拱此揖,进异族而授之神器,师古无权,而为谋不远,又岂非理势之必然者乎?①

又说:

> 秦汉以降,封建易而郡县壹,万方统于一人,利病定于一言,臣民之上达者难矣。编氓可弋大命,裔夷可窃神皋,天子之与立者孤矣。则即以文王之勤,若将病诸,而概责之锦衣玉食之冲人,散无友纪之六卿,以虚文而理乱丝,彼己不相知而功罪不相一,欲无日偷日窳,以听封豕长蛇吞噬也,其可得邪?②

上述两材料均表明,王夫之对专制政治的制度缺陷有清醒的认识。这种制度的最大缺点就是依赖最高统治者一人的聪明,而将政治大权集中在一人手中。文王、历代的开国君主有个人政治的美德,如勤勉,有政治才干,可以保一时政治的无忧,但后继的君主往往是锦衣玉食之辈,而其周围也是一帮"以虚文而理乱丝"的大臣,根本不能面对如"封豕长蛇"一般的强大而又凶恶的外部政治势力,必然导致"编氓可弋大命,裔夷可

---

① 王夫之:《尚书引义》卷五,《船山全书》第2册,第399页。
② 王夫之:《尚书引义》卷五,《船山全书》第2册,第401页。

窃神皋"的政治结局。

王夫之认为，专制政治的另一个特点就是猜忌人才，害怕大权旁落，尤其不敢放手使用宰相。周文王置三公而不用，对后世造成了很坏的影响。他说：

> 天下之情，独则任，众则委，贤不肖之所同也。上畀之则容辞之，人分之则不容任之，贵贱之所同也。贵以其名而不贵以其实，则三公弗容自任矣。贤以其人而不贤以其事，则虚有论道之名而政非其任矣。虽有极尊之位，与其尤贤之才，而上不敢偪天子之威，下不能侵六官之掌，随乎时而素其位，大舜、孔子莫之能瑜，而况其下焉者乎？[1]

由对文王专制政治体制的批评出发，王夫之还对历代专制君主从"私天下"的根本政治目标出发，妒贤嫉能，猜疑人才的政治统治术进行了严厉地批评。他说："自隋文以来，欲销天下之智，毁天下之廉隅，利百姓之怨大臣以偷固其位者，非一朝一夕之故矣。"[2]

王夫之还对专制君主猜疑天下之人的政治心理及其危害性，作了深刻地揭露。他说：

> 呜呼！以疑而能不召乱亡之祸者无有。天下皆以为疑己矣，而孰亲之？其假以防疑者，且幸己之不见疑而窥其疏以乘之；无可亲而但相乘，于是而庸人之疑，终古而不释。道不足于己，则先自疑于心；心不自保，而天下举无可信，兄弟也，臣僚也编氓也，皆可疑者也。以一人之疑敌天下，而谓智计之可恃以防，其愚不可瘳，其祸不可救矣。[3]

专制政治与私天下的政治目标结合在一起，最高统治者不仅不相信

① 王夫之：《尚书引义》卷五，《船山全书》第 2 册，第 397—398 页。
② 王夫之：《读通鉴论》卷十九，《船山全书》第 10 册，第 725 页。
③ 王夫之：《读通鉴论》卷十一，《船山全书》第 10 册，第 425 页。

身边的宰相、大臣,也不相信任何其他的官员。在一个相互猜疑,缺乏必要的政治信任的制度里,整个统治集团的内部就缺乏足够的凝聚力,整个社会也处在一种相互不信任的状态之中。这样的政治集团和由这样的政治集团所掌控的社会,在强大的外敌入侵时,其结果必然是分崩离析,很快瓦解。上述王夫之对专制政治统治及其社会效应批判的深刻程度,在同时代的思想家中很少有人企及。

(四)理想政治制度的设计

为了纠正君主专制政治的过失,王夫之在政治制度的设计方面亦提出了系列的主张。首先,他提出了"君、相、谏官"三者"环相为治"的权力制衡的思想。在《宋论》卷四"诏宰相毋得进用台官"条,王夫之仔细分析了天子、宰相、谏官三者的职责及其相互的权力关系,尖锐地批评了宋仁宗将宰相与谏官放在对立位置的做法,其结果是大臣交战于朝廷,其祸下延五百年而不息。王夫之认为,在政治体制内,天子的职责就是选择好宰相,如果天子没有样的能力,就不配做天子。他说:"天子之职,论相而已矣。论定而后相之,既相而必任之,不能其官,而唯天子进退之,舍是而天子无以治天下。……然而弗能审焉,则天子无以为天下君。"①而宰相的职责是帮助天子安社稷,司生民之生死,"故唯宗社安危,贤奸用舍,生民生死之大司,宰相执之,以弼正天子之愆,而自度其去就"②。

在传统的政治框架内,王夫之如此看重宰相的位置,有其合理性。但如何处理相权与皇权之间的关系,也是一个现实的政治难题。宰相权力过于强大,皇帝的权力就会架空。皇帝权力太大,宰相之位就形同虚设。但就反对政治权力过于集中的角度看,设置宰相并赋予宰相明确的政治权力是防止政治权力过度集中的一个相对好的办法,也是防止、避免政治决策过程中过分依赖一人之智产生重大误判的一个相对好的办法。如果再加谏官制度对皇权产生制约,一个相对理性、能较大程度地

① 王夫之:《宋论》卷四,《船山全书》第11册,第121—122页。
② 王夫之:《宋论》卷四,《船山全书》第11册,第122页。

容纳社会不同利益群体、阶层意见的政治局面是可以达成的。宋以后的中国政治的重大制度缺陷就是宰相这一"权力"作用的过滤层被取消了，表面上政治效率提高了，而政治判断的风险也随之大幅提升了。再加上谏官的作用大大下降，整个朝廷的政治运作的理性与理智程度也就大大降低了。

王夫之的政治哲学思考始终依托中国传统政治的经验事实展开的。他认为，若依古制，谏本无专职，谏之有专职始于萧梁，而唐朝沿袭不改。但唐代的谏官是听命于宰相的，不像宋仁宗以后的谏官听命于皇帝，专以纠正宰相的过失。

基于政治制度的历史发展状况，王夫之在传统的政治体制内提出了一个理想的权力制衡的制度。他说：

> 宰相之用舍听之天子，谏官之予夺听之宰相，天子之得失则举而听之谏官；环相为治，而言乃为功。谏官者，以绳纠天子，而非以绳纠宰相也。天子之职，止此一二日侍密勿心膂之大臣，弗能决择而委之谏官，则天子旷矣。天子旷而繁言兴，如是而不乱者，未之或有。仁宗诏宰相毋得进用台官，非中丞知杂保荐者毋得除授，曰："使宰相自用台官，则宰相过失无敢言者。"呜呼！宋以言语眢兴，而政紊于廷，民劳于野，境蹙于疆，日削以亡，自此始矣。①

"国君、宰相、谏官"三者环相制约的政治制度，在传统的政治框架里，不失为一种相对好的制度设计。传统政治的理想是：皇帝是有德有能之人，他完全有能力来选择一个好的宰相，替他办事。由谏官来纠正皇帝的过失，既避免了宰相与皇帝的直接冲突，也可避免谏官用鸡毛蒜皮的小事来干扰宰相的工作。而宰相不可肆意妄为，因为皇帝这一最高权力时时在监督他、制约他。而谏官的选择由宰相来负责，也使得宰相有间接的束约皇帝的可能性。表面上看宰相可以选用自己的私党充作

---

① 王夫之：《宋论》卷四，《船山全书》第 11 册，第 122 页。

谏官,但实际上不太可能。如若这样,皇帝就会直接问责宰相。当然,王夫之的"国君、宰相、谏官"三者环相制约的制度设计还只是一种理论性的设想,并未付诸政治实践,因而也难以考察实际的功效如何。但这一"环相制约"的权力理论,包含了可贵的政治权力制约的思想因素,蕴涵着突破儒家传统圣贤政治理念的新因素,与现代民主政治的权力制约思想有更多的可沟通性。

其次,王夫之提出了类似于现代民主政治中的"虚君共和"的理想。在《读通鉴论》卷十三中,王夫之以托古改制的方式说道:

> 夫古之天子,未尝任独断也,虚静以慎守前王之法,虽聪明神武,若无有焉,此之谓无为而治。守典章以使百工各钦其职,非不为而固无为也。诚无为矣,则有天子而若无;有天子而若无,则无天子而若有;主虽幼,百尹皆赞治之人,而恶用标辅政之名以疑天下哉?①

王夫之这种"守典章以使百工各钦其职,非不为而固无为也"的政治理想,其实就是想通过合理的政治制度来行使政治权力,不要将天下之重任、生民之性命寄托于君王一人身上,甚至也不能寄托给所谓的"辅政"等"权相"、权臣等少数人的身上。政治活动是一种实践理性的行为,要依托良性的制度、发挥众人才智,才能取得较好的政治效果。因此,他又说:"有圣主兴,虑后世不能必长君令嗣之承统也,豫定奕世之规,置天子于有无之外,以虚静而统天下,则不恃有贵戚旧臣以夹辅。"②

王夫之这一政治理想的火花在现代中国之初,得到了熊十力的高度推崇。他说:"船山处异族专制之下,不敢倡言民主而思想实及。"如王夫之说:"儒者尚法治,独推船山。案其言预定奕世之规,置天子于有无之外,以虚静统天下。远西虚君共和之治,此先发之矣,值世网密,微辞以见意,思深哉。"③熊十力的评价虽然有一点拔高之嫌,但他对王夫之政治

① 王夫之:《读通鉴论》卷十三,《船山全书》第10册,第474页。
② 王夫之:《读通鉴论》卷十三,《船山全书》第10册,第474页。
③ 熊十力:《心书·钩王》,《熊十力全集》第1册,第27—28页,武汉,湖北人民出版社,2001。

哲学思想中蕴涵的新因素的认识是极其敏锐的,值得后人认真地咀嚼、反思。

最后,王夫之在维护华夏民族文化与文明的思想前提下,对于君权的轮替问题也做了精彩的论述。他认为,从动物界到人类社会,"自畛其类"的法则都是共通的,"今夫玄驹之有君也,长其穴壤,而赤蛇、飞蠚之窥其门,必部其族以噬杀之,终远其垤,无相干杂,则役众蠢者,必有以护之也"①。因此,华夏民族在面对外族入侵时亦当"自畛其类"。在自畛其类的目标下,最高政治权力的交替形式可以是灵活的:"是故智小一身,力举天下,保其类者为之长,卫其群者为之邱。故圣人先号万姓而示之以独贵,保其所贵,匡其终乱,施于子孙,须于后圣,可禅可继可革而不可使夷类间之"②。

为了保存中华民族的繁衍与发展,民族内部的政治权力的交替方式,可以采用禅让制,也可以采取继承制,甚至可以采取革命的方式。其最终的目的是保存中华民族的生存与发展,而不能让外族来统治中华民族。这就是王夫之在文化民族主义前提下的多元形式的政治权力转移模式,也是王夫之心目中的"天下之通义"。这一"天下之通义"在当今民族国家林立的世界里,仍然不是一种过时的政治思想。

第四节　王夫之的历史哲学

一、"理势合一"的历史辩证法

王夫之综合了刘知几、柳宗元等人历史哲学中"势"的概念,批判地吸收了宋明理学中"理"的概念,提出了"理势合一"的历史规律说。他说:

> 言理势者,犹言理之势也,犹凡言理气者,谓理之气也。理本非

---

① 王夫之:《黄书》,《船山全书》第12册,第504页。
② 王夫之:《黄书》,《船山全书》第12册,第503页。

一成可执之物,不可得而见,气之条绪节文,乃理之可见者也。故其始之有理,即于气上见理;迨已得理,则自然成势,又只在势之必然处见理。①

按照王夫之的观点看,理与势的关系在思维形式上可以从理与气的关系中获得启示。没有离开"气"的"理",因而也就没有离开"势"的"理"。从原则上说,"理势"关系可以从两方面看:其一是从"理成势"的角度看,"得'理'自然成'势'","'理'当然而然,则成乎'势'矣"。② 在阐述理势关系的问题时,王夫之有时虽然还借用"天命"的旧概念,但对这一旧概念作了新的内涵规定,即以"有理而无心"来规定"天命"的内涵,进而说明"得理自然成势"的历史哲学道理。他说:

> 天之命,有理而无心者也……生有生之理,死有死之理,治有治之理,乱有乱之理,存有存之理,亡有亡之理。天者,理也;其命,理之流行者也。……违生之理,浅者以病,深者以死,人不自知,而自取之,而自昧之。……曰天之命也,是诚天命之也。理不可违,与天之杀相当,与天之生相背,自然其不可移矣,天何心哉?夫国家之治乱存亡,亦如此而已矣。③

治、乱、存、亡的政治现象,其中都蕴涵着深刻的内在法则。所谓的"天命",无非是"有理而无心"的客观法则而已,并非有一人格神在主宰着人间的治、乱、存、亡现象。人们把握了政治现象之中的正确法则,就可以使乱者复归于治,存者避免于亡。这便是王夫之所说的"得理自然成势"的基本意思。

其二是从"势成理"的角度看,则"于势之必然处见理","势既然而不得不然,则即此为理矣"。④ 在《读通鉴论》开宗明义第一篇,通过对秦变

---

① 王夫之:《读四书大全说》卷九,《船山全书》第 6 册,第 994 页。
② 王夫之:《读四书大全说》卷九,《船山全书》第 6 册,第 992 页。
③ 王夫之:《读通鉴论》卷二十四,《船山全书》第 10 册,第 936 页。
④ 王夫之:《读四书大全说》卷九,《船山全书》第 6 册,第 992 页。

"封建制"为"郡县制"的重大历史变故所包含的历史必然性之分析,得出了"势相激而理随以易"的重要结论,确立了"理势合一","理势相成"历史观。他说:

> 郡县之制,垂二千年而弗能改矣,合古今上下皆安之,势之所趋,岂非理而能然哉? 天之使人必有君也,莫之为而为之。①

这就表明,一旦人们正确地把握了历史变化的趋势之时,就是把握了历史变化之"理"。这就是他所说的"在势之必然处见理"。他又进一步地分析道:

> 古者诸侯世国,而后大夫缘之以世官,势所必滥也。士之子恒为士,农之子恒为农,而天之生才也无择,则士有顽而农有秀;秀不能终屈于顽,而相乘以兴,又势所必激也。……势相激而理随以易,意者其天乎!②

这即是说,古代诸侯世国、世官制度,发展到最后必然产生制度性的流弊,而其流弊的最大之处在于淹没人才,让贤者居下,不屑者居上。而"贤者居下"的局面不可能长久,最终应当是贤者居上。在长期的发展过程中必然导致社会制度的变化。这哪里是什么"天意"在起作用,而是一种政治力量与人才法则在起作用,只是很多人看不出这一点而已。

通过对大量历史现象的分析,王夫之对理势关系给出了原则性的概括。他说:"势之所趋,岂非理而能然哉!"③"势之顺者,即理之当然者也。"④"时异而势异,势异而理亦异。"⑤而"理势不可以两截沟分"⑥。他高度称赞孟子在理势问题上的观点,认为"孟子于此,看得'势'字精微,'理'字广大,合而名之曰'天'。进可以兴王,而退可以保国,总将理势作

---

① 王夫之:《读通鉴论》卷一,《船山全书》第 10 册,第 67 页。
② 王夫之:《读通鉴论》卷一,《船山全书》第 10 册,第 68 页。
③ 王夫之:《读通鉴论》卷一,《船山全书》第 10 册,第 67 页。
④ 王夫之:《读四书大全说》卷九,《船山全书》第 6 册,第 993 页。
⑤ 王夫之:《宋论》卷十五,《船山全书》第 11 册,第 335 页。
⑥ 王夫之:《读四书大全说》卷九,《船山全书》第 6 册,第 994 页。

一合说,曲为分析,失其旨矣"①。王夫之借表彰孟子的"理势合一"观点,其实是在为自己的"理势合一"说寻找一种儒家圣人的权威支撑,亦可以看作是托古以表达自己的观点而已。王夫之的"理势"论还有更为复杂的内容,即在势、情、理三者之间讲理势关系。在《春秋家说》一书中,他阐述了得天下的三种因素:得理、得情、得势。"受天下之归者,太上得理,其次得情,其次得势。"②"故势合而后可以言情,情得而后可以言理。"③这一理、情、势三者相结合的思想,深刻地揭示了政治活动的复杂性,应该说是抽象的理势论哲学思想与具体的政治问题结合之后的一种深化。

在理势论的问题上,王夫之虽然阐述了"理势相乘"的道理,但并未简单地看待"理势相乘"的道理。一方面,他作为一个坚定的儒家思想家,非常重视礼制的固有等级分别,坚决反对"乘势以上乎尊,固非理也"④的小人做法。另一方面,他作为一个具有深厚历史学修养的哲学家,其对历史过程中的曲折与复杂,以及人心的能动作用、人心与历史客观法则之间的辩证关系等问题却又有度越前人的深刻认识。由于"势因乎时,理因乎势",故历史的变迁过程充满着无穷的"忧患"与"险阻",那种"贞一之理"是通过曲折复杂的相乘之几来实现的,而其中不时夹杂着各种矛盾冲突和偶然性的因素。像秦以郡县制取代封建制,实乃出于秦始皇的私心,但正因为这种"私心"却成全了"天下之大公",使封建诸侯私其一国之民与土地的封建制一变而为郡县制下的人民、土地属于皇权制下的土地国有状态。至于历史上历次农民起义与暴政者一同灭亡而导致新王朝的出现这一重复更迭的过程,更展示了历史变迁的规律在具体历史过程中的复杂性。因此,对历史人物功过的评价,必须放在较长的历史长河中来"通古今而计之",在矛盾的分析中把握历史变迁的复杂

① 王夫之:《读四书大全说》卷九,《船山全书》第 6 册,第 995 页。
② 王夫之:《春秋家说》卷中,《船山全书》第 6 册,第 237 页。
③ 王夫之:《春秋家说》卷中,《船山全书》第 6 册,第 238 页。
④ 王夫之:《读四书大全说》卷九,《船山全书》第 6 册,第 992 页。

性。王夫之这样说：

> "天"欲开之，圣人成之。圣人不作，则假手于时君及智力之士以启其渐。以一时之利害言之，则病天下；通古今而计之，则利大而圣道以宏。……时之未至，不能先焉。迨其气已动，则以不令之君臣，役难堪之百姓，而即其失也以为得，即其罪也以为功，诚有不可测者矣。"天"之所启，人为效之，非人之能也。①

这就表明，王夫之在讲理势相乘的客观历史变化力量与法则的同时，并没有忽视人类的能动性在客观历史进程中的作用。而人的主观意志与历史的合力作用之间又有一种复杂的关系，表面上看起来是有所得的行为，实际上可能是真正的损失，表面看起来是有罪的行为，从长远的历史发展来看，可能正是有功于社会的发展。通过对以上所引文献的分析来看，王夫之对历史发展中"恶"的价值认识，已经接近恩格斯在《路德维希·费尔巴哈与德国古典哲学的终结》一文所揭示的历史运动的辩证法——"自从各种社会阶级的对立发生以来，正是人的恶劣的情欲——贪欲和权势欲成了历史发展的杠杆"②。

二、"依人建极"的新人文史观

王夫之历史哲学的更为深刻之处，乃在于他比较突出地强调了人道与天道的差异性，通过对人的道德理性，自由意志的阐扬，肯定了历史前进过程中人的主观能动性的价值，并从原则性上提出了"依人建极"的人道史观，暗含着对道家自然主义历史观的批判，同时也是对历史上儒家的民本思想再一次做出了哲学范畴的提升。在儒家的经典里，《尚书·洪范》篇有"建用皇极"的"皇极"观念，《尚书·君奭》有"作汝民极"的"民极"观念，隋末唐初的王通《中说》中有"仰以观天文，俯以察地理，中以建人极"的"人极"观念，但在王夫之之前似乎还没有人明确地提出过"依人

---

① 王夫之：《读通鉴论》卷三，《船山全书》第 10 册，第 138 页。
② 《马克思恩格斯选集》第 2 卷，第 237 页。

建极"的历史哲学原则。如果说有,我们只能从抽象的精神上说,儒家的"人禽之别"观念、仁爱观念,以及老庄的尊生贵身观念里也包含有这种思想。但王夫之明确地提出"依人建极"的历史哲学命题,并对人的主体能动力给予了新的阐述,因而是对儒家思想乃至对整个中国传统的历史哲学思想作出了新的贡献。

首先,他在肯定人道统一于天道的前提下,突出强调了人道的独特性。他说:"人之道,天之道也。天之道,人不可以之为道也。"①这就是说,人道从原则上不能脱离天道,而要服从于天道。但是,人类社会又不能简单地将自然的法则施之于人类社会之中。自然中遵循弱肉强食的法则,就不能直接地施之于人类社会。这一观点应当是对老子"天地不仁,以万物为刍狗。圣人不仁,以百姓为刍狗"的政治思想的一种批判。

其次,他提出了极其光辉的众人创造历史,众人要以圣自居的思想。他认为,所谓"相天之大业",不必归之于圣人。人如果不敢以圣自居,则是同于禽兽之化。他说:

> 语相天之大业,则必举而归之于圣人,乃其弗能相天与,则任天而矣。鱼之泳游,禽之翔集,皆其任天者也,人弗敢以圣自尸,抑岂曰同禽鱼之化哉?②

在王夫之看来,历史上的思想家们一谈到相天之大业,全都归结为是圣人的举动,其实这是极其错误的想法。这是人们自觉地把自己放到与禽兽同等水平的位置上,是听任大自然摆布的做法。正确的做法应当是人人都应当具备"造命"的使命感。他对唐代邺侯的"君相可以造命"一句给予了高度地肯定,同时又认定造命之事并非仅仅属于君相,如他说:

> 君相可以造命,邺侯之言大矣!……乃唯能造命者,而后可以

① 王夫之:《续春秋左氏传博议》卷下,《船山全书》第 5 册,第 617 页。
② 王夫之:《续春秋左氏传博议》卷下,《船山全书》第 5 册,第 617 页。

俟命，能受命者，而后可以造命，推致其极，又岂徒君相为然哉！……修身以俟命，慎动以永命，一介之士，莫不有造焉。①

"人当以圣自居"，"一介之士，莫不造命"积极健动精神，众人创造历史的观念，在今天看来仍然是可取的历史哲学思想。

再次，人所以能"相天"而成就大业，乃在于两方面原因：一是从类的方面说，人类有文明制度和前后相续的文明积累，这便是君、师和礼、义之存在，因此可以避免被动地适应自然环境的结局。他说："天之所生而生，天之所杀而杀，则是可无君也；天之所哲而哲，天之所愚而愚，则是可无师也；天之所有因而有之，天之所无因而无之，则是可无厚生利用之德也；天之所治因而治之，天之所乱因而乱之，则是可无秉礼守义之位也。"②

王夫之不承认这种被动的"天命"史观。他认为，人道之独，恰恰表现在人类有自己文明成果——君、师和礼义制度的存在，让人在自然的面前不是完全被动、无援的，而是可以积极进取的。如果一切委之于自然、天命，人类的文明成果与制度建制就丝毫没有存在的价值。

从个体的方面来说，人可以凭借自然的生理器官之特征，通过人的弘道过程，而使人目明耳聪，心思睿哲，从而实现"人道之独"。他说：

> 夫天与之目力，必竭而后明焉；天与之耳力，必竭而后聪焉；天与之心思，必竭而后睿焉；天与之正气，必竭而后强以贞焉。可竭者天也，竭之者人也。人有可竭之成能，故天之所死，犹将生之，天之所愚，犹将哲之！天之所无，犹将有之！天之所乱，犹将治之！……任天而无能为，无以为人；助天而成其乱，抑非以任天。③

"竭"就是充分发挥人的主观能动性，在具体的社会实践中将人的自然禀赋、潜能扩充到极致，并创造出大自然所没有提供的许多物事、器

---

① 王夫之：《读通鉴论》卷二十四，《船山全书》第 10 册，第 936—937 页。
② 王夫之：《续春秋左氏传博议》卷下，《船山全书》第 5 册，第 617 页。
③ 王夫之：《续春秋左氏传博议》卷下，《船山全书》第 5 册，第 617—618 页。

用,从而也实现人性的发展。在社会生活中,通过自己独立的理性判断,自立权衡而不流于世俗大流之中;在困辱危难之中,挺立个人的道德自由意志;在抗争中,虽或以自我牺牲为代价,但亦不是白白地付出了自己的努力。王夫之说:

> 裁之于天下,正之于己,虽乱而不与俱流;立之于己,施之于天下,则凶人戢其暴,诈人敛其奸,顽人砭其愚,即欲乱天下,而天下犹不乱也。功被于天下,而阴施其裁成之德于匪人,则权之可乘,势之可为,虽窜之流之,不避怨也。若其权不自我,势不可回,身可辱、生可捐、国可亡,而志不可夺。虽然,天亦岂必以我为匪人之饵,饱彼而使之勿脱于钩哉?①

王夫之不仅以十分深沉的历史意识高扬了人的道德理性和自由意志,而且天才地猜测到了历史变迁过程中"社会合力"的作用。正因为他看到了人的能动性和个人在社会历史中的价值,他提出了"依人建极"的历史道德法则:"道行乎乾坤之全,而其用必以人为依,不依乎人者,人不得而用之。则耳目所穷,功效亦废,其道可知而不必知。圣人所以依人而建极也"②。

自然的法则多种多样,然而只有与人发生关系的那部分自然及其法则,才能为人所用。故历史上的大圣人急于了解、把握与人类生活发生关系的自然法则,故依人而建极。依人建极,并非现代哲学所反对的人类中心主义的观点,而恰恰道出了人类视野里的自然秩序,即王夫之所说的"以人为依,则人极建而天地之位定也"③。人类不可能不从人道的原则出发来重新安排自然的秩序,从而让自然人化。而自然的人化过程就是人类文明发生、发展、繁荣的历史过程。这是王夫之历史哲学视野下的人与自然关系观。

---

① 王夫之:《续春秋左氏传博议》卷下,《船山全书》第 5 册,第 618 页。
② 王夫之:《周易外传》卷一,《船山全书》第 1 册,第 851 页。
③ 王夫之:《周易外传》卷一,《船山全书》第 1 册,第 852 页。

三、"今胜于古"的历史发展观与"文野互变"的历史猜想

在抗清斗争的活动中,王夫之被迫深入少数民族的生活地区,因而对少数民族的生活有一定的了解,进而使他对中国上古历史有了新的认识。他不再将中国的远古时代设想为黄金时代,而是大胆地认定中华先民为"植立之兽"而已。基于这一新的中华文明历史起源的认识,他对中华民族的未来抱有乐观的态度。通过对晚明以来来华传教士的认识,以及对西方著作的少量接触,也使得他对人类的文明形态有了新的认识,不再将中华文明看作是唯一的文明形态。这些新思想均体现了王夫之历史哲学的深邃与新颖之处。

对于中华文明的起源问题,王夫之深感缺乏必要的史料加以证明,仅以他当时所知而大胆地作出了如下的推测:

> 考古者,以可闻之实而已。知来者,以先见之几而已。故吾所知者,中国之天下,轩辕以前,其犹夷狄乎!太昊以上,其犹禽兽乎!……所谓饥则呴呴,饱则弃余者,亦植立之兽而已矣。[1]

上述这则典型材料表明,王夫之在历史观的问题上,已经超越了中国传统中的儒、道、墨各家有关上古"黄金时代"的历史假想,断然认定中华民族的祖先在其文明的源头处"亦植立之兽而已矣"。这一论断从原则上说是正确的。在《读通鉴论》中,王夫之反复说到,中国古代文明并不像有些儒者所说的那样是黄金时代,而极可能像当时川、广一带的土司。从文明发展史的角度看,郡县制的确立,在政治制度上是一种进步,改变了地方势力擅自兴兵与专杀的局面。他说:"郡县之天下有利乎?曰:'有,莫利乎州郡之不得擅兴军也。'郡县之天下有善乎?曰:'有,莫善乎长吏之不敢专杀也。'"[2]正凭借这两点就可以看出,郡县制优于古代的封建制。在封建制下,那些诸侯其实就是当地的土霸王,他们"各君其

---

① 王夫之:《思问录·外篇》,《船山全书》第 12 册,第 467 页。
② 王夫之:《读通鉴论》卷十五,《船山全书》第 10 册,第 585 页。

土,各役其民,若今化外土夷之长,名为天子之守臣,而实自据为部落,三王不能革,以待后王者也"①。而到了唐、宋时期,"非叛贼不敢称兵;有司之酷者,惟以鞭笞杀人,而不敢用刀锯;然后生人之害息,而立人之道存。不然,金、元之世,中国遗黎,其能胜千虎万狼之搏噬乎"②?

这些论述表明,王夫之从整体上肯定了人类政治文明是处在动态的发展过程之中的,即使是金、元等少数民族统治中原大地的时候,文教也没有完全丧失。否则那些生活在少数民族统治地区的汉民族如何能面对金、元统治者的虎狼之军队呢?在满清贵族入主中原之初,激起了汉民族的强烈反抗。在反抗满清贵族政权对于汉民族血腥屠杀的民族斗争过程中,王夫之特别突出地强调了华夷之别、文野之分。但在晚年,他对文野问题的思考似乎有所变化。在《思问录·外篇》,他曾这样说道:

> 天地之气衰旺,彼此迭相易也。太昊以前,中国之人若麇聚鸟集,非必日照月临之下而皆然也,必有一方焉如唐、虞、三代之中国也。既人力所不通,而方彼之盛,此之衰而不能征之,迨此之盛,则彼又衰而弗能述以授人,故亦蔑从知之也。③

王夫之对文明发展的不平衡性的假想,在理论上极富想象力,不再将中国文明看作是人类最高文明形态的表现。这一文明发展不平衡的假说,既与晚明社会耶稣会传教士带来的西方文明成果有关,也与他对现实社会中区域文化的变化观察密切相关。他认为,吴、楚、闽、越地区,汉以前属于夷,而现在为文教之渊薮。齐、晋、燕、赵,唐、隋以前为中夏,现在那些"椎钝駤戾者,十九而抱禽之心矣"。由此,他得出结论:"地气南徙,在近小间有如此者,推之荒远,此混沌而彼文明,又何怪乎!"④

王夫之的"地气南徙"的说法虽然是一种文明变化的现象描述,不足

---

① 王夫之:《读通鉴论》卷十五,《船山全书》第10册,第585—586页。
② 王夫之:《读通鉴论》卷十五,《船山全书》第10册,第586页。
③ 王夫之:《思问录·外篇》,《船山全书》第12册,第467—468页。
④ 王夫之:《思问录·外篇》,《船山全书》第12册,第468页。

以揭示文明变化的根本原因,但他不再执着于华夏文明优越论,而有一种更加深沉的历史忧患意识,即华夏地区的人民如果不加倍努力,很有可能退化为野蛮的民族。这种对中华民族未来命运的担忧,才是其文明假说的精蕴之所在。王夫之有关文明退化可能性的忧思,在今天看来依然具有哲学上的启迪意义。

第四章　李颙、颜元、李塨的哲学思想

第一节　李颙的"体用全学"及其影响

　　李颙(1627—1705),字中孚,陕西盩厔①(今周至县二曲镇)人,自号惭夫②,亦别署惉室病夫,世称二曲先生。16 岁时父丧(李可从,随汪乔年出征襄阳讨伐李自成部,城破死之),18 岁时清兵入关,家国离乱之际与母彭氏相依为命。二曲早年泛观博览,致力于程朱格物穷理学说,假于闻见,"泛滥于群籍,汲汲以撰述辩订为事,以为学在是矣"③。但 31 岁大病一场之后,深契于陆王心学"默坐澄心"之说,学思方向陡然转变,悉数焚去早年著述文稿,开始致力于向内静坐默识,涵养心性本性,不假闻见。对此由博入约、由外而内的显著转变,他曾自道:

　　　　以余之不敏,初昧所向,于经、史、子、集,旁及二氏两藏,以至九

---

① 盩厔,汉武帝置,属右扶风,班固《汉书》有云:"山曲曰盩,水曲为厔。"盩厔得名于此。李颙生于斯长于斯,因以二曲先生称。

② 据刘宗泗《二曲先生墓表》云:尝泣语人曰:"吾母之生,寝无席。吾父之亡于外也,求其骨而不得;吾实天地之罪人矣!因自号曰惭夫。"另外,由于他中年以后渐趋闭门隐逸,冥然深造,人亦称其"李晦夫"。

③ 李颙:《历年纪略》,《二曲集》,陈俊民点校,第 562 页,北京,中华书局,1996。

176

流百技、稗官小说，靡不泛涉。中岁始悟其非，恨不能取畴昔记忆，洗之以长风，不留半点骨董于藏识之中，令中心空空洞洞，一若赤子有生之初，其于真实作用，方有入机。①

在中年"痛悟前非"后，成书于 33 岁时的《悔过自新说》已基本呈现出其"默坐澄心""悔过自新"的尊德性思想之雏形。到《学髓》完成时（42岁），其澄心见性、明体适用的治学宗旨已趋成熟。又两年后，二曲受常州知府骆仲麟邀请到常州、无锡、苏州等晚明东林学派大本营讲学三个多月，江南人文渊薮之地一时为之振动。二曲晚年除了曾一度短暂主持关中书院，流寓富平之外，基本上闭门不出，且坚拒官府征辟，直至 79 岁去世。其主要著述除《二曲集》之外，还有《四书反身录》《司牧宝鉴》等。

二曲时值关学续亡存绝之际，继明代关学中兴代表人物吕柟、冯从吾等人之后，主讲关中书院，推动出版关中先贤文献（亲自整理《鸡山语要》一书），与邻近的眉县李柏（尺木）、富平李因笃（天生）并称"关中三李"。作为当时关学之主要代表，他与河北孙奇逢、浙东黄宗羲一起时称"清初三大儒"②。在清初儒林之中，二曲在异常艰苦的环境中"坚苦力学，无师而成"③，其学思之纯粹，言行之一致，尤其令人钦佩。

二曲早年幼无师承，泛滥百家，出入于程、朱、陆、王之间，治学完全是自己从摸索中得来，很少受门户宗派局限。他不仅对于明末清初学界聚讼焦点的朱陆异同与阳明后学分化等问题有深入而平衡的理解，同时对于释、道两家学说亦持开放态度。他说"仆学兼采众长，未尝专主一家，非区区阿其所好，私一姚江，而真是真非之所在，实难自昧"④。其晚年入室弟子王心敬亦认为，"其生平论学，无朱、陆，无王、薛，惟是之从"，

---

① 李颙：《富平答问》，《二曲集》，陈俊民点校，第 127 页。
② "清初三大儒"有两种说法。文中说法是据全祖望《二曲先生窆石文》，见《鲒埼亭集》卷十二，四部丛刊本；近代以来通行的说法，一般指顾炎武、黄宗羲和王夫之。
③ 顾炎武：《广师》，《顾亭林诗文集》，第 134 页。
④ 李颙：《答范彪西徵君》，《二曲集》，陈俊民点校，第 200 页。

不"落近儒门户之习"①。清代唐鉴等极少数人则认为二曲虽然出入程朱陆王,但"确宗程朱家法"②。而与二曲过从甚密、宗主程朱的王弘撰(山史),则特别指出其"意主文安、文成之说,其所出入,似得之禅"③。今人梁启超、钱穆等多数人认为二曲"是结实的王学家"和"王学后劲"④。章太炎、蒋维乔等人则认为"植基于陆子,而兼取朱子之长,不偏于一派"⑤。而侯外庐、蔡尚思、冯契、赵俪生等人则认为二曲之学具有一定的民主、自由、平等等现代性元素,直接将其归入明清之际启蒙思想家行列之中。

笔者以为,二曲治学虽不拘宗派却学有宗旨。其治学宗旨以一念万年、无善无恶之良知(心)为本体,以"悔过自新"、提撕人心为工夫门径,以经世实务为致用手段,形成了一整套"明体适用"的"体用全学"架构。下面,我们将通过勾勒其"悔过自新说"、"无念之念说"与"明体适用说"等体用全学的思想要点,分析其思想主旨,评析其理论得失及影响。

一、"悔过自新"的立言宗旨

从家国剧变的刺激和儒学内在发展理路的双重角度来看,清初学界的主流是对宋明新儒学进行全面的理论反思并总结其理论的得失。有关朱陆异同的问题成为学界的主要问题之一。二曲对于程朱陆王之间的分歧看得很清楚,评价也比较中肯,他说:

> 人之所以为人,止是一心,七篇之书反复开导,无非欲人求心。孟氏而后,学知求心,若象山之"先立乎其大"、阳明之"致良知",简易直截,令人当下直得心要,可为千古一快。而末流承传不能无弊,往往略工夫而谈本体,舍下学而务上达,不失之空疏杜撰鲜实用,则

---

① 冯从吾:《关学编》(附续编),陈俊民、徐兴海点校,第87页,北京,中华书局,1987。
② 唐鉴:《国朝学案小识》卷四,《唐鉴集》,第357页,长沙,岳麓书社,2010。
③ 王弘撰:《频阳札记》,《砥斋集》卷四,第443页,上海,上海古籍出版社,2002。
④ 梁启超:《中国近三百年学术史》,第43页,北京,中国书店,1986。
⑤ 蒋维乔:《近三百年中国哲学史》,第39页,上海,中华书局,1936。

失之恍忽虚寂杂于禅。程子言"涵养须用敬,进学在致知",朱子约之为"主敬穷理",以轨一学者,使人知行并进,深得孔门"博约"家法。①

程朱、陆王之学各有所长,如何取长补短,重塑儒家的一贯之学,结束宋明以来几百年双峰并峙、聚讼不已的局面,成为晚明清初学术界要解决的核心理论问题。二曲说道:

> 而吾人生乎其后,当鉴偏救弊,舍短取长,以孔子为宗,以孟氏为导,以程朱陆王为辅,"先立其大""致良知"以明本体,"居敬穷理""涵养省察"以做工夫,既不失之支离,又不堕于空寂,内外兼诣,下学上达,一以贯之矣。②

随着年龄与学识的日增,加上而立之年病中的切身体验,二曲在权衡朱陆及诸家学说的基础之上,最终找到了自己安身立命的基础和进德修业的门径,提出了"悔过自新"说。作于 33 岁的《悔过自新说》一文,最早展现了他综合程朱陆王之学的创见。他说:

> 古今名儒倡道救世者非一:或以"主敬穷理"标宗,或以"先立乎其大"标宗,或以"心之精神为圣"标宗,或以"自然"标宗,或以"复性"标宗,或以"致良知"标宗,或以"随处体认"标宗,或以"止③修"标宗,或以"知止"标宗,或以"明德"标宗。虽各家宗旨不同,要之总不出"悔过自新"四字,总是开人以悔过自新的门路,但不曾揭出此四字。所以当时讲学,费许多辞说。④

上述所说的"标宗"各家,"主敬穷理"当指二程、朱子,"先立乎其大"当指陆九渊,"心之精神为圣"当指杨慈湖,"自然"当指陈白沙,"复性"当指薛瑄,"致良知"当指王阳明,"随处体认"当指湛甘泉,"止修"当指李材

---

① 李颙:《四书反身录·孟子》,《二曲集》,陈俊民点校,第 532 页。
② 李颙:《四书反身录·孟子》,《二曲集》,陈俊民点校,第 532 页。
③ 陈俊民点校本将"止"误校为"正"。
④ 李颙:《悔过自新说》,《二曲集》,陈俊民点校,第 3 页。

之学,"知止"当指黄绾的"艮止"之学,"明德"当指罗汝芳(号明德先生)的"天明"之说。二曲在综合上述各家学说之后提炼出"悔过自新"说,未必能囊括上述诸家学说精神,毋宁说是二曲自己出入诸家之后的一种心得之见。"悔过自新"说的基本倾向仍然是一种道德心理的自我反省,自我克服行为,未脱离宋明儒学的道德心性修养的大框架,如二曲说:

> 同志者苟留心此学,必须于起心动念处潜体密验。苟有一念未纯于理,即是过,即当悔而去之;苟有一息稍涉于懈,即非新,即当振而起之。……悔其前非,断其后续,亦期至于无一念之不纯,无一息之稍懈而后已。……众见之过,犹易惩艾;独处之过,最足障道。何者?过在隐伏,潜而未彰,人于此时最所易忽;且多容养爱护之意,以为鬼神不我觉也。岂知莫见乎隐,莫显乎微,舜跖人禽,于是乎判,故慎独要焉。①

上文中"苟有一念未纯于理,即是过"有三个关键概念:念、理、过。念在这里指道德心理活动过程中产生的各种意识,特别是内在隐秘的道德动机。理是指良知或心体所具有的先验道德规范或德性之知。过,就是道德动机与情感在经过先验的德性之知检验过程中所表现出来的不"自慊"之情,诸如道德愧疚感、悔恨感甚至负罪感。不断地觉知并减损这种道德过错及其良心压力,就是"悔过",而悔过就是"自新"。

需要指出的是,"理"在这里作为良知天然具足或自为立法的德性之知,是不以外在闻见之知为前提条件的。正所谓"气有聚散,理无聚散;形有生死,性无加损"②,二曲借用了朱子"在天为理,在人为性"的性即理说,将天理与德性直接关联起来,并对于德性之知的天然自足性与先验性,以及道德的主体性与内在性屡加强调,如他说:

> 性,吾自性也;德,吾自得也。我固有之也,曷言乎新?新者,复

---

① 李颙:《悔过自新说》,《二曲集》,陈俊民点校,第5页。
② 李颙:《四书反身录·论语》,《二曲集》,陈俊民点校,第478页。

其故之谓也,辟如日之在天,夕而沈,朝而升,光体不增不损,今无异昨,故能常新。若于本体之外,欲有所增加以为新,是喜新好异者之为,而非圣人之所谓新矣。①

又说:

生死一理,知生则知死矣。气变而有形,形变而有生。生者,造物之所始;死者,造物之所终。故生之必有死,犹昼之必有夜,自古及今,无一获免。而所以生所以死之实,则不因生死为存亡,不随气机为聚散也。②

性体"日之在天","不增不损,今无异昨",是无损益的;而且"性,吾自性也","我固有之也",③是不假闻见与外求的。当然,天性固然是先验的,"无加损"的,然而绝非一个超绝于人类之外的有待认知的超验对象。它是可以"于起心动念处潜体密验"的。因此,一方面,"悔过"的过程,通常是一个人单独的,带有一定神秘感的道德体验、反省和自检行为,并不以他人的道德规劝与强制为必要条件。另一方面,既然悔过不以外在闻见为条件,那么"自新"作为不断悔过的结果,也不是要增加什么新的道德知识,只不过"复其故之谓也",恢复天性的本来面目而已,并非"于本体之外,欲有所增加以为新"④。"悔过自新"只是不断去除后天的蒙蔽以恢复、保持、呈现性体真实如初状态的一个过程。

二曲的"悔过自新说"在道德修养的方面,有简易直截的方便之处。但在理论上显然隐藏着两个有待证明的前见:一是与绝大多数宋明新儒家一样,未加批判地继承了孟子先验主义的心体至善主张,且认定良知是人人都能够后天经验自证其为真实存在之实体,绝非只是一个理论上的抽象假设或可能性;二是由于主张人性先天本善,因此与善相对的恶

① 李颙:《悔过自新说》,《二曲集》,陈俊民点校,第5页。
② 李颙:《四书反身录·论语》,《二曲集》,陈俊民点校,第477—478页。
③ 李颙:《悔过自新说》,《二曲集》,陈俊民点校,第5页。
④ 李颙:《悔过自新说》,《二曲集》,陈俊民点校,第5页。

只能被认为是源于诸种后天因素所致。为了进一步理解其"悔过自新"的宗旨,下面进一步对其"无善无恶为心之体""一念万年之真面目"的心性本论论,与"静坐默识""主敬独体"的"明体"工夫论的解释,展示其学说的内在一惯性。

二、"无善无恶"与"无念之念"的良知本体论

宋明诸儒虽然有各自的心性论,但其理论源头都与《中庸》"天命之谓性,率性之谓道,修道之谓教"三句话相关。二曲说:"识得良知便是性,依良知而行,不昧良知,便是'率性',便是'道'"。① 很显然,这一说法是对《中庸》三句话的前两句的重新解释。二曲的心性论主要继承了孟子—陆王一系的"良知"或"良心"这一本体概念的经验体证与修养方法,多是"于起心动念处潜体密验",而对于天命、心、性、情、欲等核心范畴没有进行细致的分析解释,这对后人理解其心性修养的思路带来了一定的困难。不过,其言说的大体意思基本上还是清楚的。

(一)"一点良心便是性"的心性关系论

关于天命、人性、良心(或良知)三者的关系,二曲通常不加区别地使用,他对"天命之谓性"解释道:"天命为吾性之所自出","天与我此性,虚灵不昧,无须臾之少离"。② 故"天命"无非即是人人皆有的先天禀性,天人之间是二而一的,而"良知即良心也。一点良心便是性,不失良心便是圣"。③ 由此可知,人心(良知或良心)、人性与天命之间是三位一体的同质异名关系。"悔过自新"无非是良心的自我发现,良心的自我发现无非是人性的彰显,而彰显人性便是顺遂天命。二曲将心体与性体合而为一,以心体为基础所构建起的本体论,与思孟学派和陆王一系的尽心、知性、知天的心性修养路线无疑是一脉相承的。

---

① 李颙:《富平答问》,《二曲集》,陈俊民点校,第126页。
② 李颙:《四书反身录·中庸》,《二曲集》,陈俊民点校,第415页。
③ 李颙:《悔过自新说》,《二曲集》,陈俊民点校,第2页。

当然,这里还存在一个如何解释人性实际展现过程存在的不纯粹性甚至邪恶性的重要问题。二曲为此不得不引入"气(质)"的概念以及程朱的天地之性与气质之性的二分法。他说,"天地之性人为贵","本至善精纯,至粹无瑕",然而"人多为气质所蔽,情欲所牵,习俗所囿,时势所移,知诱物化,民失厥初"。① 情欲、习俗、时势等因素熏染了的气质之性可能会蒙蔽纯粹至善的天地之性,不过气质之性只是偏离、蒙蔽本性而已,其本身非恶。如二曲说:

> 人也者,禀天地之气以成身,即得天地之理以为性。此性之量,本与天地同其大;此性之灵,本与日月合其明。②

又说:

> 言性而舍气质,则所谓性者,何附? 所谓性善者,何从而见? 如眼之视,此气也,而视必明,乃性之善;耳之听,此气也,而听必聪,乃性之善;手之执,此气也。……以至于百凡应感,皆气也,应感而咸尽其道,非性之本善而能之乎? 若无此气,性虽善,亦何从见其善也? 善乎程子之言性也,曰"论性不论气则不备,论气不论性则不全"。此纷纷之折衷也。③

二曲虽从理论上借鉴了程朱理学,包括张载的天地之性与气质之性二分的人性论思想框架,但并没有简单地将人性之恶归咎于"气质之性",也没有像颜元那样直接地肯定"气质之性亦善",而只是说"若无此气,性虽善,亦何从见其善也",强调"气质之性"对"天地之性"之呈现,并展示其功能实现的现实性条件。由二曲论"天地之性"与"气质之性"二者之间的关系可以看出,"后理学时代"的诸家,都在更加细致地处理此前的宋明诸儒的思想资源,努力修正前人的理论偏颇,注意自己言说的

---

① 李颙:《悔过自新说》,《二曲集》,陈俊民点校,第3页。
② 李颙:《悔过自新说》,《二曲集》,陈俊民点校,第2—3页。
③ 李颙:《靖江语要》,《二曲集》,陈俊民点校,第35页。

分寸,对经验世界不再采取简单的否定态度。

(二)"学所以约情而复性"的情性关系论

在熏染气质之性的情欲、习俗、时势等诸种因素之中,情欲因素是主体受到外在因素刺激而自然产生的心理与生理反应。人生而有饮食男女之需、喜怒哀乐爱恶欲之情,这些统称之为"情欲"的东西伴随人的始终。因此,如何让情欲发而皆中节,不至于扭曲和遮蔽天地之性的自然流露就成为儒家人性论关注的又一个焦点问题。在二曲这里,恶既然来源于后天情欲的偏失,那么悔过自新的工夫就具体转换成如何适当节制情欲的问题。

二曲有感于现实生活中的人们于良知习焉不察、麻木不仁的种种表现,提出了"约情复性"说或"摄情归性"说:

> 吾人自能食能言以来,情识日杂,天真日凿,记诵之勤,见闻之广,不惟未尝以之祛情识,而愈以滋情识;不惟未尝以之全天真,而愈以凿天真。骋私智,长巧伪,觊功利,骛声名,借津仁义,"色取行违",而赤子固有之良、本然之心,失而又失,愈不可问。耳、目、口、鼻虽与大人同,念、虑、言、动迥与大人异,非小人而何?①

然正如二曲不是简单地排斥"气质之性"一样,他也没有简单地禁欲排情,而是认为情需性之发乎其外而皆中节中矩,尽量避免气(性)的遮蔽与控制。因此,他提出了以学的途径达到"约情而复性"的目标:

> 学,所以约情而复性也。后世则以记诵闻见为"学",以诵习勤、闻见博为"好学"。……学苟不在性情上用功,则学非其学。性情上苟不得力,纵夙夜孜孜,博极群籍,多材多艺,兼有众长,终不可谓之"好学"。②

二曲认为,"学"的目的是约情复性,其内容应当是内在道德性情的

---

① 李颙:《四书反身录·孟子》,《二曲集》,陈俊民点校,第519—520页。
② 李颙:《四书反身录·论语》,《二曲集》,陈俊民点校,第448—449页。

涵养和节制,而非外在知识的记诵闻见。如果不在性情修养上用功而只是一味地"博极群籍",那将不仅不能够认识、体证天性,反而恰恰是滋生情识、放逸本心而成为有违天性的罪魁祸首。这里的"约情",与"博学"相对,要求将人的精神注意力由向外物的认知转向内心的体证。正所谓"学,所以明性而已,性明则见道,道见则心化,心化则物理俱融。跃鱼飞鸢,莫非天机;易简广大,本无欠缺;守约施博,无俟外索"①。这一观点,显然是孟子"求放心"、阳明"致良知"学说的重新表述。

二曲"摄情归性"说的具体内容是:通过"慎几微之发,严理欲之辨",来实现"欲理两忘,谶念不起,犹镜之照,不迎不随"②的"绝学"境界。为了说明这种约情复性的养心绝学的真实可行性,他屡引王心斋《学乐歌》"人心本自乐,自将私欲缚。私欲一萌时,良知还自觉。一觉便消除,此心依旧乐。乐是乐此学,学是学此乐",以此来表达良知心体感发自为时的种种道德愉悦感与满足感。很显然,二曲的这些论述并无多少新意,他只是以自己的言说方式重新叙述了阳明后学中王龙溪一系的思想。下面将要论述的"虚明寂定"的灵明论、"无善无恶"的天机论以及"无念之念"的意念关系论,更能体现其良心本体论的意蕴。

（三）"虚明寂定"的灵明论

陆王一系主张"先立乎其大",学贵立心,正所谓"虚灵不昧,众理具而万事出。心外无理,心外无物"③。二曲亦说:"吾之教人,使其鞭心返观,重本轻末。久则自觉意思安闲,襟怀潇洒,一切外物,自不入虑。"④至于有人问何谓"本",二曲的回答是:"即各人心中知是知非,一念之灵明是也。此之谓天下之大本。立者,立此而已。……既觑本面,一证永证,一了百了,生顺死安,无复余憾也。"⑤

----

① 李颙:《四书反身录》,《二曲集》,陈俊民点校,第562页。
② 李颙:《学髓》,《二曲集》,陈俊民点校,第19页。
③ 王阳明:《亲民堂记》,《王文成公全书》卷七,第37页下,四部备要本。
④ 李颙:《靖江语要》,《二曲集》,陈俊民点校,第33页。
⑤ 李颙:《靖江语要》,《二曲集》,陈俊民点校,第34页。

又说:"形骸有少有壮,有老有死,而此一点灵原,无少无壮,无老无死,塞天地,贯古今,无须臾之或息。会得此,天地我立,万化我出,千圣皆比肩,古今一旦暮。"①

二曲对"灵明"或"灵原"这一本体的无生死、塞天地、贯古今等终极性之赞叹,其实即是对孟子、阳明所谓的"良知""良心",以及《大学》中的"明德"的赞叹。对于这一道德形上学内容的描述与规定,二曲花费了很多笔墨。如对于"灵明"之本体的"虚明寂定为本面"②,他这样规定:

> 静而虚明寂定,是谓"未发之中";动而虚明寂定,是谓"中节之和"。时时返观,时时体验。一时如此,便是一时的圣人;一日如此,便是一日的圣人;一月如此,便是一月的圣人;终其身常常如此,缉熙不断,则全是圣人,与天为一矣。③

将"虚明寂定"当作心性之本来面目或根本属性的类似描述还有不少,当有人进一步追问"虚明寂定之景若何"时,二曲分别采用了四个比喻性的说法间接而形象地予以了说明:

> 即此是景,更有何景。虚若太空,明若秋月,寂若夜半,定若山岳,则几矣。然亦就景言景耳。若著于景,则必认神为本面,障缘益甚,本觉益昧。④

更具体地说来,心体"虚、明、寂、定"这四种属性可以作如下的描述:其一,"虚"即虚空,指其具有形而上的真实性。"心体本虚,物物而不物于物,廓然大公,物来顺应。如是则虽酬酢万变,而此中寂然莹然,未尝与之俱驰。"⑤其二,"明"即自明,指其具有纯粹至善性。"天与我此性,虚灵不昧,无须臾之少离;天昭鉴我此性,凛凛在上,无须臾之或离。虽欲

---

① 李颙:《学髓》,《二曲集》,陈俊民点校,第18页。
② 李颙:《学髓》,《二曲集》,陈俊民点校,第20页。
③ 李颙:《学髓》,《二曲集》,陈俊民点校,第21页。
④ 李颙:《学髓》,《二曲集》,陈俊民点校,第21页。
⑤ 李颙:《四书反身录·大学》,《二曲集》,陈俊民点校,第408页。

不惧,其可得乎?‘昊天曰明’,正是‘顾諟天之明命’,惟恐心思念虑少有纵逸,不合天心。”①其三,“寂”即寂静,无从闻见,指其具有时空与语言上的超绝性。“秦镜朗月,不足以喻其明;江汉秋阳,不足以拟其皜。行且微尘六合,瞬息千古,区区语言文字,曾何足云。即有时不得不言,或见之语言文字,则流于既溢,发于自然;不烦苦思,不费安排,言言天机,字字性灵,融透爽快,人已咸惬矣!”②其四,“定”即安定,兼有决定、主宰义,指其具有主体统摄性。“学问之要,全在定心;学问得力,全在心定。心一定,静而安,寂然不动,感而遂通,廓然大公,物来顺应,犹镜之照,不迎不随,此之谓‘能虑’,此之谓‘得其所止’。”③

上述对“灵原”的精微论述固然是从自身的心性修养中体贴出来的,十分真切却又不无神秘。总体上看,二曲的灵明论属于阳明学当无疑义,且在阳明后学中更接近于泰州学派的良知现成论。在二曲《观感录》一书中,都是一些主张圣凡平等、超凡入圣的典型,其首选就是王艮,堪为显例。无论是王门左派还是二曲,其在良知灵原的论述上可谓壁立万仞,在儒、禅之间只争一线,引起了诸多误解与非议。这一点,在二曲的“无善无恶”论与“一念万年”论上体现得更为明显。

(四)“无善无恶”的天机论

众所周知,对阳明四句教中首句“无善无恶为心之体”的不同理解,是导致阳明后学分化以及导致狂禅流弊的重要起因。到了明末,“无善无恶”之说除遭到王门内部的批判之外,且“为顾叔时(泾阳)、顾季时(泾凡)、冯仲好(少墟)明白排决”④,以减少阳明学的流弊。时至清初,二曲到苏、锡、常等东林之学重镇讲学时,却仍坚决主张心体“无善无恶”的观点,难怪乎遭到了普遍非议。不过,二曲不为诸多非议所动,为阳明也为

---

① 李颙:《四书反身录·中庸》,《二曲集》,陈俊民点校,第415页。

② 李颙:《答张澹庵》,《二曲集》,陈俊民点校,第145页。

③ 李颙:《四书反身录·大学》,《二曲集》,陈俊民点校,第403页。

④ 黄宗羲:《东林学案·顾泾阳传》,《明儒学案》卷五十八,沈芝盈点校,第1379页,北京,中华书局,2008。

自己的"无善无恶"之说作辩护,他说:

> 先生曰:"此诸儒文字之见,学者不洞其大也。所见者形而下,其形而上者,原未之深契也。性本冲漠无朕,不可以'善'言。凡言'善'者,皆就其'继之者'而名也。若论'无声无臭'之本,'善'犹不可以强名,况'恶'乎!故无善之善,乃为至善;有意为善,虽善亦私。"此阳明立言之本意也。①

在二曲看来,心体"虚明寂定",无声无臭,冲漠无朕,寂然不动,本无所谓善恶之分的。当心体随感而应,产生意念之后,才有所谓"继善成性",才有所谓理欲、善恶、是非、正邪的区别。二曲之所以将心之本体界定为"无善无恶"而非"有善无恶",正是因为:"'有善有恶'从乎意动之后而言,而非言乎本然之性真有此对峙也,而未及思夫鄙图之善、恶两行,亦指乎意动之后也。"②心体寂然未发之前的状态,二曲除了使用上述"虚明寂定"来形容之外,还使用了"无念之念"一语(稍后详论),以表示其无思无虑、浑沦一体、绝无对待的性质。

二曲既承认孟子的性善学说,却又坚持说心体"无善恶"而非有善无恶;与此同时,还说"无善无恶"之心体是"无善之善"③,"万善之源"④。这些说法,乍看起来不仅自相矛盾,其实涉及的问题是对天道之善——亦即"元善"的认知与评价。二曲坚持心体"无善无恶"乃是真几之论,并不认为这一学说会流于狂禅。他说:

> "有意为善,虽善亦私",此前人见道语。盖心须寂然不动,感而后通,恻隐、羞恶、是非、辞让,随感而形,自然而然,莫非天则,非勉然而然,起炉作灶。若无所感而有意为善,犹未见孺子入井而辄欲怵惕。失何思何虑、寂然不动之本体,更是起炉作灶。即一无所为

---

① 李颙:《靖江语要》,《二曲集》,陈俊民点校,第35页。
② 李颙:《书三》,《二曲集》,陈俊民点校,第218页。
③ 李颙:《靖江语要》,《二曲集》,陈俊民点校,第35页。
④ 李颙:《中庸》,《二曲集》,陈俊民点校,第416页。

而为，毫弗涉私，亦是出位逐外。行仁义非由仁义，非私而何？……鄙意则谓人果真从事性功，恶固不可有，善亦岂可执？善与恶须一切放下，胸无一善可执，方为至善，方是"尽性至命"之绝诣。若尽性而犹有为善之见，横于胸中，物而不化，未免心为善累，犹眼为金玉屑障。性何由尽？命何由至？故必忘而又忘，并忘亦忘，令心如太虚，始获庶几。①

二曲区分"无意为善"与"有意为善"两种不同境界，只有在预设"天道之善"的前提之下才能成立，也只有在宋明理学道德修养"境界论"的理论框架内才能得到比较合理的解释。宋明理学化用了先秦道家的"自然"说，要求人在道德修养的境上达到如同天德流行那样的高妙境界。这时的人直如圣人，通体所为皆合天道自然的要求，所谓"无意为善"，即是随感而应的天机流露，自然而然，毫无人心起念，刻意行善，正所谓"视听言动，浑是天机"②。这才是真正的善，这才方为"仁义之根，道德之枢，经纶参赞之本"③。而人在无所感的情况下有意为善，"犹有为善之见横于胸中，物而不化，未免心为善累"，即使是"一无所为而为，毫弗涉私"，也是属于受外在目的强制与结果驱动的伪善。很显然，二曲在这里对人的道德修养境界提出了极其严格的要求，事实上很少有人能达到这一境界。不过，从理论上讲，"有意为善"是否一定就是自私呢？未必。人在有意识的前提下从事善举，然后又在道德理性的指导下不去追求行善的回报，这完全是可能的。但我们不能因此说这样的人行善是自私的。宋明理学在道德修养境的问题上，不自觉地借用了先秦道家的"自然"学说，要求人在道德境界上达到无心而自然地行善。这一理论很精微，但在现实的理解中常常容易生出各种偏差，故在阳明的后学中产生种种辩难。李二曲在明末清初之际仍然坚持阳明的"无善无恶心之体"的说法，

① 李颙：《答范彪西徵君》，《二曲集》，陈俊民点校，第 198 页。
② 李颙：《四书反身录·大学》，《二曲集》，陈俊民点校，第 403 页。
③ 李颙：《富平答问》，《二曲集》，陈俊民点校，第 125 页。

一方面体现了他对阳明学的"独契"之处,另一方面也表明他与"后理学时代"追求外王学的时代氛围并不相合的"落伍"特征。而之所以造成这一理论现象,主要是他脱离时代,独处冥思的结果。

(五)"无念之念"的意念关系论

在阳明的后学中,最关注意、念之辨的首推刘宗周。他不仅对二者作了明确区分,并批判了当时学界"以念为意""以念为知"的流行说法:

> 意者,心之所以为心也。……意之于心,只是虚体中一点精神,仍只是一个心,本非滞于有也,安得而云无?
>
> 一念不起时,意恰在正当处也。念有起灭,意无起灭也。今人鲜不以念为意者,呜呼! 道之所以尝不明也。[1]
>
> 意之好恶与起念之好恶不同。意之好恶,一机而互见;起念之好恶,两在而异情。以念为意,何啻千里?
>
> 程子云:"凡言心者皆指已发而言",是以念为心也;朱子云:"意者,心之所发",是以念为意也,又以独知偏属之动,是以念为知也;阳明子以格去物欲为格物,是以念为物也。后世心学不明如此,故佛氏一切扫除,专以死念为工夫,及其有得,又以念起念灭为妙用。总之,未识大道,非认贼作子,则认子作贼。[2]

在刘蕺山这里,"念"仍是比较感性化的原初意识,有是非、对错;而"意"则是指先验的道德意志("心中一点虚灵不昧之主宰"),纯善而坚定。蕺山在意、念之辨上既非议朱子,也批评阳明,是一个很特别的解释。他将"念"定义为无定向的认知活动,将"意"转换为有定向的"意志",是心之所以为心的根基或根据。这显然是为了解决在良知发见的具体过程中由于缺少道德意志的有效约束而流于狂禅的时代难题。

相比较而言,对于意、念关系,二曲只是一笔带过地说"意者,情之动

---

[1] 刘宗周:《答董生心意十问》,《刘宗周全集》第2册,第337—339页,杭州,浙江古籍出版社,2007。

[2] 刘宗周:《学言中》,《刘宗周全集》第2册,第412、420页。

也"，没有过多地讨论"意"与"念"之间的不同，通常是"以念为意"来谈良知的发用问题。

首先，二曲非常重视灵原发用时的原初状态。这虽然与一般动机论有所不同，但在重视审察动机的纯善与否上则有相同之处，如他说："发端起念之初，不可以不察也。"①

其次，二曲之所以重视起念之初，是因为心体意念一旦发动，必将影响"无善无恶"心体的天机自发。为此，他提出了必须从一开始就要息虑绝妄、屏缘绝欲，做到"无念之念"的工夫进路。他说：

> 无念之念，乃为正念，至一无二，不与物对。此之谓"止"，此之谓"至善"。念起，而后有理欲之分，善与恶对，是与非对，正与邪对，人禽之关，于是乎判。……欲理两忘，谶念不起，犹镜之照，不迎不随。夫是之谓"绝学"，夫是之谓"大德敦化"。②

又说：

> 惺惺一念是也。能常惺惺，无事时澄然湛然，何思何虑；事至，则随感而应，思其所当思，自不妄思，虑其所当虑，自无杂虑。③

二曲这里的"无念之念"，与"正念""惺惺一念""不妄思""无杂虑"并无不同，并非从根本上取消良知灵原的思虑功能。它无非是指灵原天机自发、自然流露，处于至纯至善状态的一种描述而已。

最后，为了说明"无念之念"的真面目与究竟义，二曲干脆又从禅宗那里借用了"一念万年"的说法。章太炎对此说法曾有评论，说道："顾宁人深惩王学，然南交太冲，北则尤善中孚。太冲固主王学者，中孚且称一念万年，其语尤奇。"④可以说，"一念万年"堪称二曲哲学中最具特色的一

---

① 李颙：《常州府武进县两庠汇语》，《二曲集》，陈俊民点校，第 26 页。
② 李颙：《学髓》，《二曲集》，陈俊民点校，第 19 页。
③ 李颙：《靖江语要》，《二曲集》，陈俊民点校，第 36 页。
④ 章太炎：《菿汉昌言》，溥杰编校：《章太炎学术史论集》，第 351 页，北京，中国社会科学出版社，1997。

种提法。它在《二曲集》中比比皆是，不胜枚举，今略举三条文献以窥一斑。

> 一念万年，死犹不死，此尧舜孔孟及历代尽性至命者，知生知死之实际也。[1]

> 湛湛澄澄，内外无物。往复无际，动静一原。含众妙而有余，超言思而迥出，此一念万年之真面目也。[2] 至此，则无圣凡可言，无生死可言了。先觉之觉后觉，觉此也。《六经》之"经后世"，经此也；《大学》之"致知"，致此也；《中庸》之"慎独"，慎此也；《论语》之"时学习"，学习乎此也；《孟子》之"必有事"，有事乎此也。以至濂溪之"立极"、程门之"识仁"、朱之"主敬穷理"、陆之"先立乎其大"、阳明之良、甘泉之认，无非恢复乎此也。外此而言学，即博尽羲皇以来所有之籍，是名玩物；著述积案充栋，是名丧志。[3]

> 诚能屏缘息虑，常寂常定，口无他言，目无他视，耳无他听，心无他念，内想不出，外想不入，洁洁净净，洒洒脱脱，此即一念万年之真面目也。……则身安命立，天赋之本然复矣。[4]

要而言之，二曲的"一念万年"是指心念达到终极之境的一种状态。此念一生死、一动静、一内外、一古今，显然与起灭不定之念有根本的区别，是脱离了心理学意义上的意念之内涵而成为表述至上生命境界的心学概念。二曲通过"一"与"万"的对待，认为只有"无念之念"的"念"，才是"尧舜孔孟及历代尽性至命者"的根本意志，这种根本意志不随时空条件的改变而改变，始终保持其自为自发的活力和坚定不移的意志定向，

---

① 李颙：《四书反身录·论语》，《二曲集》，陈俊民点校，第 478 页。
② 陈俊民点校本《二曲集》此句读为"此一念，万年之真面目也"，笔者以为"一念万年"当连读。"念"是"一"，是当下体认的，而"万年"则意指越超历史时空的永恒性，二曲通过此一命题想要表达的意思是意念具有即存有即活动、即当下亦永恒的超越性和无比最重性。实际上，庄子"参万岁而一成纯"的说法，与此亦可参看。
③ 李颙：《学髓》，《二曲集》，陈俊民点校，第 21 页。
④ 李颙：《传心录》，《二曲集》，陈俊民点校，第 46 页。

最终使得时空历史中的个体活动,特别是灵原的原初运动具有了至高无上的善性的可能性。

由于二曲把"念"看作道德行为的动机和心体运动的最原始因素,因此二曲的心性修养工夫也都聚焦于对于"念"的修持,简易直截,省去了过多的理论曲折与繁琐的哲学论证。按理来说,"学须该动静,偏静恐流于禅",但是为了体悟灵明本体的"未发之中",避免万念继起纷呈,二曲认为"用功莫先于主静",首先选择了以静坐为工夫入的手处。他主张"只是要主静,静极明生"①,"自识性灵,自见本面,夫然后主敬穷理,存养省察,方有着落"②,其静坐独体、主敬穷理的工夫论与"一念万年"论之间显然存在着理论逻辑上的一致性。

这里需要进一步指出的是,"无念之念"与"一念万年"的提法显然是受到了禅宗南岳一系"立无念为宗"思想的直接影响。③ 六祖《坛经·般若品》中有曰:"般若三昧即是无念,何名无念,若见一切法,心不染著,是为无念。用即遍一切处,但净本心,使六识出六门,于六尘中,无染无杂,来去自由,通用无滞,即是般若三昧,自在解脱,名无念行。若百物不思,当令念绝,即是法缚。"其中"心不染着,是为无念","无染无杂,来去自由,通用无滞"等说法,与二曲"屏缘息虑,常寂常定……心无他念……洒洒脱脱","由思而至于无思,则朗然常觉,而本体常现,缉熙不断。如是,

---

① 李颙:《两庠汇语》,《二曲集》,陈俊民点校,第 30 页。

② 李颙:《授受纪要》,《二曲集》,陈俊民点校,第 135 页。

③ 二曲对佛教中的禅宗理论尤其注意,在《二曲集》里,特别是在与顾炎武论学书信中,曾多次提及惠能此人。二曲认为惠能乃始标"体用"二字之人,还说"惠能生平绝不识字,亦不能阅,其所从入,不繇语言文字,解经演法,直抒胸臆",对惠能及禅宗予以相当肯定的评价。参见《二曲集》,陈俊民点校,第 152 页。另外,在对儒释道三教的态度上,顾炎武称"生平不读佛书,如《金刚经解》之类,未曾见也",而二曲认为,若欲研究学术异同,判断学术是非,释典、玄藏亦不可不一寓目。二曲还说:"然天地间道理,有前圣之所未言,而后贤始言者;吾儒之所未言,而异学偶言之者。但取其益身心、便修证耳。"与此相关,在"体用"概念的起源上,二曲认为其源自印度佛教。他认为"'体用'二字相连并称,不但六经之所未有,即十三经注疏亦未有也",虽然"西来佛书,虽无此二字,而中国佛书,庐惠能实始标此二字。惠能,禅宗之所谓六祖也,其解'金刚经',以为'金者,性之体;刚者,性之用'。"而顾则认为"'体用'二字,既经传之所有",勿需外求别教。顾虽以博学宏通称,但在对待学术遗产时,反而不如二曲态度开放、包容和客观。

则常寂而常定,安安而不迁,百虑而一致,无声无臭,於穆不已"①等说法几乎没有什么区别。二曲说"无念之念,乃为正念",是要将灵原"屏缘息虑"至一种无念可念的"虚明寂定"的境地,与"般若三昧,自在解脱"的禅定境地,至少在经验体悟与概念上有异曲同工之妙。正所谓"二氏(按指释、道)作用,与吾道悬殊,而一念万年之实际,亦有不可得而全诬者"②。二曲认为人们对于灵原的经验体悟具有超越理论宗派的共通性,因此借用禅宗的说法又有何妨?他在《答张敦庵》一书中,对于张氏"带来带去等语,未免涉禅"的疑问,二曲通过批评陈建(号清澜,广东东莞人,嘉靖年间进士)所著《学蔀通辩》一书,力辨阳明学及己学并非禅学。二曲说自己只是"虚其心"而没有"空其理",其"无念之念""一念万年"之说法,"夫岂释氏参话头麻其心于无用者,可得而班耶"!③

　　二曲对禅佛教的借鉴吸收,一方面为他会通三教、兼取朱陆提供了丰富的思想资源和广阔的解释空间,另一方面也引起了诸多非议。《四库全书总目提要》中认为"颙之学,本于姚江",其"无念之念"的不动心论"是亦主持太过,而流于偏驳者矣"。④ 这一批评应该说有一定的道理,但对其"无念之念"说法的具体内容缺乏必要的分析。李氏的"无念之念"实际上即是先验的道德之"意",他只不过借用了禅宗的概念,并未取消儒家的先验道德原则。

三、"明体适用"的体用全学

　　李二曲"反身悔过"的立言宗旨强调建立内在道德主体性的重要性,但仅仅有内而无外、有体而无用、有形上而无形下是远远不够的。在二曲看来,儒家的学问不仅仅是形上道德心性本体之学,而且同时也包括修、齐、治、平等内容的形下内容,因而是形上与形下一贯的学问。正如

---

① 李颙:《答胡士英》,《二曲集》,陈俊民点校,第147页。
② 李颙:《富平答问》,《二曲集》,陈俊民点校,第127页。
③ 李颙:《答胡士英》,《二曲集》,陈俊民点校,第147页。
④《四库全书总目四书反身录提要》,《二曲集》,陈俊民点校,第716—717页。

她所说:"儒者之学,明体适用之学也。……其实道学即儒学,非于儒学之外别有所谓道学也。"①章太炎在《诸子略说》中亦曾指出,"盖二曲虽静坐观心,然其经济之志未曾放弃",体现出儒家学者鲜明的经世致用精神与深切的忧患时意识。用二曲的话来说,儒者"明体"之后还要"适用",儒学须是一套"明体适用"的"体用全学"。

(一)明体适用

二曲的体用论,即所谓的"明体适用"说,最早出现于 30 岁时的《盩厔答问》中。他说:

> 穷理致知,反之于内,则识心悟性,实修实证;达之于外,则开物成务,康济群生。夫是之谓"明体适用"。明体适用,乃人生性分之所不容已,学焉而昧乎此,即失其所以为人矣!……明体而不适用,便是腐儒;适用而不明体,便是霸儒;既不明体,又不适用,徒灭裂于口耳伎俩之末(另为:辞章记诵之末),便是异端。②

类似的说法还有:"穷理致知,反之于内,则识心悟性,实修实证;达之于外,则开物成务,康济群生,夫是之谓明体适用。"③

在《四书反身录》及答顾炎武的信中,他还多次提到这一说法:"澄心返观,深造默识以立体;通达治理,酌古准今以致用。体用兼资,斯不愧于须眉。"④

又说:

> 明体而不适于用,便是腐儒;适用而不本于明体,便是霸儒;既不明体,又不适用,徒汩没于辞章记诵之末,便是俗儒;皆非所以语于大学也。⑤

---

① 李颙:《盩厔答问》,《二曲集》,陈俊民点校,第 120 页。
② 李颙:《盩厔答问》,《二曲集》,陈俊民点校,第 120 页。
③ 李颙:《盩厔答问》,《二曲集》,陈俊民点校,第 120 页。
④ 李颙:《四书反身录·大学》,《二曲集》,陈俊民点校,第 401 页。
⑤ 李颙:《四书反身录·大学》,《二曲集》,陈俊民点校,第 401 页。

在答顾炎武的信中说:"如'明道存心以为体,经世宰物以为用',则'体'为真体,'用'为真用。……苟内不足以明道存心,外不足以经世宰物,则'体'为虚体,'用'为无用。"①

简而言之,二曲所说的"明体"就是内圣立德,"适用"就是外王济世,二者"乃人生性分之所不容已"②,因而是具有内在统一性的。所以存心与格物、道德与经济的德业双馨、内外兼修就是成就一个"全儒""完人"所要具备的必要条件和内容。

二曲"明体适用"说主要是通过道德(理学)与经济或者义与利这对范畴来论述的。他说:"理学、经济,原相表里,进呈理学书而不进呈经济之书,则有体无用,是有里而无表,非所以明体适用,内圣而外王也。"③他还说:

> "儒"字从"人"从"需",言为人所需也。道德为人所需,则式其仪范,振聋觉聩,朗人心之长夜;经济为人所需,则赖其匡定,拯溺亨屯,翊世运于熙隆:二者为宇宙之元气,生人之命脉,乃所必需,而一日不可无焉者也。然道德而不见之经济,则有体无用,迂阔而远于事情;经济而不本于道德,则有用无体,苟且而杂乎功利:各居一偏,终非全儒。④

"适用"之"用"除了关注了民生民富等经济事功以外,二曲的关注还有两个主要方面:一是"为政以德",整顿吏治。他详细论述了官吏有司应以"四事"自勉,而为民去其"十害",条条都针砭时弊,对症下药,对政治道德予以了初步探讨,特别是对传统农村的政治经济所存在的问题分

---

① 李颙:《答顾宁人先生》,《二曲集》,陈俊民点校,第149—150页。
② "性分"一词,实儒家的"天职"概念。此一点恰是儒学近代转化之关键处。
③ 李颙:《与许学宪书》,《二曲集》,陈俊民点校,第176页。
④ 李颙:《四书反身录·论语》,《二曲集》,陈俊民点校,第450页。

析得相当深刻。这对当下行政伦理建设不无镜鉴。① 另一方面,因为他主张"明学术以治人心",所以他还对有关"学政"给予了非常多的关注。

功名虽然不能简单地等同于于经济,但功名并不是不可以追求的。二曲同样认为,"志于道德者,潜心性命,惟期道明德立,功名不足以夺其志;志于功名者,究心经济,惟期功成名就,富贵不足以夺其志"②。他的意图是让道德主体自觉造就一个立己达人、内外平衡的儒家式完人或君子。

(二) 体用全学

李二曲对于"学"的定义主要遵循《大学》中的"大学之道",认为"学"之根本在"为己"而后"达人",如他说:

> 学非辞章记诵之谓也,所以存心复性,以尽乎人道之当然也。其用功之实,在证诸先觉,考诸古训,尊所闻,行所知,而进修之序,敬以为之本,静以为之基。博学、审问、慎思、明辨而躬践之,一有缺焉,非学也。③

这段话说得很明白,学即用功,其具体内容就是,"证诸先觉,考诸古训,尊所闻,行所知";其"进修之序",即学的先后次序和过程则是"敬以为之本,静以为之基。学的方法则有,"博学、审问、慎思、明辨而躬践之"并且"一有缺焉,非学也",说明"学"既是一个持续不断和完整的过程,其内在构成元素是立体的。注重"敬"以确保道德的能动性与生长活力,注重"静"以道德修养与积累的基础。很明显,这些说法继承了二程、朱子的"涵养须用敬,进学在致知"的"主敬穷理"理论。在同一时期他还说道:

---

① 参见李颙《司牧宝鉴》,《二曲集》,陈俊民点校,第 369—371 页。"四事"分别是:(1) 律己以廉;(2) 抚民以仁;(3) 存心以公;(4) 涖事以勤。"十害"则分别是:(1)断狱不公;(2)听讼不审;(3) 淹延囚系;(4) 残酷用刑;(5) 泛滥追呼;(6) 招引告讦;(7) 重叠催税;(8) 科罚取财;(9) 纵吏下乡;(10) 低价买物。
② 李颙:《四书反身录·论语》,《二曲集》,陈俊民点校,第 471—472 页。
③ 李颙:《东林书院会语》,《二曲集》,陈俊民点校,第 96 页。

故君子于学也,隐而幽独危微之介,显而人伦日用之常,以至古今致治机猷,君子小人情伪,及礼、乐、刑、赋、役、农、屯,皆当一一究极,而可效诸用,夫是之谓大人之学。……苟一物不格,则一理未明,一理未明,则临事应物,又安能中款中会,动协机宜,此不学无术,寇相之所以见诮于张公也。[①]

在《体用全学》中,二曲建构了"体用全书"的三层构架。一是"明体之明体"之学,所列书目全属心学尊德性一系著作(如陆象山、王阳明、王龙溪、罗近溪、杨慈湖、陈白沙),二是"明体之工夫"之学,所列书目则是诸如二程、朱子、吴与弼、薛瑄、胡居仁、罗钦顺、吕柟、冯从吾等程朱一系道问学著作。其杂糅程朱陆王"由工夫以合本体,由现在以全源头,下学上达,内外本末,一以贯之"的立场,由此可见一斑。[②] 三是"适用"之学,所列书目多为史地、经济、律法、军事、农田水利等著作。

由上简述可以看出,二曲之学的范围是非常广博的,其内容可以分为三个层次:学在尽心、学在敦伦、学在为用。在独处时,讲究慎独;在社群中,讲究克己复礼、康世济民。尽心与敦人伦是究性理、尊德性,目的是为了立人极,成就道德修养,其主要方法在于用心默证体认,此时学就是寂感与直觉、体验与肯认。而学以致用则主要体现在经济事功方面,是研事理、道问学,主要方法在于知性了解和经验习得,此时学是技能的练习、锻炼与深造。这是一个先内化再外化的过程,明理应物,才能游刃有余,强调了知识对于行为的控制和指导作用。

在传统学术史上,李颙曾经居于"清初三大师"的地位,但是在现代学术史与明清哲学史中,却丧失了这一地位。1920年,章太炎在《重刊船山遗书序》中则指出,"明末三大儒,曰顾宁人、黄太冲、王而农,皆以遗献自树其学",对明末清初诸儒重新排定了座次,而且基本上奠定了现代学术史、哲学史对此三人的地位。这种学术史、思想史与哲学史对历史人

---

① 李颙:《锡山语要》,《二曲集》,陈俊民点校,第40页。
② 李颙:《体用全学》,《二曲集》,陈俊民点校,第49—52页。

物的进退排位,主要是由于现代学术的价值诉求与评价尺度发生了巨大变化。特别是在现代性的宏大叙事模式下,传统思想的价值取决于对现代文化建设的作用大小。二曲本人的思想旨趣,与晚明至清代逐渐成为主流的提倡达情遂欲、实事求是的新思想潮流不甚相侔。颜元曾经非常不客气地批评二曲:"膺抚台尊礼,集多士景从,亦只讲书说话而已。……后儒之口笔,见之非,无用;见之是,亦无用,此所以吾心益伤也!"①习斋的这一批评后来虽然遭到了章太炎的反驳,但是他对于二曲之学的态度在后世学者中间具有一定的代表性。梁启超在《明清之交中国思想界及其代表人物》一文中,认为二曲的学风与当时的孙奇逢类似,在当时是"最为'平民的'","注重实践,少谈玄理,可以说是儒家的'清教徒'"②。他"以无用为用,乃激励廉耻心"③的隐逸实践,很好地展现了二曲知行合一、体用全学的基本精神。二曲之学作为关学一脉,朴实敦厚,大概不出黄宗羲"关学世所渊源,皆以躬行礼教为本"这一评价的总体特点。④

　　总而言之,李二曲承"心学"之大意直指本心,以"悔过自新"说标宗立义,以"无念之念"为工夫进路,以"明体适用"为推扩手段,形成了一套别具特色的"体用全学"。其思想主张与隐逸的生存方式,对于研究清初哲学思想的诸多面向,尤其是研究王学的发展历史,具有重要的思想史意义。全祖望曾经高度赞扬二曲道,"先生起自孤根,上接关学六百年之

---

① 李塨:《颜元年谱》,王源订,陈祖武点校,第 80 页,北京,中华书局,1992。章太炎对颜元的反批评是这样说的:"据是,则至人无危,其次犹有闲居静思、辟欲远声者。以此思仁,是非延平李氏所谓默坐澄心、体认天理者邪?故知此事非独禅宗所有。特以臧息自治,任人自为,不容载诸学官律令,故师保诸职,未有一言及此。颜氏谓非,亦屏此功,亦视思仁之道大轻矣,皆矫枉过直之论也。"参见章太炎《章太炎学术论著》,刘凌、孔繁荣编校,第 115—116 页,杭州,浙江人民出版社,1998。
② 载《东方杂志》第 21 卷第 3 号。另见余英时等《中国哲学思想论集·清代篇》,第 5 页,台北,水牛出版社,1988。
③ 李颙:《与当事论出处》,《二曲集》,陈俊民点校,第 196 页。
④ 黄宗羲:《明儒学案》,沈芝盈点校,第 11 页,北京,中华书局,2008。

统,寒饿清苦之中,守道愈严,而耿光四出,无所凭籍,拔地倚天,尤为莫及。"①全氏的说法,从传统学术重视士人道德人格的角度看,应当具有相当大的合理性。

第二节　颜元的哲学思想及其反理学思想

颜元(1635—1704),字易直,又字浑然,自号习斋,河北博野人,明末清初学者。他的思想形成过程甚为曲折,先是信奉陆王,后改信程朱,最后扬弃陆王、程朱而自创重"实事"、"实行"、实功(或曰实效)的实学理论体系。在人性论的问题上,坚持气质之性亦善的人性论。他是清初北方重要的儒家学者。后来,他的学生李塨继承并发扬颜氏之学,在后世产生了很大影响,史称"颜李学派"。颜元的主要著作均收在《颜元集》(中华书局版)一书中。

学术界对颜元的哲学思想有较多的研究,有重视其思想中"两个世界"的划分及其实学思想所含的近代启蒙意义②,有重视其人性论的思想地位及其实学思想的③。依照现存的《颜元集》所收的著作与文章来看,颜元的思想框架大体上以存性、存学、存人、存治四部分组成。用现代哲学的眼光来看,大体上可分为人性论、知识论、儒家人伦与政治论三大部分。从思想史的角度来看,思想成熟以后的颜元,反对宋明理学中的程朱理学与陆王心学,主要是反对他们思想中的虚空无用的思辨思想成份,并不完全反对他们学说中所维护的天理秩序。颜元极力反对佛、道二教逃离儒家人伦的立场比反对理学的思想似乎更为激烈、彻底,要求用儒家的世俗人伦彻底战胜佛、道二家的现实影响。对于此点,很多现行研究颜元思想的著作不甚在意。

---

① 全祖望:《二曲先生窆石文》,《鲒埼亭集》卷十二,四部丛刊本。另见《二曲集》,陈俊民点校,第614页。
② 参见侯外庐《中国想想通史》第五卷,第324—374页,北京,人民出版社,1956。
③ 参见王茂、蒋国保等《清代哲学》,第258—298页。

　　颜元思想的基本经历大体可以从《未坠集序》中略窥梗概。他21岁读《资治通鉴》，"以为博古今，晓兴废邪正即人矣"[①]。自此之后，受同里彭九如的影响开始知道陆王之学，"以为圣人之道在是，学得如陆、王乃人矣；从而肆力焉"。25—26岁，又读到《性理大全》，深深喜爱，"以为圣人之道又在是，学得如周、程、张、朱乃人矣；从而肆力焉"，并在家中孔子牌位前，"题明道诸儒主，次四配下，朔望拜礼，出入告面，事如父师。于《通书》称周子真圣人，于《小学》称朱子真圣人。农圃忧劳中，必日静坐五、六次，必读讲《近思录》、《太极图》、《西铭》等书；云得《太极图》，一以贯之"。到康熙七年(1668)，经历了一次养祖父母的大丧之事，遵照朱子的《家礼》，觉得有"拂戾性情"的地方，但此时的他还不敢怀疑《家礼》不合周公旧礼之处，到该年之末，欣然知道自己本姓不是朱姓，要减损哀礼的等级，不能在庐墓中守丧。此时，偶尔读"《性理》、《气质之性总论》、《为学》等篇，始觉宋儒之言性，非孟子本旨；宋儒之为学，非尧、舜、周、孔旧道；而有《存性》、《存学》之作，然未敢以示人也"[②]。

　　从康熙七年到康熙三十年的23年里，颜元仍然不敢轻易冒犯宋儒的赫赫势焰，有着想将就依附宋儒的思想。然而到康熙三十年游中州时，颜元的思想发生了根本性的变化。他"见人人禅宗，家家训诂，确信宋室诸儒即孔、孟，牢不可破"的局面时，才真正的意识到：

　　　　口敝舌疲，去一分程、朱方见一分孔、孟；不然，则终此乾坤，圣道不明，苍生无命矣。……于是始信程、朱之道不熄，周、孔之道不著，圣人复起，不易吾言矣！乃断与之判为两途。[③]

　　由上述文献可知，颜元对于陆王、程朱之学是始信而后疑，再经历相当长的沉默期后才敢于公开对其加以批判的。其思想历程与王阳明颇为相似，只是阳明辟程朱而不甚批评陆九渊而已。

---

① 颜元：《习斋记余》卷一，《颜元集》下，王星贤等点校，第397页。
② 颜元：《习斋记余》卷一，《颜元集》下，王星贤等点校，第397页。
③ 颜元：《习斋记余》卷一，《颜元集》下，王星贤等点校，第398页。

一、颜元的人性论

颜元认同孟子以来人性本善的思想，就此点而言，他与宋明儒学的人性论思想没有什么根本的冲突。他与宋明儒学人性论思想的不同之处仅仅在于：他从气化流行的道论与理气混融的宇宙一本体论的立场出发，坚持"气质之性不恶"、恶为外界"引蔽习染"的人性论立场。颜元对宋明儒学"气质之性"与"义理之性"二分的人性论的批评，有些地方颇为精彩，但有些地方也缺乏理论的说服力，反而不如宋明儒学的人性思想精微。这与颜元轻视理论思维的思想倾向有关。

颜元的人性论思想是建立在"有物有则""天道本善"的古典信仰之上的。他坚持理气融为一片，阴阳二气是天道之良能的观点，反对"理善气恶"的说法。

颜元的基本观点是：万物由理与气两部分构成的，而理与气是混融一体，不可分割的。所以上述图中的正者、间者、交杂者、高明者、卑暗者、清厚者、浊薄者，长、短、偏、塞者，都是此理此气。而"二气四德者，未

他曾经绘有一幅"浑天地间二气四德化生万物之图"，形象地展示他的"理气混融"说。

他对此图解释道：

> 知理气融为一片，则知阴阳二气，天道之良能也；元、亨、利、贞四德，阴阳二气之良能也；化生万物，元、亨、利、贞四德之良能也。知天道之二气，二气之四德，四德之生万物莫非良能，则可以观此图矣。[2]

浑天地间二气四德化生万物之图[1]

---

① 颜元：《性图》，《颜元集》下，王星贤等点校，第21页。
② 颜元：《性图》，《颜元集》上，王星贤等点校，第21页。

凝结之人也；人者，已凝结之二气四德也。存之为仁、义、礼、智，谓一者，以在内之元、亨、利、贞名之也；发之为恻隐、羞恶、辞让、是非，谓之情者，以及物之元、亨、利、贞言之也；才者，性之为情者也，是元、亨、利、贞之力也。谓情有恶，是谓已发之元、亨、利、贞，非未发之元、亨、利、贞也。谓才有恶，是谓蓄者元、亨、利、贞，能作者非元、亨、利、贞也；谓气质有恶，是元、亨、利、贞之理谓之天道，元、亨、利、贞之气不谓之天道也。噫！天下有无理之气乎？有无气之理乎？有二气四德外之理气乎？"①

颜元接受了宋儒程朱一系理气二分，理赋于性、气凝为气质的物性与人性的二分思维框架，但没有接受程朱一系理生气的本体—生成论和性善而气质恶的人性论思想，而是以"理气混融"的本体—生成论和人性本善，气质与情、才不恶的人性论，来批评宋儒程朱一系的理气论与人性论，因而高度体现了"内在一元论"②的思想倾向。他认为："人之性，即天之道也。以性为有恶，则必以天道为有恶矣；以情为有恶，则必以元、亨、利、贞为有恶矣；以才为有恶，则必以天道流行乾乾不息者亦有恶矣；其势不尽取三才而毁灭之不已也。"③在肯定人性与天道相通的理论前提下，颜元反复为人的"气质之性不恶"进行理论辩护，如他说：

> 若谓气恶，则理亦恶，若谓理善，则气亦善。盖气即理之气，理即气之理，乌得谓理纯一善而气质偏有恶哉！
>
> 譬之目矣：眶、皰、睛，气质也；其中光明能见物者，性也。将谓光明之理专视正色，眶、皰、睛乃视邪色乎？余谓光明之理固是天命，眶、皰、睛皆是天命，更不必分何者是天命之性，何者是气质之性；只宜言天命人以目之性，光明能视即目之性善，其视之也则情之善，其视之详略远近则才之强弱，皆不可以恶言。盖详且远者固善，即略且近亦第善不精耳，恶于何加！惟因有邪色引动，障蔽其明，然

① 颜元：《性图》，《颜元集》上，王星贤等点校，第 21 页。
② 参见刘述先《黄宗羲心学的定位》，新版自序第 1 页。
③ 颜元：《性图》，《颜元集》上，王星贤等点校，第 22 页。

后有淫视而恶始名焉。然其为之引动者,性之咎乎,气质之咎乎?若归咎于气质,是必无此目而后可全目之性矣,非释氏六贼之说而何![①]

颜元上述喻证的合理性在于,一切抽象的属性必依托于相应的实体,眼睛能见的属性必须依托眶、疱、睛的实体。如果说眼睛能见的属性是善的,那么就不能简单地说眶、疱、睛等实体是恶的。同理,如果说"理"所赋予人的根本属性——理性是善的,则这种根本属性所依托的人的肉身——气质之性,也应当是善的。因为离开了这种气质之性,道德理性无法存在,更谈不上发挥作用,正如人离开了眶、疱、睛的眼睛实体根本没有看的属性是一样的。在上述喻证中,颜元真正要表达的意思是:人的气质之性以及与气质之性密切相关的感性需求,并不是现实中人之恶行产生的根本原因,更不能从理论上简单地将感性欲求判定为是人性恶的成份,将道德理性判定为是人的善的源头。人在现实中表现出的善恶行为是由别的原因引起的,即是由恶的习与染所引起的。

颜元为了论证人的气质之性不恶的理论命题,采用了一个极其质朴的比喻,即以棉桃来喻证人性气质不恶的道理。他说:

> 天道浑沦,譬之棉桃:壳包棉,阴阳也;四瓣,元、亨、利贞也;轧、弹、纺、织,二气四德流行以化生万物也;成布而裁之为衣,生人也;领、袖、襟裾,四肢、五官、百骸也,性之气质也。领可护项,袖可藏手,襟裾可蔽前后,即目能视、耳能听、子能孝、臣能忠之属也,其情其才,皆此物此事,岂有他哉!不得谓棉桃中四瓣是棉,轧、弹、纺、织是棉,而至制成衣衫即非棉也,又不得谓正幅、直缝是棉,斜幅、旁杀即非棉也。如是,则气质与性,是一是二?而可谓性本善,气质偏有恶乎?[②]

---

① 颜元:《驳气质性恶》,《颜元集》上,王星贤等点校,第1页。
② 颜元:《棉桃喻性》,《颜元集》上,王星贤等点校,第3页。

颜元上述比喻旨在说明,人性与棉衣有相似之处,人的道德善性是人性的有机组成部分,而人性的感性内容也是人性的有机组织部分,正如棉花四瓣是棉花、通过加工后的棉纱,以及由棉纱织成的棉布,其成分也是棉花,由棉布裁剪而成的棉衣当然还是棉制品的衣服而非其他。棉的统一贯穿于棉花加工过程之中及棉制品的各种形态之中。人性的统一性也贯穿于人的感性与理性的统一及其各种表现形态之中。人性之恶不是先天的人性内容,而只是由于环境影响的结果,正如衣服的污染不是棉花先天的本性而是后天的污染的道理一样。他说:

> 然则恶何以生,则如衣之著尘触污,人见其失本色而厌观也,命之曰污衣,其实乃外染所成。有成衣即被污者,有久而后污者,有染一二分污者,有三四分以至什百全污不可知其本色者;仅只须攒瀚以去其染著之尘污已耳,而乃谓洗去其襟裾也,岂理也哉! 是则不特成衣不可谓之污,虽极敝亦不可谓衣本有污。[1]

颜元如此来看待人性的问题,当然包含了他对人性可以为善,以及人即使有恶性也可以被改造为善人的善良愿望,也与他自己坚持的体用一致,形性不二的思想原则相一致。从思想史的角度来看,颜元的人性论与墨子、荀子以习染论人性的变化思路有相似之处,然而在理论上并无法说明人的善恶行为在相同的社会条件下何以出现不同的复杂现象。我们似乎只有从他憧憬的王道社会的角度,才可以进一步理解他所谓的人性之恶来自于习染的理论观点。他说:

> 呜呼! 祸始于引蔽,成于习染,以耳目、口鼻、四肢、百骸可为圣人之身,竟呼之曰禽兽,犹币帛素色,而既污之后,遂呼之曰赤帛黑帛也,而岂其材之本然哉! 然人为万物之灵,又非币帛所可伦也。币帛既染,虽故质尚在而骤不能复素;人则极凶大憝,本体自在,止视反不反、力不力之间耳……吾故曰,不惟有生之初不可谓气质有

---

[1] 颜元:《棉桃喻性》,《颜元集》上,王星贤等点校,第3—4页。

恶，即习染凶极之余亦不可谓气质有恶也。此孟子夜气之论所以有功于天下后世也。程、朱未识此意，而甚快夜气之说，则亦依稀之见而已矣。①

在这里，颜元用"体用一致"的观点进一步驳斥了理学家在人性问题上所持的理善气恶的观点，认为人之所以为恶，乃是后天环境的影响所致，与其所禀气质毫无关系。他对宋儒程朱以水喻性的论证方式也给予了反驳，说道：

> 程、朱因孟子尝借水喻性，故亦借水喻者甚多……程子云："清浊虽不同，然不可以浊者不为水。"此非正以善恶虽不同，然不可以恶者不为性乎？非正以恶为气质之性乎？试问，浊是水之气质否？吾恐澄彻渊湛者，水之气质，其浊之者，乃杂入水性本无之土，正犹吾言性之有引蔽习染也。其浊之有远近多少，正犹引蔽习染之有轻重浅深也。若谓浊是水之气质，则浊水有气质，清水无气质矣，如之何其可也！②

颜元人性论的现实意图是要求人们在具体的社会实践中彰显人性，从而培养和完善人格，而不是闭目静坐，静观内省，这体现了明清之际社会鼎革的历史大变动对人们思想的深刻影响。

人性论是颜元思想的核心与出发点，他的三事、三物、六行、六府的实学思想，均以人性论为其精神枢纽。他曾这样说道：

> 六行乃吾性设施，六艺乃吾性材具，九容乃吾性发现，九德乃吾性成就；制礼作乐，燮理阴阳，裁成天地，乃吾性舒张，万物咸若，地平天成，太和宇宙，乃吾性结果。故谓变化气质为养性之效则可，如德润身，晬面盎背，施于四体之类是也；谓变化气质之恶以复性则不

---

① 颜元：《性图》，《颜元集》上，王星贤等点校，第29页。
② 颜元：《借水喻性》，《颜元集》上，王星贤等点校，第4页。

可,以其问罪于兵而责染于丝也。知此,则宋儒之言性气皆不亲切也。[①]

颜元在人性善的理论前提下,承认人性可以养育、充实,但主张不可以回复到本初之善为由进而否定人性的感性内容。因此,他的反理学思想对宋儒否定气质之性、否定人情而肯定人的先验道德性的人性论思想给予了坚定而又系统的批判。

特别值得一提的是,颜元在批评程朱一系宋儒人性论思想的同时,也包含着对佛教人性论思想的批评,认为持"气质之性为恶"的人性论其实就是把儒家与佛教混为一体。要防止儒家思想的佛教化,或者说要保持原始儒家思想的纯正性,必须批评程朱一系宋儒的"气质之性为恶"的人性论思想。这一论证策略既可以看作是颜元为保护自己而设置的理论屏障,也曲折而隐晦地体现了颜元思想中"以复古求解放"的思想特征。他说:"非气质无以为性,非气质无以见性也。今乃以本来之气质而恶之,其势不并本来之性而恶之不已也。以作圣之气质而视为污性、坏性、害性之物,明是禅家六贼之说,其势不混儒、释而一之不已也。能不为此惧乎!"[②]

宋元明清时代的大多数儒者,在批评自己的理论对手时,往往将理论对手的思想与释、道二教联系起来,认为对方的思想借阶于释、道而背离了原始儒家的真精神。上述颜元对程朱理学一系人性论思想的批评,也采取了同样的论证策略。后来戴震亦从此角度批评程朱理学的整个立论基础的。

二、颜元的反理学思想

从广义的宋明理学角度看,颜元对于程朱理学与陆王心学,都曾经给予了无情地批判,但同时又吸取了他们思想之中的合理成分。颜元曾

① 颜元:《明明德》,《颜元集》上,王星贤等点校,第 2 页。
② 颜元:《性理评》,《颜元集》上,王星贤等点校,第 15 页。

经向友介绍自己学习圣贤之道的心路历程时说道："初求之陆、王无所得，继求之程、朱无所得，因反求之孔、孟，亦终瞻望仿佛其万一，而不敢自信也。夫求之陆、王、程、朱，则不惟与世间名利、博弈等人相远，即诗、文、字、画今世所尚为高致者亦相远；反求之孔、孟，则不惟与世间佛、老、申、韩、杂霸等相左，即与学王、陆、程、朱，辑语录、谈静敬、著书册者亦相左。"①

在《性理评》中，他对借别人评上蔡之学"终不离禅的见解"这一评价，说道："予于程朱、陆王两派学宗正如是。"②

这就表明，颜元对于广义理学中的程朱、陆氏之学都不满意。不仅不满意，而且还加以批判，主要因为他们的学术空疏不实，且与佛教类似。在《寄关中李复元处士》一信中，颜元对朱、陆两家学说都有批评，他说：

> 为朱者曰我真孔子也，凡不由朱者皆斥之；为陆者曰我真孔子也，凡不由陆者皆斥之。吾乡若孙钟元先生以为合朱、陆而成其为真孔子也。而以孔门礼乐射御书数观之，皆未有一焉；有其一亦口头文字而已矣。以孔门明德、亲民之道律之，皆未有似焉；有其似，亦禅宗虚局而已矣。③

简洁地说，颜元对于程朱、陆王之学的批评可以从以下三个方面来理解：

其一，批评程朱、陆王之学空疏不实，夹杂佛教与禅学内容，不是先秦周公、孔子、孟子之学。

其二，批评宋、明儒家所坚持的义理之性与气质之性二分，以义理之性为善，气质之性为恶的人性论思想，坚持义理之性与气质之性为一，气质之性不恶，人性从根源上说皆是善，恶是由习染所成的人性论立场。

---

① 颜元：《与易州李孝廉石（辛未）》，《颜元集》下，王星贤等点校，第 437 页。
② 颜元：《性理评》，《颜元集》上，王星贤等点校，第 63 页。
③ 颜元：《习斋记余》卷三，《颜元集》下，王星贤等点校，第 434 页。

其三,在对程朱、陆王之学的双向批评过程中,对程朱的批评更加激烈。而在对程朱的批评过程之中,对于朱子的批评又甚于对程子(主要是伊川)的批评。

下面集中讨论颜元对宋儒程、朱思想的批评。

相对于陆王之学而言,颜元对于程朱一系儒学的批评更为尖锐。他曾说:"两程出而前圣之道始乱矣,伤哉!"①在《存学编》卷二《性理评》部分,集中批评程、朱理学空谈不实,近佛近老,背弃儒家思想之根本精神。他对程子的辟佛之言做出了这样的反批评:

> 程子辟佛之言曰:"弥近理而大乱真。"愚以为非佛之近理,乃程子之理近佛也。试观佛氏立教,与吾儒之理,远若天渊,判若黑白,反若冰炭,其不相望也,如适燕适越之异其辕,安在其弥近理也!孟子曰:"治人不治,反其智。"伊川于此徒叹学者之流于异端,而不知由己失孔子之教,亦欠自反矣。②

他对朱子批评杨龟山"做人也苟且,是时未免禄仕,故乱就之"的观点进行反批评道:

> 余尝谓宋儒是理学之时文也。看朱子前面说"龟山做人苟且,未免禄仕,故乱就之",此三语抑杨氏于乡党自好者以下矣。后面或人说"大贤出处不可议",又引胡氏之言比柳下惠,且曰"极好";又何遽推之以圣人哉?盖讲学先生只好说体面话,非如三代圣贤,一身之出处,一言之抑扬,皆有定见。龟山之就召也,正如燕雀处堂,全不见汴京亡,徽、钦虏;直待梁折栋焚而后知金人之入宋也。朱子之论龟山,正如戏局断狱,亦不管圣贤成法,只是随口臧否。驳倒龟山以伸吾识,可也;救出龟山以全讲学体面,亦可也。③

---

① 颜元:《四书正误·大学》,《颜元集》上,王星贤等点校,第157页。
② 颜元:《性理评》,《颜元集》上,王星贤等点校,第57页。
③ 颜元:《性理评》,《颜元集》上,王星贤等点校,第59页。

对于朱子的"穷理居敬"说,颜元亦有激烈的批评。他说道:

> 朱子称"上蔡直指穷理居敬入德之门,最得明道教人纲领",仆以为此四字正诸先生所以自欺而自误者也。何也?"穷理居敬"四字,以文观之甚美,以实考之,则以读书为穷理功力,以恍惚道体为穷理精妙,以讲解著述为穷理事业,俨然静坐为居敬容貌,主一无适为居敬工夫,舒徐安重为居敬作为观世人之醉生梦死,奔忙放荡者,诚可谓大儒气象矣;但观之孔子门,则以读书为致知中之一事且书亦非徒佔毕读之也,曰"为《周南》《召南》"、曰"学《诗》"、"学《礼》",曰"学《易》""执《礼》",是读之而即行之也。曰"博学于文",盖《诗》、《书》六艺以及兵农、水火在天地间灿著者,皆文也。皆所当学之也。①

颜元对于朱子之学的缺陷作了三点总结:"一者,游思高远,自以为道明德立,不屑作琐繁事。一者,略一讲习,即谓已得,未精而遽以为精。一者,既废艺学,则其理会道理,诚意正心者,必用静坐读书之功,且非猝时所能奏效。及其壮衰,已养成娇脆之体矣,乌能劳筋骨,费气力,作六艺事哉!"②

颜元认为,"不知道理不专在书本上理会,贪记许多以求理会道理,便会丧志,不得以程子看史一字不差相混也"③。

上述颜元对程朱理学的批评与他的切身的生命经历有关,此点与阳明龙场悟道有相似之处。他说:"吾自弱冠遭家难,颇志于学,兼读朱、陆两派语录,后以心疾,无所得而萎塌。至甲辰,年三十,得交王子助,遂专程朱之学……至戊申,遭先恩祖妣大故,哀毁庐中,废业几年,忽知予不宜承重,哀稍杀。既不读书,又不接人,坐卧地炕,猛一冷眼,觉程朱气质之说大不及孟子性善之旨,因徐按其学,原非孔子之旧。是以不避朱季

---

① 颜元:《性理评》,《颜元集》上,王星贤等点校,第 59 页。
② 颜元:《性理评》,《颜元集》上,王星贤等点校,第 72—73 页。
③ 颜元:《性理评》,《颜元集》上,王星贤等点校,第 60 页。

友之罪而有《存性》、《存学》之说，为后二千年先儒救参杂失，为前二千圣贤揭晦没之本源。"①

其实，颜元清醒地意识到，在当时的社会情境之下，从理论上批评宋儒是有巨大政治风险的，然即使是这样，他也甘愿冒着这样的政治风险，以关心万民生命，不负天地的大无畏精神气概批评宋儒。他说：

> 韩愈诋佛，几至杀身，况敢议今之尧、舜、周、孔者乎！季友著书驳程、朱之说，发本州杖决，况议及宋儒之学术、品诣乎！此言一出，身命之虞所必至也。然惧一身之祸而不言，委气数于终诬，置民物于终坏，听天地于终负，恐结舌安坐，不援沟渎，与强暴、横逆内人于沟渎者，其忍心害理不甚相远也。②

他甚至将程、朱之学与孔、孟子之学对立起来，非常激烈地说道："迨于秦火之后，汉儒掇拾遗文，遂误为训诂之学。晋人又诬为清谈，汉、唐又流为佛、老，至宋人而加甚矣。仆尝有言，训诂、清谈、禅宗、乡愿，有一皆足以惑世诬民，而宋人兼之，乌得不晦圣道，误苍生至此也。仆窃谓其祸甚于杨、墨，烈于嬴秦；每一念及，辄为太息流涕，甚则痛哭！"③颜元甚至说："非疲口敝舌，辩开一分宋学，孔道一分不入"④

要而言之，颜元对宋儒的批判，其着眼点主要在两个方面，一是批评宋儒空疏不实，于事无补。他说：

> 宋代当举世愦愦，罔所适向之时，而周子突出，以其传于禅僧寿涯、道士陈抟者杂入儒道，绘图著书，创开一宗，程、朱、陆、王皆奉之。相率静坐顿悟"验喜、怒、哀、乐未发时气象"，曰"以不观观之"，暗中二氏之奸诡，而"明明德"之实功涸矣；相率读注释，合清谈、训诂为一堂，而习行、礼、乐、兵、农之功废，所谓"亲民"者无其具矣，又

---

① 颜元：《性理评》，《颜元集》上，王星贤等点校，第74页。
② 颜元：《上太仓陆桴亭先生书(甲寅)》，《颜元集》下，王星贤等点校，第426页。
③ 颜元：《寄桐乡钱生晓城(生名煌)》，《颜元集》下，王星贤等点校，第439页。
④ 颜元：《寄桐乡钱生晓城(生名煌)》，《颜元集》下，王星贤等点校，第440页。

何"止至善"可言乎！以故尧、舜"三事"之"事"，周、孔"三物"之"物"，偭矩而趋；而古大学教人之法，秦人强使之亡而不能尽者，潜奸暗易，而消亡遂不知所底矣。生民之祸，倍甚晋、唐，道法沦湮，人才廖落，莫谓虞、夏、商、周之文物尽灭其迹……试观两宋及今五百年学人，尚行禹、益、孔、颜之实事否？圣道之衰，毋乃已极与！孔子在天之灵，无乃伤与！①

二是批评宋儒的性善、气质恶、情恶的人性论。在《性理评》《性图》两篇长文中，颜元从多个角度反复批评程朱人性论中的性善、气质恶、情恶的人性论思想。上文已经简要地勾划了他对程朱"气质之性恶"观点的批评，此处再简要地勾划他对程、朱"性善情恶"观点的批评。颜元的《存性编》共有七幅图表，直观地表达了他对理气、性、情、才、德的认识，在思想的表达方面有独特之处（此点亦表明他受宋儒影响的另一面）。在论证性、情、才均为善的观点时，他亦提供了一个直观的图形：

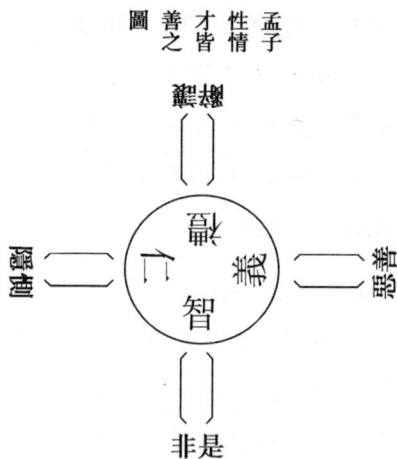

孟子性情才皆善之图②

---

① 颜元：《大学辨业序》，《颜元集》下，王星贤等点校，第 395—396 页。
② 颜元：《性图》，《颜元集》上，王星贤等点校，第 27 页。

通过此图形，他论证道：

> 发者情也，能发而见于事者才也；则非情、才无以见性，非气质无所为情、才，即无所为性。是情非他，即性之见也；才非他，即性之能也；气质非他，即性、情、才之气质也；一理而异其名也。若谓性善而才、情有恶，譬则苗矣，是谓种麻而秸实遂杂麦也；性善而气质有恶，譬则树矣，是谓内之神理属柳而外之枝干乃为槐也。自有天地以来，有是理乎？[①]

颜元仍然从理气混融论的立场出发，论证人的道德理性——仁义礼智四种表征与人的道德情感及其外化的作为，具有理论的内在的统一性。仁义礼智为一浑然的"性善"，"见当爱之物而情之恻隐能直及之，是性之仁；其能恻隐以及物者，才也。见当断之物而羞恶能直及之，是性之义；其能羞恶以及物者，才也。见当敬之物而辞让能直及之，是性之礼，其能辞让以及物者，才也。见当辨之物而是非能直及之，是性之智；其能是非以及物者，才也。不惟圣贤与道为一，虽常人率性，亦皆如此，更无恶之可言，故孟子曰'性善'，'乃若其情，可以为善'，'若不为善，非才之罪也'"。[②]

而人情由于受财色的引诱，受蔽受惑，当爱而不见，见不当爱而爱之，于是有贪营之类刚恶，有鄙吝之类的柔恶。"程、朱惟见性善不真，反以气质为有恶而求变化之，是'戕贼人以为仁义'，'远人以为道'矣。"[③]

为拯救程朱一系宋儒的偏颇，颜元提出了他自己的实学构想。针对人性的气质偏驳问题，颜元提出了不同于宋儒"明明德"的方法。他说：

> 然则气质偏驳者，欲使私欲不能引染，如之何？惟在明明德而已。存养省察，磨励乎《诗》《书》之中，涵濡乎礼乐之场，周、孔教人之成法固也。自治以此，治人即以此也。使天下相习于善，而预

---

① 颜元：《性图》，《颜元集》上，王星贤等点校，第 27 页。
② 颜元：《性图》，《颜元集》上，王星贤等点校，第 28 页。
③ 颜元：《性图》，《颜元集》上，王星贤等点校，第 30 页。

远其引蔽习染,所谓"以人治人"也。若静坐阖眼,但可供精神短浅者一时之葆摄;训诂著述,亦止许承接秦火者一时之补苴。如谓此为主敬,此为致知,此为有功民物,仆则不敢为诸先正党也。①

颜元对自己的人性论及其实学颇为自信,他说:

> 熟读《孟子》而尽其意,细观赤子而得其情,则孔、孟之性旨明,而心性非精,气质非粗;不惟气质非吾性之累害,而且舍气质无以存养心性,则于所谓三事、六府、六德、六行、六艺之学是也。是明明德之学也,即谓为变化气质之功,亦无不可。有志者倘实以是为学为教,斯孔门之博文约礼,孟子之存心养性,乃再见于今日,而于儒有学术,天下有治平,异端净扫,复睹三代乾坤矣!②

如果就宇宙与人生的关系,人心与真理、与生理的两重关系论而言,颜元的思想更接近张载的气本论的思想立场。他曾经这样说道:

> 宇宙真气即宇宙生气,人心真理即人心生理。全其真理,自全其生理。微独自全其生理,方且积其全真理者而全宇宙之真气,以挟宇宙生生之气。予悲夫人心之真理日散,惧夫宇宙之真气渐磅,则人之为生与宇宙之生生,将终不虞、夏也哉!即终不虞夏,何遽不存虞、夏意?存虞、夏意,终有虞、夏望也。乃历观诸史册,博求之当世,殊不似商、周前之人心宇宙,处处真气洋溢,人人真理布濩也。存人心之真理,以撑持宇宙之真气者,止数忠臣、孝子、节妇耳。③

而人心中的真理又与人心的生理结合在一起,把真理与人的存在联系在一起,可以看出阳明学对颜元的深刻影响。他这样说道:

> 夫真理自在人心,不触不动;真气自在宇宙,不鼓不起……鼓动及之,人心各充其自有之真理,而宇宙间散者日醇,磅者复厚,孰谓

---

① 颜元:《性图》,《颜元集》上,王星贤等点校,第30—31页。
② 颜元:《性图》,《颜元集》上,王星贤等点校,第32页。
③ 颜元:《烈香集序》,《颜元集》下,王星贤等点校,第409页。

斡旋乾坤不由一妇人哉。方且动人心之生理，起宇宙之生气，又孰谓其死于一日者，不生于千古哉！①

很显然，阳明心学凸显人的主观意志在社会改造过程中的积极作用的思想，在颜元这里以改头换面的形式得到了继承。仅以此点来看，颜元的哲学思想在强调人的主观能动性这一点上更接近于阳明学。

三、颜元的实学观

颜元提倡实学的现实动机，可谓起于他读宋史时的千古一叹。他说：

> 吾读《甲申殉难录》，至"愧无半策匡时难，惟余一死报君恩"，未尝不凄然泣下也！至览和靖祭伊川"不背其师有之，有益于世则未"二语，又不觉废卷浩叹，为生民怆惶久之！夫周、孔以六艺教人，载在经传，子罕言仁、命，不语神，性道不可得闻，予欲无言，博文约礼等语，出之孔子之言及诸贤所记者，昭然可考，而宋儒若未之见也。专肆力于讲读，发明性命，闲心静敬，著述书史。伊川明见其及门皆入于禅而不悟，和靖自觉其无益于世而不悟，甚至求一守言语者亦不可得，其弊不大可见哉！至于朱子追述，似有憾事于和靖而亦不悟也。然则吾道之不行，岂非气数使之乎！②

而他自己所提倡的三事、六府、六德、六行、六艺之学，可以统称之为实学。在《学辩一》中，他将"学"的本质规定为"非主难、非主易，总是要断尽实学，不去为耳"！③ 在《性理评》中，他称赞胡宏在五代宋初之际"独知救弊之道在实学不在空言，其主教太学也，立经义、治事斋，可谓深契孔子之心矣"④。而他所讲的实学内容当指"六艺及兵农、水火、钱谷、工

---

① 颜元：《烈香集序》，《颜元集》下，王星贤等点校，第410页。
② 颜元：《性理评》，《颜元集》上，王星贤等点校，第62页。
③ 颜元：《颜元集》上，王星贤等点校，第51页。
④ 颜元：《性理评》，《颜元集》上，王星贤等点校，第75页。

虞之类",当然还包括"天文、地志、律历、兵机数者"。① 要而言之,颜元所说的实学是指一切有益于世道人心的知识。颜元的后学郭金诚为《存学编》作序时亦称,他得力于颜习斋的地方正在于实学。② 可见,"实学"在颜元思想体系中的地位。而用实学一词概括颜元学术的基本精神,还是基本恰当的。

就颜元思想的整体来看,他的实学在知识的范围上看是三事、六府、六德、六行、六艺之学。从性质上看,是与他所反对的"虚学"相反,主要是指一种重视实际行动、实际功效的学问。在《上太仓陆桴亭先生书》一文里,颜元一方面驳斥了历史上各种消极的理数说,另一方面主张实学,如他说道:

> 某闻气机消长,否泰剥复,天地有不能自主,理数使然也;方其消极而长,否极而泰,天地必生一人以主之,亦理数使然也。越稽孔、孟以前,理数醇,尚其实,凡天地所生以主此气机者,率皆实文、实行、实体、实用,卒为天地实绩,而民以安,物以阜。虽不幸而君相之人竟为布衣,亦必终身尽力于文、行、体、用之实,断不敢以不尧、舜、不禹、皋者苟且于一时,虚浮之套,高谈袖手,而委此气数,置此民物,听此天地于不可知也。亦必终身穷究于文、行、体、用之源,断不敢以惑异端、背先哲者,肆口于百喙争鸣之日,著书立言,而诬此气数,坏此民物,负此天地于不可为也。③

上文中所说的实文、实行、实体、实用、实绩五个词组,可以反映颜元实学的基本精神结构。就实行这一侧面而言,颜元有时以习、习行来表示,他在《总论诸儒讲学》一文中说道:

> 仆妄谓性命之理不可讲也;虽讲,人亦不能听也,虽听,人亦不能醒也,虽醒,人亦不能行也。所可得而共讲之,共醒之,共行之者,

---

① 颜元:《性理评》,《颜元集》上,王星贤等点校,第 75 页。
② 颜元:《存学编序》,《颜元集》上,王星贤等点校,第 37 页。
③ 颜元:《上太仓陆桴亭先生书(甲寅)》,《颜元集》下,王星贤等点校,第 426 页。

性命之作用,如《诗》、《书》、六艺而已。即《诗》、《书》、六艺,亦非徒列坐讲听,要惟一讲即教习,习至难处来问,方再与讲。讲之功有限,习之功无已。孔子惟与其弟子今日习礼,明日习射。间有可与言性命者,亦因其自悟已深,方与言。盖性命,非可言传也。[①]

颜元非常自信,将他自己提倡的学术看作是尧、舜、周、孔之道的真正体现者。他认为,真正的学问即是尧、舜、周、孔之道所规定的"三事三物"之道。所谓"三事",即正德、利用、厚生;所谓"三物",即是《周礼·大司徒》中所说的"乡三物":一为"六德"(知、仁、圣、义、忠、和),二为"六行"(孝、友、睦、姻、任、恤),三为"六艺"(礼、乐、射、御、书、数)。而"三物"其实就是"三事","六德即尧、舜所为正德也,六行即尧、舜所为厚生也,六艺即尧、舜所为利用也"。[②]

颜元还提出了"六府"之学,即水、火、木、金、土、谷之学。这一"六府"之学蕴涵了现代知识分类学的思想萌芽,尤其能体现出他的实学思想具有切于民生日用的特征。根据其弟子李塨的概括,他的"六府"之学的主要内容如下:

> 言水,则凡沟洫漕辒,治河防海,水战藏冰、醣榷诸事统之矣;言火,则凡焚山烧荒,火器火战,与夫禁火改火诸燮理之法统之矣;言金,则凡冶铸泉货,修兵讲武,大司马之法统之矣;言木,则凡冬官所职,虞人所掌,若后世茶榷抽分诸事统之矣;言土,则凡体国经野,辨五土之性,治九州之宜,井田封建,山河城池诸地理之学统之矣;言谷,则凡后稷之所经营……诸农政统之矣。[③]

有关"三事"与"六府"之学的内在关系,李塨作了比较明确的解释。他说:"至三事,则所以经纬乎六府者也。正德,正此金木水火土谷之德也;利用,利此金木水火土谷之用也;厚生,厚此金木水火土谷之生也。

---

① 颜元:《颜元集》上,王星贤等点校,第41页。
② 颜元:《寄桐乡钱生晓城》,《颜元集》下,王星贤等点校,第439页。
③ 李塨:《瘳病编》,《李塨文集》,邓子平、陈山榜点校,第99页,石家庄,河北人民出版社,2011。

故徒正德而不能利用、厚生,则德流于空无迂腐;徒利用而不能正德、厚生,则用流于机械淫巧;徒厚生而不能正德、利用,则生失于刻啬攘夺。然究之不能利用、厚生者,亦必不能正德;不能正德、厚生者,亦必不能利用;不能正德、利用者,亦必不能厚生。此六府所以欲其修,三事所以欲其和也欤!"①

颜元将正德、利用、厚生三者之间的关系做了一内在的、循环的、相互依赖的解释,纠正了宋儒传统中过分重视正德,忽视利用、厚生的思想倾向。颜元认为自己的实学直接从孔子而来,他说:"我夫子承周末文胜之际,洞见道之不兴,不在文之不详而在实之不修,奋笔删定繁文,存今所有经书,取足明道,而学教专在六艺,务期实用。"②从而为自己的实学找到了历史根据。而这种实用之学可以从两个方面来理解,一是治身,一是治人,而这两者在儒家的学统中是高度统一的。相比较而言,霸术只治人不治身,隐怪之徒只治身而不治人。他对《大学》的精神重新阐释道:

> 盖吾儒原是学为君相、为百职。便是庶人,谁无个妻子、兄弟、徒仆? 以道治吾身便是明,以道治他们便是亲,明亲到十分满足便是至善。此个大人,是人人有分可做的;此个学功是人人有力当做的。异端是不上此条道的;曲学是自身上做几分,不能合天下以为量的;霸术是治民上做几分,不以修身为本的;隐怪又是异端中雄杰,要出至善外做十二分的,总坐不知止耳。③

值得注意的是,颜元所提倡的实学,并不仅仅是一种经世之学,同时它也是一种成人之学。颜元认为,"六艺之学"不只有功于天地,而且能使人"尽人道而死"。他说:"子产云,历事久,取精多,则魂魄强。今于礼乐、兵农无不娴,即终身莫之用而没,以体用兼全之气还于天地,是谓尽

---

① 李塨:《瘳病编》,《李塨文集》,邓子平、陈山榜点校,第 99 页。
② 颜元:《性理评》,《颜元集》上,王星贤等点校,第 75 页。
③ 颜元:《四书正误·大学》,《颜元集》上,王星贤等点校,第 158 页。

人道而死,故君子曰终。故曰学者,学成其人而已,非外求也。"①这表明,颜元的经世实学并非简单的事功之学,而是与人的自我实现密切相关的学问。

"习行"是颜元实学观中最重要的范畴,也是他最重视的人生态度。他说:"孔子与三千人习而行之,以济当世,是圣人本志本功。"②因此,他呼吁当时社会主盟儒坛之人,"垂意于习之一字,使为学为教,用力于讲读者一二,加功于习行者八九,则生民幸甚,吾道幸甚!"③。不过,颜元所谓的"习",并不是温习书本知识,而是实习、练习;他所谓的"习行",是指把书本知识施之实事与生活中,而不仅仅是阳明心学中的"知行合一"之"行"。侯外庐曾经仔细分析了颜元"习"字所包含的六个方面的意思,如实践意、验证意、改造自然和改造社会意、自强不息意、习行经济谱导出的运动发展意和功用意。④ 此处综合前贤的研究成果,从颜元"学"所包涵的知识与德性两个方面来考察其重视"习行"思想的主要内涵。

第一,就一般的知识问题而言,可以从如下两个方面来理解:

其一,从一般的自然知识与社会知识获取的角度来看,颜元特别强调"习行"是一切真知的第一源泉,而且强调知识与效用之间的关系。比如他在解释"格物致知"命题中的"格"字时,就特别强调直接经验对于人获得知识的重要性,他说:

> 李植秀问"物致知",予曰:"知"无体,以物为体,犹之目无体,以形色为体也。故人目虽明,非视黑视白,明无由用也。人心虽灵,非玩东玩西,灵无由施也。今之言"致知"者,不过读书、讲问、思辨已耳,不知致吾知者,皆不在此也。辟如欲知礼,任读几百遍礼书,讲问几十次,思辨几十层,总不算知。直须跪拜周旋,捧玉爵,执币帛,亲下手一番,方知礼是如此,知礼者斯至矣。辟如欲知乐,任读乐谱

① 颜元:《学辨一》,《颜元集》上,王星贤等点校,第51—52页。
② 颜元:《四书正误·大学章句序》,《颜元集》上,王星贤等点校,第157页。
③ 颜元:《存学编·总论诸儒讲学》,《颜元集》上,王星贤等点校,第42页。
④ 参见侯外庐《中国思想通史》第五卷,第369—372页,北京,人民出版社,1956。

几百遍,讲问、思辩几十层,总不能知,直须搏拊击吹,口歌身舞,亲下手一番,方知乐是如此,知乐者斯至矣。是谓"格物而后知至"。故吾断以为"物"即三物之物,"格"即手格猛兽之格,手格杀之之格……故曰"手格其物,而后知至"。①

其二,而从知识与效用的关系角度看,他认为,只有通过"习行"才可以验证知识真假、有用与否。他以医学知识与治病的效果关系来论证知识效用的重要性。他说:

> 辟之于医,《黄帝·素问》《金匮》《玉函》,所以明医理也,而疗疾救世,则必诊脉、制药、针灸、摩砭为之力也。今有妄人者,止务览医书千百卷,熟读详说,以为予国手矣,视诊脉、制药、针灸、摩砭以为术家之粗,不足学也。书日博,识日精,一人倡之,举世效之,岐、黄盈天下,而天下之人病相枕、死相接也,可谓明医乎?②

颜元的结论是:"若读尽医书而鄙视方脉、药饵、针灸、摩砭,妄人也,不惟非岐、黄,并非医也,尚不如习一科、验一方者之为医也。读尽天下书而不习行六府、六艺,文人也,非儒也,尚不如行一节、精一艺者之为儒也。"③

他又以音乐等技艺方面的理论知识与实际表演技能来论证实际才干的重要性,如他说:

> 譬之学琴然,诗书犹琴谱也,烂熟琴谱,讲解分明,可谓学琴乎?故曰以讲读为求道之功,相隔千里也。更有一妄人指琴谱曰,是即琴也,辨音律,协声韵,理性情,通神明,此物此事也。谱果琴乎?故曰以书为道,相隔千里也。千里万里,何言之远也!亦譬之学琴然:歌得其调,抚娴其指,弦求中音,徽求中节,声求协律,是谓之学琴

---

① 颜元:《四书正误》,《颜元集》上,王星贤等点校,第159页。
② 颜元:《学辩一》,《颜元集》上,王星贤等点校,第50页。
③ 颜元:《学辩一》,《颜元集》上,王星贤等点校,第50页。

矣，未为习琴也。手随心，音随手，清浊、疾徐有常规，鼓有常功，奏有常乐，是之谓习琴矣，未为能琴也。弦器可手制也，音律可耳审也，诗歌惟其所欲也，心与手忘，手与弦忘，私欲不作于心，太和常在于室，感应阴阳，化物达天，于是乎命之曰能琴。今手不弹，心不会，但以讲读琴谱为学琴，是渡河而望江也，故曰千里也。今目不睹，耳不闻，但以谱为琴，是指蓟北而谈云南也，故曰万里也。①

第二，从人的德性修养与成人的角度来看，颜元所重视的"习行"，亦可以从两方面去理解，其一是以动克服静的弊病，其二是用事功检验人的德性修养的效果。

其一，就以动克服静的弊病方面而言，颜元说道："养身善于习动，夙兴夜寐，振起精神，寻事去作，行之有常，并不困疲，日益精壮；但说静息将养，便日就惰弱。故曰'君子庄敬日强，安肆日偷'。"②

又说："常动则筋骨疏，气脉舒，故曰：'立于礼'，故曰'制舞而民不肿'。宋元来儒者皆习静，今日正可言习动。"③

正因为如此，他特别反对宋儒在道德修养方面的主敬主静说。他说：

敬字字面好看，却是隐坏于禅学处。古人教洒扫，即洒扫主敬，教应对进退，即应对进退主敬，教礼乐射御书数，即度数音律、审固磬控、点画乘除莫不主敬。故曰"敬执事"，故曰"敬其事"，故曰"行笃敬"，皆身心一致加功，无往非敬也。若将古人成法皆舍置，专向静坐、收摄、徐行、缓语处言主敬，乃是以吾儒虚字面做释氏实工夫，去道远矣。④

其二，就以事功来检验德性修养的方面讲，颜元说道："学须一件做

① 颜元：《性理评》，《颜元集》上，王星贤等点校，第78页。
② 颜元：《颜习斋先生言行录》，《颜元集》下，王星贤等点校，第635页。
③ 颜元：《颜习斋先生言行录》，《颜元集》下，王星贤等点校，第686页。
④ 颜元：《性理评》，《颜元集》上，王星贤等点校，第91页。

成,便是圣贤一流。"①如果仅仅是"读得书来口会说,笔会作,都不济事,须是身上行出,方算学问"②。学习之人如果不是"从身上习过,皆无用也"③。

他说:"吾愿求道者尽性而已矣。尽性者,实征之吾身而已矣;征身者,动与万物共见而已矣。吾身之百体,吾性之作用也,一体不灵,则一用不具;天下之万物,吾性之措施也,一物不称其情,则措施有累。身世打成一片,一滚做功,近自几席,远达民物,下自邻比,上暨廊庙,粗自洒扫,精通爕理,至于尽伦定制,阴阳和,位育彻,吾性真全矣。"④

颜元的习行哲学在德性修养方面,不仅要求个人以动制静,而且要求天下人皆以动而造就世功。故他又说:

> 五帝三王周孔,皆教天下以动之圣人也,皆以动造成世道之圣人也。五霸之假,正假其动也,汉、唐袭其动之一二,以造其世也。晋、宋之苟安,佛之空、老之无,周、程、朱、邵之静坐,徒事口笔,总之皆不动也。而人才尽矣,圣道亡矣,乾坤降矣。吾尝言一身动则一身强,一家动则一家强,一国动则一国强,天下动则天下强,益自信其考前圣而不廖矣,后圣而不惑矣。⑤

颜元通过对儒家经典中"习行"思想的强调,发展出一种新的哲学论述方式,使宋明儒学重视心性、向内收敛的思维方式,转变为一种重视社会生活实践、重视外在效用的思维方式。他从自己的实学观出发,对中国传统哲学的体用关系作出新的阐述,提出了"以用验体"的新体用论。他说:

> 人皆知古来无无体之用,不知从来无无用之体。既为无用之

---

① 颜元:《颜习斋先生言行录》,《颜元集》下,王星贤等点校,第 667 页。
② 颜元:《答齐笃公秀才赠号书》,《颜元集》下,王星贤等点校,第 466 页。
③ 颜元:《性理评》,《颜元集》上,王星贤等点校,第 56 页。
④ 颜元:《第二唤》,《颜元集》上,王星贤等点校,第 129 页。
⑤ 颜元:《颜习斋先生言行录》,《颜元集》下,王星贤等点校,第 669 页。

体,则理亦虚理。释氏谈虚之宋儒,宋儒谈理之释氏,其间不能一寸。①

从这一新体用论出发,他对朱子学末流进行了激烈的批判。他认为,当时科举考试要求天下人在特定的年份读特定的书,这与原始儒家正德、利用、厚生的"三事""三物"以及现实生活毫不相关,是对天下读书人的误导,使之尽为无用之人。这种重视实践、关注民生的实学观显然具有进步意义。不过,应当指出的是,颜元的"实学"思想及其中的"习行"观,都还只是限于个人的实践,缺乏现代哲学,特别是马克思主义哲学重视社会实践的内容。

颜元重视实学,有其时代的合理性,但他把实学与一切书本上的知识对立起来,即是把实学与人类一切间接的知识对立起来,就重新陷入了另一种偏颇,如他说:"但凡从静坐读书中讨来识见议论,便如望梅画饼,靠之饥食渴饮不得。"②这就过于轻视书本上理论知识的价值了。从最原初的根源处说,实践是一切知识的来源。但人类进入文明社会后,对于书本上理论知识的学习、研究,也是人获得知识的重要源泉。在人类发展到重视科学实验的时代,理论研究就显得尤其重要。就此点而言,颜元的实学显得似乎有点狭隘,但他的实学中重视"习行"的基本精神在今天仍然是值得肯定并发扬光大的。

综上所述,颜元的实学思想及其所强调的重"习行"、经世致用的倾向,对程朱理学和陆王心学的客观唯心主义与主观唯心主义的先验论给予了有力的驳斥,本质上是一种积极主动的哲学,在一定的意义上反映了该时代要求发展知识理性、重视外王之学的启蒙思想精神,对当时及以后的思想文化界产生过较大影响。但是,他把人性之恶仅仅归结为社会的习、染而忽视个人的自由意志选择,重经验之行而忽视理性思维的倾向,则是他在理论上的局限之处。而他对于儒家学说的变化历史持一

① 颜元:《朱子语类评》,《颜元集》上,王星贤等点校,第285页。
② 颜元:《性理评》,《颜元集》上,王星贤等点校,第66页。

种退化的历史观,也并不完全符合历史事实,如他说:"儒运之降也久矣,尧、舜之道,周、孔之学,微独习之、行之也无人,三事、三物之言并不挂齿舌。汉、宋以来,徒见训诂章句,静敬语录与帖括家,列朝堂,从庙庭,知郡邑;塞天下痒序里塾中,白面书生微独无经天、纬地之略,礼乐、兵、农之才,率柔脆如妇人女子,求一腹豪爽倜傥之气无之。间有称雄卓者,则又世间粗放子。"①

又说:"'儒者天地之元气',以其在上在下,皆能造就人材,以辅世泽民,参赞化育故也。若夫讲读著述以明理,静坐主敬以养性,不肯作一费力事,虽曰口谈仁义,称述孔、孟,其与释、老之相去也者几何!"②

颜元高度称赞孔子及其弟子,说:"吾谓孔子如太阳当空,不惟散宿众星不显其光,即明月五星亦不出色,若当下旬之夜,一行星炯照,四国仰之如太阳然矣。故孔子奠楹后,群推有子为圣人,西河又推卜子为圣人。当时七十子身通六艺,日月至仁,倘有一人出于后世,皆足倡学一代,使人望为圣人,非周、程以下诸先生所可比也。"③

这虽是用远古圣人来批评近世的权威,借古代的圣贤来表达自己的学术与救世理想,但毕竟还保留着一种权威主义的思想印痕,不利于人类思想的真正解放。

最后,值得注意的是,颜元并不是一般的反对识"理",而只是反对宋儒于书本上、静坐中求"理"的方法,他说:"孔子则只教人习事,迨见理于事,则已彻上彻下矣。此孔子之学与程、朱之学所由分也。"④如此说来,孔子之学与宋儒程朱之学的差异,仅只是求理的方法、途径之不同而已。这又将二者之间的区别简单化了。

---

① 颜元:《泣血集序》,《颜元集》下,王星贤等点校,第 398—399 页。
② 颜元:《性理评》,《颜元集》上,王星贤等点校,第 69 页。
③ 颜元:《性理评》,《颜元集》上,王星贤等点校,第 65 页。
④ 颜元:《性理评》,《颜元集》上,王星贤等点校,第 71 页。

第三节　李塨的哲学思想及颜、李思想之异同

李塨(1659—1733),字刚主,号恕谷,河北蠡县西曹家蕰人。其父孝悫曰:"予年强仕,始立长子,命乳名曰四友,期之以疏附先后之侍也。龀岁入学,更名为塨,恭欲其谦,土欲其实也。"①22 岁时,"效习斋立《日记》自考"②。据其门人冯辰所言,"先生年谱,自庚申七月以后,皆采之《日谱》,以前,则本之辰所素闻于先生者"③。因为"辨学论道者必录",所以研究李塨的哲学思想及其嬗变历程,《李恕谷先生年谱》处于非常重要地位。李塨 25 岁时,其父孝悫临终"嘱以从习斋教"④。30 岁时,"思仁道大,求之惟恕。曹家蕰村中,一路甚深似谷,长而通似恕,乃自号恕谷,志勉也"⑤。37 岁,友人郭子坚备船从,"送先生入杭州,游西湖"⑥。39 岁,李塨受子坚、子固之邀,复入浙,问乐于毛奇龄。李塨与胡渭、阎若璩、万斯同、方苞等当世名流交厚。著有《大学辨业》《圣经学规纂》《论学》《阅史郤视》《拟太平策》,其代表性著作收录在河北人民出版社 2011 年出版的《李塨文集》中。

一、李塨的哲学思想

(一)"程朱陆王皆染于禅"

宋明理学家几乎都力辟佛老,竭力与二氏区分开,但这恰恰说明了他们的理论建构或多或少地吸收了佛老的思想,尤其是二氏的思辨成分。正如陈亮所言:"此如猩猩知酒之将杀己,且骂而且饮之也。"⑦降至

---

① 《李塨文集》,邓子平、陈山榜点校,第 688 页。
② 《李塨文集》,邓子平、陈山榜点校,第 692 页。
③ 《李塨文集》,邓子平、陈山榜点校,第 687 页。
④ 《李塨文集》,邓子平、陈山榜点校,第 706 页。
⑤ 《李塨文集》,邓子平、陈山榜点校,第 719 页。
⑥ 《李塨文集》,邓子平、陈山榜点校,第 731 页。
⑦ 黄宗羲、全祖望:《宋元学案》,第 1841 页,北京,中华书局,1986。

清季,颜元深感"无事袖手谈心性,临危一死报君王"①的理学家们不仅未能扶危救难,而且视实学为粗迹,贻误苍生。他与弟子李塨对"遗置天地民物"的理学家们进行了无情的批判。颜元虽然对程朱陆王之学皆有所批评,然而其批驳的主要对象是程朱理学,指责"朱子为手执《四书》《五经》之禅僧"②,而李塨则直斥"程朱陆王皆染于禅"。他说:

> 后儒不解学字,遂一往皆误。学者学于人,学《诗》《书》《礼》《乐》也。后儒专重诵读,或直指性天,而学歧,而学亡。……《太极图》本道家说,今本《大学》《孝经》,系朱子改窜,晦圣经本旨。程朱陆王皆染于禅。③

李塨指责后儒"专重诵读""直指性天",背离了圣学。他认为:"圣贤正学,在明德亲民,学习礼乐。闭目静坐,古学所无也。诵读,乃致知中之一事,非专以此为学也。"④至于"闭目静坐"、玩弄性天,则是先儒所无,孟子"与乱性者辨,而皆就才情言,非专以言性立教也"⑤。李塨进一步指出"但言明心见性"是"戴儒巾之禅",他说:"今儒者遗置天地民物,但言明心见性,只为戴儒巾之禅和子而已。"⑥所以,在他看来,"程朱陆王皆染于禅"。另外,李塨指出程朱所本的《太极图》乃是道家学说。他与毛奇龄、胡渭论学,深知周敦颐《太极图说》来源于道家的秘密。

钱穆说:"而据余所见,习斋种种持论,更似颇有近阳明者。"⑦《四库全书总目提要》亦认为颜元"其学大抵源出姚江"。颜元往往批程朱多,斥陆王少。李塨则不然,他认为程朱、陆王是"一主一奴"之关系,说道:

> 象山、阳明必先提所谓本心良知者,举此以致知事物,而以下学

① 颜元:《学辨一》,《颜元集》上,王星贤等点校,第51页。
② 颜元:《朱子语类评》,《颜元集》上,王星贤等点校,第251页。
③《李塨文集》,邓子平、陈山榜点校,第732页。
④《李塨文集》,邓子平、陈山榜点校,第729页。
⑤《李塨文集》,邓子平、陈山榜点校,第713页。
⑥《李塨文集》,邓子平、陈山榜点校,第713页。
⑦ 钱穆:《中国近三百年学术史》,第204页,北京,商务印书馆,1997。

讲习为支离，其亦舛矣。盖其说即禅门之直指心性也，而借《孟子》之本心良知以附会之。……夫教人以性为先，程朱不犹之陆王耶？乃一主一奴，何耶？[①]

李塨以为，陆王以"本心良知"为先，以"下学"为支离，即是"禅门之直指心性"，而程朱"教人以性为先"，亦相类也。虽然李塨的儒佛之辨泥于形迹，难免会招到郑若洲"攻佛不知其精，不如不攻"，以及"先生语低"[②]的责难，但他的确触及到了理学家们的共同理论缺失和痛处：即体认性天，虚中玩弄，忽视了"躬行日用"。他说：

> 宋儒之误，实始周子。周子尝与僧寿涯、道士陈抟往来，其教二程以寻孔颜乐处，虽依附儒说，而虚中玩弄，实为二氏潜移而不之觉。……为窥见性天，为汉唐儒者所未及。不知汉唐儒者原任传经，其视圣道固散寄于天下也。宋儒于训诂之外，加一体认性天，遂直居传道，而于圣道乃南辕而北辙矣。[③]

> 要使躬行日用，事事自强不息，念念参前倚衡，是之谓先立其大。未尝有所谓静坐观空，致思于无极太极，生天生人之始，以为尊德性也。[④]

李塨一再强调宋儒与佛道二氏的亲缘关系，认为他们玩弄太极、体认性天的做法与儒学理想中"躬行日用"之学南辕北辙、背道而驰。他认为，陆九渊将孟子"先立乎其大"诠释为立其"本心"，以"本心"为大、为精，以实学为小、为粗；王阳明以"良知"为体，以"致良知"为修养工夫，这是陆王心学忽视习行、"寻孔颜乐处"的理论基础。李塨为了还原儒学内圣外王、济民救世之宗旨，重新解释"先立其大"的内涵，认为"要使躬行日用，事事自强不息，念念参前倚衡"，方才是真正的"立其大者"。再者，

---

① 《李塨文集》，邓子平、陈山榜点校，第 723 页。
② 《李塨文集》，邓子平、陈山榜点校，第 789 页。
③ 《李塨文集》，邓子平、陈山榜点校，第 734 页。
④ 《李塨文集》，邓子平、陈山榜点校，第 713 页。

宋儒"静坐观空"与致思无极太极等玄妙问题,亦非先儒的"尊德性"之学。他说:"德性,《中庸》自注之矣,曰智曰勇。"①以智和勇为德,排斥先天性理是李塨思想的一大特色。李塨语其三弟曰:"德之主在仁,而用在智,无智则德俱无用矣。故《论语》终以三知;《中庸》四德,首以聪明睿知;孟子赞孔子大成,独推其智也。"②对"智"与"习行"的重视,本可以促进经验科学的发展,但对李塨而言,"智"多限于考证古之礼乐,"习行"也仅囿于习射、行礼等,这不能不说是一件憾事。

在李塨看来,程朱与陆王之别,在于"下学上达"的不同,他在《大学辨业》中说:

> 朱子《孟子注》以"知性知天"为"格物致知","存心养性"为"诚意、正心、修身",盖欲上达而后下学也。至陆王,则又以为上达即是下学。两派不同在此。不知不先下学,所谓上达,非上达也,非大本也,皆佛氏之空幻耳。③

尽管李塨对朱子与陆王区别的理解,并非完全准确,但可以明显看出他主张首在"下学",然后"上达",反对以"存心养性"为先,以"格物致知"为后的修德与为学次第。所以,虽然朱子有"格物致知",然不以"下学"为先,亦同陆王,皆佛氏之空。相较于颜元而言,李塨似乎更讨厌陆王,他说:"程朱未尝没古圣学习旧规,但云今已失,且读书穷理以旋补之。至阳明则直抹杀矣,此所以致宗程朱者,如刁蒙吉、张武承等之掊击之也。"④可见,相对批评程朱"读书穷理"而言,李塨更反对王阳明"若以私意去安排思索,便是用智自私矣"⑤的思想主张。

但李塨认为,程朱陆王之学在玩弄虚空的本质上却是一致的。他说:

①《李塨文集》,邓子平、陈山榜点校,第713页。
②《李塨文集》,邓子平、陈山榜点校,第773页。
③《李塨文集》,邓子平、陈山榜点校,第28页。
④《李塨文集》,邓子平、陈山榜点校,第31页。
⑤ 王守仁:《传习录中》,《王阳明全集》,吴光等编校,第58页。

阳明"无善无恶心之体,有善有恶心之用"二语,为学程朱者所诟病,然其意程朱即有之。朱子力护"无极",又言"心为人之太极","太极"即至善也,是亦可曰无善而至善矣,非即"无善无恶心之体"乎?[1]

王阳明四句教的首句即是"无善无恶心之体",学宗程朱者虽然反对阳明所论,但在李塨看来,程朱所言"心为人之太极"一语,意同"无善无恶心之体",都在空谈"至善"、不事"礼乐兵农",与二氏无异。由于李塨没有充分吃透理学家们的思想,致使他对程朱陆王的批判缺乏必要的系统性与深刻性,他甚至将王阳明的"有善有恶意之动"误解成"有善有恶心之用"。但是,如果从反古开新、主张习行,力纠宋明理学专务读书静坐,使儒家学说更加切合实用方面来说,李塨对程朱、陆之学的批评又有一定的合理性。

(二)"目见身试"的经验论

章太炎以"滞于有形,而概念抽象之用少"[2]来评价颜学。在我们看来,这一评价对于李塨而言,尤其是对李塨的早、中期思想而言,似乎更为精准,

首先,李塨重释经典,消解宋以来天理、太极、心性等抽象范畴的神秘性与崇高性地位,此即他所说"力追古学,拨正支离"[3]。在《大学辨业》中,李塨遍引先秦儒家典籍及汉儒、颜元诸说,力驳宋儒将"格物"与"天理"或"良知"等联系在一起的思想观念。他说:

> 朱子一生功力、志愿,皆在此数言,自以为表里精粗,无不到矣,然圣贤初无此学教之法也。《论语》曰:"中人以下,不可语上。"夫子之言性与天道,不可得闻。《中庸》曰:"圣人有所不知不能。"可见初

---

[1]《李塨文集》,邓子平、陈山榜点校,第728页。
[2] 章太炎:《颜学》,章太炎、刘师培:《中国近三百年学术史论》,第74页,上海,上海古籍出版社,2006。
[3]《李塨文集》,邓子平、陈山榜点校,第719页。

学不必讲性天，圣人亦不得遍知一草一木也。朱子乃如此浩大为愿，能乎？毋怪《太极图解》《集注》，当时即不能服陆子静、陈龙川，而元明以来，更多指摘矣。①

李塨以《论语》《中庸》为本，以"圣贤初无此学教之法"驳朱子格物致知的抽象"天理"之狂论。他认为致力于心性乃是佛门教法，孔子教人罕言性与天，孟子言心性乃是不得已而为之，他说："（孔子）其教人也，罕言命仁，性天不可得闻。孟子虽不得已，与乱性者辨，而皆就才情言，非专以言性立教也。"②李塨反对朱子"遍知一草一木"的观点，这与其承袭颜元训"物"为《周礼》之'三物'"的认识相关。细读《大学辨业》，40 岁的李塨恶阳明学更甚，他竭力驳斥王阳明及其后学（尤其是王心斋）"以致良知为致知"、训"格"为"正"的思想，认为"心之本体""良知""天理"等先验范畴皆为禅语："程朱于佛老，固有洗脱未净者，然闲邪卫正，尚尔毅然，至阳明则居之不讳矣。"③

其次，李塨在知识的问题上，坚持"目见身试""因形以察理"的经验论学术立场，反对"因理而推之"的宋儒式的唯理论的立场。他以钱丙为例，痛斥专以"明理为言"的做法：

> 钱丙不讲学问，不讲持行，专以明理为言。年来加以狂怪，将《大学》《中庸》《古文尚书》《易·系辞》《周礼》《仪礼》《礼记》《春秋》三传，有见者，有未见者，望风而诟曰："我理见以为如是，虽古圣起，吾不信也，吾信吾理而已矣。"近又移之于医……予问之曰："君曾习医乎？"曰："否。"亦识药乎？曰："否，皆以理断之耳。"……然则不目见，不身试，何由以理断之耶？且君之以理断，即当前莫辨也。天下之物因形以察理，则理可辨，而今君曰："吾但论理。"有甲者，本顽面皙，君曰："矮而黧"，且曰："彼形不可凭而理可凭。"夫理者，物之脉

① 《李塨文集》，邓子平、陈山榜点校，第 28—29 页。
② 《李塨文集》，邓子平、陈山榜点校，第 713 页。
③ 《李塨文集》，邓子平、陈山榜点校，第 33 页。

理也,物形既置,理安傅哉?①

在这段话中,李塨以"专以明理为言"的钱丙为例,形象生动的痛斥了理学家"皆以理断之"的荒谬之处。此处,李塨提出了三个经验性原则:第一,在知识来源的问题上,李塨坚持"目见身试"的经验立场。如从医,先要习医、识药、躬行其事,方可做一个合格的医生。第二,主张"因形以察理"的处事原则。在消解"天理"的超越性与神秘性之后,"理"成了有限的经验性存在,即无关道德的"物之脉理"。宋儒的"天理"依靠体悟去感知,而"物之脉理"则需要"智"去认知,这是李塨强调"智"而反对"顿悟"的根本原因。第三,"凭形而不凭理"的是非判断标准。也就是说,应该凭着对事物的经验感知,来认定其性质,而不可以抽象、先验的"理"来断定之。这样,就可以防止类似于将"本顾面皙"者主观臆断为"矮而黢"者的事情发生。

从经验论的立场出发,李塨将妄论"太极""良知"的程朱陆王一并视为"无质对"的"画鬼"者,是袖手空谈。他说:

> 管廷耀问学,予曰:"画家言画鬼容易画马难,以鬼无质对、马有证佐也。今讲《河》《洛》《太极》者,各出心手,图状纷然,而致良知者又猖狂自喜,默默有物,皆画鬼也。子志于学,子臣弟友、礼乐兵农,亦画马而已矣。"②

李塨从经验原则出发,认为无论是高谈太极的程朱理学,还是以"致良知"为学术宗旨的阳明学,皆无实形佐证,他们歧圣荒经,犹如画家之画鬼,自以为是。相反,如果志于可见、可闻的子臣弟友、礼乐兵农,那么,学问才真正落到了实处。

最后,在道德修养方面,李塨坚持"以礼治内"的经验论原则。宋明理学家在道德修养方面,一般持先验论立场,程朱的"天理""太极"和王

①《李塨文集》,邓子平、陈山榜点校,第86页。
②《李塨文集》,邓子平、陈山榜点校,第86—87页。

阳明的"良知",都是道德行为和修养的先天根据,是一种超时空的抽象存在物。在理学家看来,外在的行为规范("礼")只是"天理"或"良知"客观化的结果,如王阳明认为"良知即是天植灵根",而外在的孝、忠等规范却是由"良知"生发出来的,他说:"以此纯乎天理之心,发之事父便是孝,发之事君便是忠,发之交友治民便是信与仁。"①与此相反,李塨认为外在的"礼"才是本原性的,如他说:"以礼治内,则为主敬,以敬范外,则为循礼。"②学礼、行礼对李塨而言,尤其重要,甚至是"圣学之方"。那么,如何保证对"礼"的遵从是出于内心真诚,而不是由于恐惧或私利呢?在此一根本的问题上,李塨改变了自己的经验主义立场,以"小心翼翼,昭事上帝"的儒家式的信仰来保证每个人习礼、行礼的真诚性,其《日谱》载曰:

> 从杭州回故里,拜习斋时,习斋曰:"先生倡明圣学,功在万世。但窃窥向者,束身以敛心功多,养心以范身功少,恐高年于心性更宜力也。"乃以无念有念,无事有事,皆持以敬之功质。先生曰:"然。"乃书"小心翼翼,昭事上帝"二语于《日记》首,日三复之。③

李塨主张以礼治内,却疏忽了心性修养,所以颜习斋告诫他要注重养心以范身。李塨虽然答以"然",但是,仅仅一日三复"小心翼翼,昭事上帝",未必就是习斋的真实愿望。"小心翼翼,昭事上帝"出自《诗·大雅·大明》,诗书中的帝、天,皆有人格神的意味,如果道德主体的心性修养活动缺乏内在的道德主体性,则颜习斋所告诫的"恐高年于心性更宜力"一语,在李塨的道德修养活动中是要落空的。李塨在其《日记》中反复申言的"昭事上帝"的"上帝",其实是一种外在的超越神,并不能帮助他提升自己的心性修养水平。这是李塨反对理学家妄谈心性、太极,一

---

① 王守仁:《传习录上》,《王阳明全集》,吴光等编校,第2页。
②《李塨文集》,邓子平、陈山榜点校,第759页。
③《李塨文集》,邓子平、陈山榜点校,第746页。此语同样出现在《颜习斋先生年谱》中,但其中"习斋曰"变成"塨谓先生曰",另外个别文字有所不同。特别是《颜习斋先生年谱》中有"敢不共力"一语,表明此语乃李塨对颜元以前的主张提出的含蓄批评,颜元接受李塨的说法,要在年事已高之后于心性上更下功夫。见《颜元集》下,王星贤等点校,第785页。

切证之以"目见身试"的理论主张的必然结果。章太炎认为颜习斋反对"默坐澄心，体认天理"是"矫枉过直"①，在李塨，则直接回归至孔孟之前，以一种人格神来规范自己的道德修养。这在理论上显然是一种倒退。

（三）"圣学之方"：学礼、行礼

关于圣学之方，不同的思想家有不同的看法。理学家一般认为圣学之方在修养工夫方面，如朱子视"敬"为圣学之方，他说："因叹'敬'字工夫之妙，圣学之所以成始成终者，皆由此，故曰：'修己以敬。'"②王阳明则认为是"致良知"，他说："致知二字，是千古圣学之秘。"③李塨的圣学之方则在"礼"，《论学》中载有他与周梁问"入道之路"的一段对话：

> "圣门学道成规固在也。"曰："何在？"曰："以礼学礼，则为博文。行礼则为约礼。以礼自治，则为明德。以礼及人，则为亲民。"④

李塨将"博文""约礼""明德""亲民"分别解释为"学礼""行礼""以礼自治""以礼及人"，并以此为"圣门学道成规"。在 46 岁时，其《年谱》亦有类似的记载：

> 聚五问从事圣学之方，先生曰："以礼。博文，学礼也；约礼，行礼也；齐明，内养以礼也；非礼不动，外持以礼也。"⑤

聚五是李塨入河南时所遇一儒生。此处，李塨认为"圣学之方"即是"学礼""行礼"，做到"内养以礼""外持以礼"，所论与上一则资料的意思相同。李塨虽亦言"圣学在礼乐兵农，诗文非学也"⑥。"艺于六艺之外，再分天文、地理等科，亦无不可。"⑦但是，他认为六艺"总归一礼"，说道："圣门六艺之学，总归一礼、四勿、三省，乃我辈今日正务耳。……我辈今

---

① 章太炎：《正颜》，章太炎、刘师培：《中国近三百年学术史论》，第 79 页。
② 黎靖德编：《朱子语类》第 1 册，王星贤点校，第 207 页，北京，中华书局，1986。
③ 王守仁：《寄薛尚谦》，《王阳明全集》，吴光等编校，第 199 页。
④《李塨文集》，邓子平、陈山榜点校，第 77 页。
⑤《李塨文集》，邓子平、陈山榜点校，第 770 页。
⑥《李塨文集》，邓子平、陈山榜点校，第 752 页。
⑦《李塨文集》，邓子平、陈山榜点校，第 86 页。

日惟自治教家、教弟子,时时以礼检勘,则为真学。"①所以,当有求学"礼乐兵农"时,李塨说:"勿猎多也,且学礼。"②由此可见,"学礼"在李塨思想体系中的位置。

在儒家经典中,李塨最重《周礼》,认为《周礼》"无所不包",他对钱塘王复礼说:

> 《周礼》教士以六德、六行、六艺,而实统以礼。孔子言智廉勇艺之才德,而俱文以礼乐。求仁而视听言动必以礼,孝亲以礼,事君以礼,养德制行不出一礼也。约我以礼,齐民以礼,明德亲民皆礼也。《周礼》无所不包,而但名《周礼》。吾人修己治人之学,舍是何由?③

李塨常常提到的"三物"即指《周礼》中的六德、六行、六艺④。《大学》中"格物"之"物"亦此"三物",他说:"格物即学文,物即《周礼》之'三物'。"⑤此"三物"又"实统以礼"。《周礼》无所不包,无论是孔子所言"智廉勇艺",还是"求仁""孝亲""事君""养德",或是"约我""齐民""明德亲民"等,皆备于《周礼》。舍此,则无修己治人之学。所以,他说:"一部《周礼》行尽,天下有不归仁者乎?"⑥

既然"圣学之方"在于"以礼",那么,如果不专以此为学,便是憾事,不是正途。当王复礼"因言阳明善射,少年即以豆为阵习兵"时,李塨说:"程子亦考行礼,朱子辑《礼》行礼,蔡氏《律吕》虽有误义,而亦留心于乐矣。况阳明之兵,宁不可几圣门子路? 但所憾者,诸公不专以是为学宗,且杂圣道以他途耳。"⑦可见他对"学礼"的重视程度。

---

① 《李塨文集》,邓子平、陈山榜点校,第 77 页。
② 《李塨文集》,邓子平、陈山榜点校,第 791 页。
③ 《李塨文集》,邓子平、陈山榜点校,第 738 页。
④ 他说:"《周礼》教民,一曰六德,有圣忠和,犹是四德而分其名也;一曰六行,内有姻睦与恤,五伦所推及也;一曰六艺,及于射御书数,又礼乐兵农。而统名之曰三物。"见《李塨文集》,邓子平、陈山榜点校,第 757 页。
⑤ 《李塨文集》,邓子平、陈山榜点校,第 731 页。
⑥ 《李塨文集》,邓子平、陈山榜点校,第 769 页。
⑦ 《李塨文集》,邓子平、陈山榜点校,第 79 页。

李塨考虑到"礼残乐阙"的现实情况，他不得不移情于考订，说道："吾人行习六艺，必考古准今。礼残乐阙，当考古而准今者也。射御书有其髣髴，宜准今而稽之古者也。数本于古，而可参以近日西洋诸法者也。且礼之冠昏丧祭，非学习不能熟其仪，非考订不能得其仪之当，二者兼用者也。宗庙、郊社、禘祫、朝会，则但可考究，以待君相之求，不便自我定礼，以为习行也。"①李塨在六艺考订及辑录方面成果丰硕，著有《禘祫考辨》《宗庙考辨》《郊社考辨》《学礼》《学乐》《学射》《学御》《祭礼》《士相见礼》等，并由此赢得了毛西河、万斯同的赞赏。李塨录《六律正五音图》，向毛西河求正，毛氏称之"概世一人"②。万斯同讲会，他当众揖李塨曰："此李恕谷先生也，负圣学正传，非予所敢望。今且后言郊社，请先讲李先生学，以为求道者路。"③由此可见李塨礼学思想在当时的实际影响。

李塨著述、考订的目的，在于习行日用，他说："经书乃德行艺之簿籍也，所以诏习行，非资徒读，犹田园册所以检稼殖，非用徒观也。"④他所言"习行"，主要限于习礼、习射等六艺。他称赞颜习斋"不惟存之空言，而且存之实事"的主张，说道："习斋先生卓然特立，以六艺为学，冠昏丧祭，必遵古典，率弟子习礼，习射，习书数乐，得一节焉即习之。置《日记》以考德行，其于古人之学，不惟存之空言，而且存之实事。"⑤从其《年谱》可见：每有学人拜会，李塨多教习礼射；他随时随事以礼，如吕副室卒，遍考诸礼以行事。"一日，以事迫，忘出告礼。中夜觉，惶愧不能成寐。夙兴，拜母谢罪。"⑥由此可见李塨对习礼行为的重视。不过，李塨所言"习行"是广义的，他曾书壁曰："坐如尸，坐时习也；立如齐，立时习也；周旋中规，折旋中矩，趋以采荠，行以肆夏，行时习也；寝不尸，寝时习也。皆习

①《李塨文集》，邓子平、陈山榜点校，第765页。
②《李塨文集》，邓子平、陈山榜点校，第750页。
③《李塨文集》，邓子平、陈山榜点校，第755页。
④《李塨文集》，邓子平、陈山榜点校，第78页。
⑤《李塨文集》，邓子平、陈山榜点校，第722页。
⑥《李塨文集》，邓子平、陈山榜点校，第784页。

礼也。"①也就是说：只要心中有礼，坐立行寝，皆为习礼。

当然，除了六艺之外，李塨亦主张习行一切救世、济民的实学，他说："夫人精力有几，乃不力礼乐兵农之学，水火工虞之业，而徒骛于读览著述，何为哉？……且道犹路也，书所以指路也，天下群欲为指路之人，而不为行路之人，将指之谁而行乎？"②又曰："纸上之阅历多，则世事之阅历少；笔墨之精神多，则经济之精神少。宋明之亡，此物此志也，望贤者勿溺。"③如果说理学家们是在笔墨上用功的"指路之人"的话，那么，李塨自己则愿意成为从事"礼乐兵农之学，水火工虞之业"的"行路之人"。他认为，不理世事、不问经济的理学家们应该为"宋明之亡"负主要责任。

李塨反对读书静坐、主张力行救世、治民之学，但并不表明他是一个追求个人发家致富的人，而是希望士人能够研究有用于天下百姓的学问，不只是沉溺于个人的心性修养之中。晚年，他移居齐家庄，学稼圃，当时有人议其"力农致富"，他说："非以求富也，聊以自守也。"④在明末清初的哲学史上，李塨与颜元一道，共同倡导儒家思想要向外王学方面转化，他们提倡实学的致思倾向，暗示着中国传统学术向近代知识论方向转化的新趋势。但由于清代政治与学术环境的影响，这种知识论转向并没有真正转向对自然与社会的研究，而是转向了对古代经典的研究。满汉贵族联合的清政府为了重建自己政权的合法性，亦大力提倡古学与先秦礼学。李塨学术中重视礼学的思想内容，实际上也与这个时代的背景密切相关。

（四）师友的劝诫与晚年"日必澄心"

李塨一方面以《周礼》为本，习行礼乐，并置《日谱》自察；另一方面，以"小心翼翼，昭事上帝"来纯化道德信念、警示自己。李塨的道德学说可谓自成一体。但是，深受几百年理学思想传统的影响，其周围的师友

---

① 《李塨文集》，邓子平、陈山榜点校，第 758 页。
② 《李塨文集》，邓子平、陈山榜点校，第 714 页。
③ 《李塨文集》，邓子平、陈山榜点校，第 716 页。
④ 《李塨文集》，邓子平、陈山榜点校，第 816 页。

很难接受他的这种的说法。对此,李塨亦有自觉,他在 41 岁回复浙江邵允斯的书信时感叹道:"且论学直宗周孔,以待来者,将世所传程朱陆王之间歧途,欲从而改正焉。世人闻之,大惊小怪,恐非绵力所能撑撑。"①正如他所言,越趋晚年,他越难独撑前说。或是学术环境的压力,或是自我体悟,他晚年亦回归到宋明儒学的心性之学的旧途,澄心之功日密。

1. 师友之诫

对李塨的劝诫,既有师友、门人,也有一面之交的拜访者,内容多集中在道德内功修养方面。在老师方面,除了上文提到颜元的"恐高年于心性更宜力也"诫勉之外,主要来自毛西河的规劝。李塨 39 岁复入浙江时,首次拜会毛西河,《日谱》对此有详细的记载,说道:

> 过河右斋,问乐,拜求教。河右辞,复设筵,曰:"颜习斋好言经济,恐于存养有缺,存心养性之功不可废也。"先生曰:"颜先生省心之功甚密,每日习恭数次,所谓'居处恭'也。置日记以省心,时下一圈,心慊则圈白,否则黑。与王法乾十日一会,规过责善甚严。塨亦与其末焉。但其存养欲内外并进,非惺惺怎地之说耳。"河右曰:"予所言者,恐体用有一不全,则世儒议其偏。贤者不观《大学》乎?《大学》以修身为本,修身则内而格致诚正,外而修齐治平,无一缺失。"先生曰:"谨受教,适所言内外并进者,正此意也。"②

毛西河拿习斋说事,其实有所影射,李塨自然明白。李塨以习斋"置日记以省心"来证明"省心之功甚密",亦是为自己辩护,但问题是:"置日记以省心"并非就是毛西河所说的"存心养性之功"。所以,毛西河干脆直白地说:"予所言者,恐体用有一不全,则世儒议其偏",这样,李塨不能说"置日记"即是"体"吧。李塨似乎并未完全明白毛氏之意,仍坚持认为"适所言内外并进者,正此意也"。其实,在这段对话中,李塨的回答与上文他以"书'小心翼翼,昭事上帝'二语于《日记》首"来回应习斋"养心以

---

① 《李塨文集》,邓子平、陈山榜点校,第 749—750 页。
② 《李塨文集》,邓子平、陈山榜点校,第 737—738 页。

范身功少"之诚,是同一种思维模式。此时,他与毛西河是不可能达成一致意见的。原因在于:习斋与毛西河并没有超越理学家(尤其是王阳明)道德内在性的思想范式,而李塨深受《诗》《书》的影响,他通过对外在超越的"上帝"的"敬"来达到对"礼"的虔诚恪守,他在 44 岁时说"主敬者,'小心翼翼,昭事上帝'也"①。又曰:"思天人相与之际甚矣,人而自亵,是亵天也,敢不畏乎?"②如果不以宋明儒的心性修养作为传统士人心性修养的唯一合理范式的话,上述李塨的说法并无不妥之处,但二者之间的区别也不能置之不理。

李塨自己曾经这样说:"生平知交,雅重毛河右、王崑绳、方灵皋。"③然而毛西河、方苞二人与他的学术和思想立场并不相同。48 岁的李塨再次进入浙江时,仅会得西河之子毛姬潢,得毛西河手书,书曰:"南北睽隔,艰于相通,每有记忆及思量告语者,辄掩卷太息而已。足下于礼乐大事,皆洞彻原委,发汉唐以后未发之秘,实先圣先王所系赖一大人。不揣一日之长,实所愧心。圣道圣学,全在《大学》诚意,《中庸》诚身,《论语》一贯、忠恕,《孟子》反身、强恕尽之。"④毛氏仅赞李塨"于礼乐大事,皆洞彻原委",尽管他知道二人"艰于相通",仍以"圣道圣学,全在《大学》诚意,《中庸》诚身,《论语》一贯、忠恕,《孟子》反身、强恕尽之"相劝。很显然,毛西河推崇的《四书》之学,与李塨重视"礼学"的思想路线根本不同。

方苞与毛西河对待程朱理学的态度尽管有别,但二人对李塨劝诫的内容却极为相似。方苞在《李刚主墓志铭》中写道:

> 习斋之学,基本在忍嗜欲,苦筋力,以勤家而养亲,而以其余习六艺,讲世务,以备天下国家之用。以是为孔子之学,而自别于程朱,其徒皆笃信之。余尝谓刚主:"程朱之学未尝不有事于此,但凡此乃道之法迹耳。使不由敬静以探其根源,则于性命之理知之不

---

① 《李塨文集》,邓子平、陈山榜点校,第 759 页。
② 《李塨文集》,邓子平、陈山榜点校,第 774 页。
③ 《李塨文集》,邓子平、陈山榜点校,第 823 页。
④ 《李塨文集》,邓子平、陈山榜点校,第 778 页。

真,而发于身心,施于天下国家者,不能曲得其次序。"刚主色变,为默然者久之。①

相较于毛西河而言,方苞的劝诫更有说服力。他从体用关系上,将颜李"习六艺,讲世务"之用与"探其根源"、立"性命之理"结合起来,劝其做学问要有个"次序"。如果大本未立,经世之用恐亦无法保证,李塨书与共师颜习斋的王崑绳曰:"天壤之大,惟我二人,圣学王道,可共商酌。"可是,"闻崑绳庚寅秋弃世,则是书未之见也"②。不过,方苞以程朱理学相劝诫,李塨并没有接受。而方苞其实也并不了解李塨的学术宗旨。李塨在69岁时,感觉与方苞"向者论学尚未尽,若及今而不一剖,恐留毕生之憾"。于是入京与方苞会面,辩明习斋及自己的学术宗旨,说道:

> 颜先生学之切实,君所素许也,但谓宋儒是圣学,则天下无是非并立之理。请问其以主静为主敬之功,是禅宗否? 其存诚,是愚诚否? 其穷理,是俗士之诵读否? 以六艺为末务粗迹,而专讲性天,背圣学否? 以致聪明人尽归无用,遂使神州陆沈,王夷甫辈安谢其咎? 仁人念之垂泣否?③

面对李塨的连续发问,方苞仅对之曰:"愿先生急著治平书,以为世法,则正学兴,彼学退矣。"李塨门人刘调赞以为方苞此言为"遁辞",其实,方苞不仅回答了李塨之问,而且亦指出了李塨思想的另一缺憾——外王不足。李塨虽然研究"礼学",然而并没有针对礼学中的制度内容做深入的研究,多局限于训诂、考据,其"破"程朱之学有余,而积极"立"其圣学之功不足,故其学出现"皋闻去,学益孤矣"④的悲惨结局。李塨之学在"破"与"立"方面并不对等,以至于最终出现了内圣与外王的两面缺失。

---

① 方苞:《李刚主墓志铭》,《李塨文集》,邓子平、陈山榜点校,第858页。
②《李塨文集》,邓子平、陈山榜点校,第803页。
③《李塨文集》,邓子平、陈山榜点校,第840页。
④《李塨文集》,邓子平、陈山榜点校,第814页。

此外,李塨晚年尚有门人恽皋闻以"道之为路借语耳,可云一阴一阳之为路乎"规劝李塨,认为"《大学》之'道',不宜注作路"①;王复礼诚其"不可过激而失中"②;郑若洲亦有规李塨之语③;这些都是导致李塨思想晚年发生变化的外在因素。

2. 晚年"日必澄心"

全面细读《李恕谷先生年谱》,可以明显感觉到李塨在中年就渐增"澄心""养心"之功,且越趋晚年,"澄心"之功日密,如《年谱》49 岁载:"每夜澄心。王崑绳来,先生规以养心谨微,倡明正道,斥去虚文。"59 岁记载"日必澄心",60 岁载"每日存心,使如帝天之临",甚至到了 61 岁时,"一切学仪俱废,惟日夜存心以敬"。

李塨早年亦有"澄心"之功,这只是"效颜先生",《年谱》36 岁记有:"习恭,效颜先生之居处恭,端坐,整容,澄心,以易静坐也。"只是还不能确定此时李塨的"澄心"是出于道德修养的自觉,还是个种对老师的尊敬与模仿。52 岁时,他说:"今回勘《日谱》,当时大本未立,盖冒认也。"由此可见,至中晚年,李塨的思想才有明显的变化。其变化的原因有很多,但不能忽视师友劝诚的潜移默化,如《年谱》57 岁记载:

> 季荣问学,先生教以存心修身之道,因告之曰:"学术不可偏,偏于立体,必流清静空虚为异端,先儒已尝其弊矣;偏于致用,必流杂霸忮克为小人,今日宜戒其祸焉。"④

这段话明显是受到毛西河"恐体用有一不全,则世儒议其偏",以及方苞"立体致用"告诫的影响。前此,李塨对立"大本"是持反对态度的。但是,我们也不能因此就认为李塨完全地背离前说,因为他晚年虽然增加了"澄心""存心"之功,但他仍然没有放弃反对"静坐"的思想,否则他

---

① 《李塨文集》,邓子平、陈山榜点校,第 820 页。
② 《李塨文集》,邓子平、陈山榜点校,第 737 页。
③ 《李塨文集》,邓子平、陈山榜点校,第 789 页。
④ 《李塨文集》,邓子平、陈山榜点校,第 809 页。

不会在 69 岁高龄时,专程跑到京城与方苞辩学,斥程朱为"禅宗"。由此看来,方苞出刑部狱时(早于李塨 69 岁)说:"以刚主之笃信师学,以余一言而翻然改。"①实际上是自夸之辞,并不足信。但是,我们也不能说方苞所言是"片面之词""无中生有"②,更不能说方苞是为了维护宋儒而"诬蔑颜元"③。李塨思想在中晚年渐增理学因素,是显而易见的。再者,李塨并不强于思想体系的建构,出现前后抵牾亦是难免的。比如,李塨虽然始终未改"且静坐,固佛门教法"的主张,但其"澄心"活动是离不开"静坐"形式的。早在李塨 51 岁时,黎长举自镇原千里来访,李塨教以"身心为主",而长举"言其静坐致病",拜受而去。因此,不能仅凭李塨主动找方苞辩论,就完全否定方苞的劝诫对李塨所产生的影响。

二、李塨与颜元思想的异同

李塨虽然于 31 岁时才正式"至习斋,投门人刺"④,但他于 20 岁时就曾谋学于习斋先生,并于 22 岁,效习斋立《日记》自考。此后,二人经常互质日记,相互勉励。颜李之学盛极一时,李塨功不可没。李塨门人冯辰说:"习斋除漳南、梁、魏一再游论学,余无及者。其后推明衍绎,广布四方,闻风而起者接踵,实先生之功。……王崐绳作《习斋传》,谓传其学者,李孝悫先生之子一人。诚非诬也。"⑤冯辰所言不虚,李塨亦曰:"先生不交时贵,塨不论贵贱,惟其人。先生高尚不出,塨惟道是问,可明则明,可行则行。"⑥且曰:"咫尺习斋,天成我也,不传其学,是自弃弃天矣。"⑦颜元对李塨亦寄予厚望,他曾答李塨书曰:"吾所望与于此道者,惟足下

---

① 方苞:《李刚主墓志铭》,《李塨文集》,邓子平、陈山榜点校,第 859 页。
② 朱义禄:《颜元李塨评传》,第 450 页,南京,南京大学出版社,2006。
③ 侯外庐:《中国思想通史》第五卷,第 383 页。
④《李塨文集》,邓子平、陈山榜点校,第 721 页。
⑤《李塨文集》,邓子平、陈山榜点校,第 846 页。
⑥《李塨文集》,邓子平、陈山榜点校,第 749 页。
⑦《李塨文集》,邓子平、陈山榜点校,第 696 页。

一人。"①由于李塨对颜元学术的继承与大力阐扬,以致"天下言圣贤实用之学,必尊颜李"②。以"颜李"并称,自有其可信的理论根据。下面从三个方面揭示"颜李学派"的思想特征:

第一,尊古学、尚习行。颜李学派最显著的特色就是尊古学、尚习行。颜李二人都有强烈的历史意识,一方面,他们通过对先秦圣贤(尤其是"三代"与周孔)安民济世、崇尚"习行"的历史叙述,表现对先贤圣学的无限向往之情;另一方面,他们借古讽今,以达到救世目的,如颜元说:

> 试观吾夫子生知安行之圣,自儿童嬉戏时即习俎豆、升降,稍长即多能鄙事,既成师望,与诸弟子揖让进退,鼓瑟,习歌,羽龠、干戚、弓矢、会计,一切涵养心性、经济生民者,盖无所不为也。周公,文王之子,武王之弟,成王之叔,身为上公者也。而亦多材多艺,吐哺握发以接士,制礼作乐以教民,其一生作费力事又如此。……若夫讲读著述以明理,静坐主敬以养性,不肯作一费力事,虽曰口谈仁义,称述孔孟,其与释老之相去也者几何!③

颜元对孔子"生知安行"、周公"多材多艺"的具体论述,就是要树立圣贤典范,还原圣学。这种典范就是习行济世,不是"诵读",颜元说:"孔子与三千人习而行之,以济当世,是圣人本志本功,删述是老来无奈何方作底,朱子认作诵而传之,误矣。"④又曰:"先生辈何弃孔门之习行而别有道乎?"⑤李塨作《孔子赞》曰:"猗与孔子,万禩之师。庸德之行,庸德之知。不言性天,下学达之。"⑥他们藉圣贤典范抨击"不肯作一费力事"的理学家们,希望学术回归到圣学正途上来。同时,他们把孔门处理成"习行"的符号,以便得出普遍的圣学原则,以证立自己的学术观点。

---

① 颜元:《颜习斋先生年谱》卷上,《颜元集》下,王星贤等点校,第 782 页。
② 恽鹤生:《李恕谷先生传》,《李塨文集》,邓子平、陈山榜点校,第 863 页。
③ 颜元:《性理评》,《颜元集》上,王星贤等点校,第 68—69 页。
④ 颜元:《四书正误·大学》,《颜元集》上,王星贤等点校,第 157 页。
⑤ 颜元:《四书正误·子罕》,《颜元集》上,王星贤等点校,第 200 页。
⑥《李塨文集》,邓子平、陈山榜点校,第 420 页。

第二,反虚文、静坐,斥宋儒为禅。自北宋开始,反对虚文、静坐之声就从未中断过,但以"孔门之习行"为标准,径斥诵读、静坐为迷乱圣道,为禅,却仅见于颜李之学。他们不仅反对"袖手高谈"与"玩弄光景"的心性之学,而且也反对一味从事诵读、传注、著述等虚文应世的学风。颜元说:

> 试观今世,若有为我之杨子,虽充塞圣人亲民之大道,苍生不被其泽,尚使人自全一己;若有兼爱之墨子,虽充塞圣人明德之大仁,施恩无序,尚使苍生实被其排难守卫之功。何至主教大儒读讲著述,耗损自身之心血精力,双瞽其目,尺寸无补于社稷世运,沦胥以亡,其流祸后世,使国无政事、人无才德、民无教养,举一切而皆空之如此乎? 故妄谓:仙、佛之害,甚于杨、墨;理学之祸,烈于仙、佛。①

在颜李著作中,诸如此类批驳宋儒读讲著述之言,密度之大,言辞之激烈,在中国思想史上可谓绝无仅有。他们力斥当世理学,就是要"远迈宋儒,直追三代经世之学"②。颜元说:

> 凡古人所谓道、所谓学者,后世废失殆尽。凡汉儒与老、释所谓道、所谓学者,后世家知人习。果有真志绳二千年堕绪,而为二帝、三王、周公、孔子之学,明二帝、三王、周公、孔子之道,必于后世之学道恶如淫声恶色,除如莠草荆棘,而实学古人之学,求古人之道,乃可曰道学先生,乃可上溯古人而使之点头,乃可下议汉儒、辟老、释而使之垂首。③

为了重建古圣贤习行经世之道,颜元强调要以古人之学为标准(使之点头)痛斥后世之学(使之垂首),要像"恶如淫声恶色""除如莠草荆棘"一样,除去昏迷于纸墨中的恶习。李塨承师说而进,则直斥程朱陆王

---

① 颜元:《四书正误·孟子下》,《颜元集》上,王星贤等点校,第244页。
② 颜元:《颜习斋先生年谱》卷上,《颜元集》下,王星贤等点校,第712页。
③ 颜元:《四书正误·论语上》,《颜元集》上,王星贤等点校,第197页。

专事读书是"戴儒巾之禅"。

第三,对"格物"的独特解释。颜李二人对"格物"的理解,可谓别具一格,颜元说:

> 今之言"致知"者,不过读书、讲问、思辨已耳,不知致吾知者,皆不在此也。辟如欲知礼,任读几百遍礼书,讲问几十次,思辨几十层,总不算知。直须跪拜周旋,捧玉爵,执币帛,亲下手一番,方知礼是如此,知礼者斯至矣。辟如欲知乐,任读乐谱几百遍,讲问、思辨几十层,总不能知。直须搏拊击吹,口歌身舞,亲下手一番,方知乐是如此,知乐者斯至矣。是谓"物格而后知至"。故吾断以为"物"即三物之物,"格"即手格猛兽之格,手格杀之之格。①

在此,颜元以必须"亲下手一番"方可达到"知礼""知乐"之目的为例,来说明"格"即"手格猛兽之格,手格杀之之格"。可见,颜元所理解的"知"不限于理论之知,他主要指实践操作之知。在其他地方,颜元说的更加具体,如其曰:"元谓当如史书'手格猛兽'之'格''手格杀之'之'格',乃犯手捶打搓弄之义,即孔门六艺之教,是也。"②又说:"此'格'字乃'手格猛兽'之格,'格物'谓犯手实做其事,即孔门'六艺'之学是也。"③颜元将"格物"解释为"犯手捶打搓弄"或"犯手实做其事",这与理学家们主要从道德修养方面来理解,大相径庭,凸显了他强调"习行"的思想特征。李塨解"格物",虽然用语不同于颜元,但仍不离"习行",如他说:"言格物,即学习礼乐射御书数之物。"④其中,"物"亦主要限于颜元所说的"孔门六艺之教"或《周礼》之"三物"。

尽管颜李二人的思想有很多共同之处,但是,颜、李之间还是一些比较明显的区别。在尊古方面,颜元反对汉儒,而李塨则对汉儒多有褒扬,

---

① 颜元:《四书正误·大学》,《颜元集》上,王星贤等点校,第 159 页。
② 颜元:《阅张氏王学质疑评》,《颜元集》下,王星贤等点校,第 491 页。
③ 颜元:《颜习斋先生言行录》,《颜元集》下,王星贤等点校,第 645 页。
④ 《李塨文集》,邓子平、陈山榜点校,第 754 页。

认为"宋儒不及汉儒"①,甚至他的哲学思想亦近似汉儒。再说习行,虽然二人都崇尚习行,都训"物"为《周礼》之"三物",但具体所"行"的内容却存在很大的差异:颜元偏于"利",而李塨则偏于"礼"。所以,李塨51岁时说:"近闻习斋致用之学者,或用之于家产,或用之于排解,少不迂阔,而已流杂霸矣。"②朱义禄从"个性上的差异""格物致知上的歧义""治学方法上的区别"③等三个方面,对二人思想进行了较为细致的甄别。下面,主要从哲学层面谈谈颜李之别。

李塨39岁复入浙江时,《年谱》载有他与王复礼的一段对话:

> 草堂曰:"颜先生言理气为一,理气亦似微分。"曰:"无分也。孔子曰'一阴一阳之谓道',以其流行谓之道,以其有条理谓之理,非气外别有道理也。"④

王复礼之言,道出了颜李思想分歧的根本所在。其他表面差异,皆由此衍生。在王复礼看来,"颜先生言理气为一,理气亦似微分",而李塨却是"理气不分"。按正常逻辑,李塨应该就颜元的思想来反驳王复礼,同时也证明了李塨本人所坚持的哲学原则——"无分也"。但是,李塨却是用他个人的观点,而非颜元的主张,来回答王复礼之问。遍览颜元已出版的著述,在理气的问题上,特别是对"一阴一阳之谓道"命题的解释,其中并没有类似"以其流行谓之道,以其有条理谓之理"的训解。从李塨与晚年门人恽皋闻关于训释《大学》之"道"的争议中可以看出,这只是李塨的个人主张。当时,恽皋闻南游,李塨复恽皋闻书云:

> 来教云,《大学》之"道",不宜注作路。道之为路借语耳,可云一阴一阳之为路乎?夫曰道之为路借语耳,是以道为正字,路为借字也,不知道亦借字也。路从足,道从辵,皆言人所共由之义理,犹人

---

① 《李塨文集》,邓子平、陈山榜点校,第716页
② 《李塨文集》,邓子平、陈山榜点校,第790页。
③ 参见朱义禄《颜元李塨评传》,第457—474页。
④ 《李塨文集》,邓子平、陈山榜点校,第738页。

所由之街衢也。……道即路，路即道，非一正而一借也。阴阳往来，正如由路。……宋人曰："阴阳非道，所以阴阳者为道。"则显悖圣经，陷入异邪。①

恽皋闻劝诫李塨，《大学》之"道"，不宜注作"路"，"路"只是借字，其理由是"可云一阴一阳之为路乎"？李塨从经验原则出发，认为"路"是"共由之义理，犹人所由之街衢"，并指责朱子"阴阳非道，所以阴阳者为道"之说，是陷入邪说异端。可见，李塨所理解的"道"是属于"气"一层，"道"与"气"无隔。颜元论"道"显然与李塨有别，如他说："'道'即'率性'之谓。是人之所以生，了悟的此道，便完却了此生。长寿的百年千载，夭折的一时亦千载。"②颜元本《中庸》"天命之谓性，率性之谓道"训"道"，此"道"显然是非经验性的。颜元论"心"与"性"，主要本《孟子》《中庸》，取其道德意义，如他说：

> 心即恻隐、羞恶、辞让、是非之心，是人人本有，故曰"其心"。人尽其恻隐等"四端"之心者，知其仁、义、礼、知之性也。性命于天。③

上述颜元所说"道""心""性"是先验的，显然不是后天之"气"，其中"道"更不能训为"路"。

再者，王复礼认为"颜先生言理气为一"，亦属实情，如颜元说："若谓气恶，则理亦恶，若谓理善，则气亦善。盖气即理之气，理即气之理，乌得谓理纯一善而气质偏有恶哉！"④颜元"四存编"所表达的思想重心就是反对视气为恶、离气言性言理，斥责程朱离艺求道，是玩弄镜中花、水中月。但并不能因此就说明颜元认"道"或"理"为气，否则，何有"身心道艺，一滚加功"的修养论？用颜元的话来说，"气即理之气，理即气之理"只是"一滚说"，即今日的圆融说。李塨训"道"为"街衢"，"道"就成了"器"。

---

① 《李塨文集》，邓子平、陈山榜点校，第820—821页。
② 颜元：《四书正误·论语上》，《颜元集》上，王星贤等点校，第183页。
③ 颜元：《四书正误·孟子下》，《颜元集》上，王星贤等点校，第240页。
④ 颜元：《驳气质性恶》，《颜元集》上，王星贤等点校，第1页。

在道德修养上,李塨没有沿着理学家的路向前走,他另辟蹊径,自成一统,用"小心翼翼,昭事上帝"来保证内在的诚敬,这正是他从不提及颜元"一滚加功"的根本原因。

造成颜李哲学思想有别的原因有很多,但二人的性情与学术渊源各异,是其中不可忽视的重要因素。王法乾尝谓颜元曰:"吾近狷,兄近狂,李妹夫乃近中行也。"①王法乾所言极是,二人个性分属"狂"与"中行",单从各自行文即可窥一斑,兹不赘述。颜元虽学无师承,但亦非平地而起。颜元自述曰:

> 吾自弱冠遭家难,颇志于学,兼读朱、陆两派语录,后以心疾,无所得而萎塌。至甲辰,年三十,得交王子助予,遂专程、朱之学。乙巳丙午,稍有日进之势。丁未,就辛里馆,日与童子辈讲课时文,学遂退。至戊申,遭先恩祖妣大故,哀毁庐中,废业几年,忽知予不宜承重,哀稍杀。既不读书,又不接人,坐卧地炕,猛一冷眼,觉程、朱气质之说大不及孟子性善之旨,因徐按其学,原非孔子之旧。是以不避朱季友之罪而有存性、存学之说,为后二千年先儒救参杂之小失,为前二千年圣贤揭晦没之本源。②

这段话至少包含四层意思:第一,20岁,颜元始有志于朱陆之学。其《年谱》载,24岁"深喜陆、王,手抄《要语》一册"③。《上征君孙钟元先生书》云:"弱冠前为俗学,枉度岁月,懵懵不知道为何物。自顺治乙未,颇厌八股习,稍阅《通鉴》、《性理》、诸儒语录,乃知世间有理学一脉。"④但是,在访孙奇逢之前,他自谦"无所得"。第二,30岁时,约王法乾访孙奇逢,遂"私淑孙征君"⑤,专攻程朱之学。第三,34岁(戊申)遭祖妣大故,猛觉程朱"气质之说"有问题。细检其学,并非孔子之旨。第四,著《存

---

①《李塨文集》,邓子平、陈山榜点校,第690页。
② 颜元:《性理评》,《颜元集》上,王星贤等点校,第73—74页。
③ 李塨:《颜习斋先生年谱》,王源订,陈祖武点校,第712页。
④ 颜元:《上征君孙钟元先生书》,《颜元集》上,王星贤等点校,第46页。
⑤ 颜元:《颜习斋先生言行录》,《颜元集》下,王星贤等点校,第620页。

性》《存学》篇,以救宋儒之失,复孔孟之源。

颜元深受孙奇逢的影响,不失为一北方学者。他浸润于理学多年,深谙其学,攻程朱"气质有恶"是其思想的切入点。他是从理学传统中反叛出来的,或者说,他的思想是宋明理学于清初在北方的进一步发展。颜元尚习行、重实学的理论根据乃是"舍气质无以存养心性"的理(性)气关系;他斥朱子是"手执《四书》《五经》之禅僧"①,是因为读书、静坐枉费了"作圣之气质",致使"广大高明之体"亦成了"无用之体";他反对"气质有恶",提出"丝毫之恶,皆自玷其光莹之本体"的新命题是反对以性命为精、视躬行为粗迹的理学传统;等等。以上诸论,皆宋明理学的反命题,其实并未超越宋明理学的理论藩篱。朱子虽赞张程"气质之性"之说,但对"变化气质"并不持乐观态度,如他说:"人之为学,却是变化气禀,然极难变化。"②对于学生之问:"尧舜之气常清明冲和,何以生丹朱、商均?"朱子却"答之不详"③。可见,朱子对于"恶"之来源问题,其实是很困惑的。钱穆认为颜元"平日持论虽甚激昂,其制行则仍是宋、明诸儒矩矱"④,是契合实情的。

李塨好广游,他除了家学及师从颜元之外,还在 40 岁时入浙江,"投业刺于河右"⑤,可谓"惟道是问",他自述云:

> 于是李子从之,学礼于习斋,学琴于张而素,射骑则学于赵思光、郭金城,书则学于王五公、彭通,数则学于刘见田,后又学律吕于毛河右。其于明德,则立《日谱》,逐时记身心言行得失,勉改。耄老,愈追念家学。⑥

上文"耄老,愈追念家学"之"家学"的说法,往往不为学界所重。其

---

① 颜元:《朱子语类评》,《颜元集》上,王星贤等点校,第 251 页。
② 黎靖德编:《朱子语类》第 1 册,王星贤点校,第 69 页。
③ 黎靖德编:《朱子语类》第 1 册,王星贤点校,第 59—60 页。
④ 钱穆:《中国近三百年学术史》,第 216 页。
⑤《李塨文集》,邓子平、陈山榜点校,第 740 页。
⑥《李塨文集》,邓子平、陈山榜点校,第 854 页。

实,"家学"对颜元和李塨二人的影响均甚大。李塨家学主要指其父李明性之教。《习斋年谱》载有王源对李塨之父较详细的介绍：

> 李先生讳明性,字洞初,号晦夫,蠡县人,明季诸生。事亲孝,日鸡鸣,趋堂下四拜,然后升堂问安,亲日五、六食,必手进。疾,侍汤药,洁拂厕牏,夜闻辗转或痡噫咳,则问睡若何,思何饮食,比三月如一日。妻马氏亦笃孝,相之无违。亲殁毁瘠,遵古礼三年。事兄如父。兄尝怒而挈,举履提其面,则惶恐柔色以请曰:"弟罪也,兄胡为尔,气得无损乎!"时年六十七矣。初,崇祯末,天下大乱,先生方弱冠,与乡人习射御贼,挟利刃、大弓、长箭,骑生马疾驰,同辈无敌者。甲申变后,暗然㬰晦,足迹不履市阛。念圣学以敬为要,颜其堂曰"主一"。慎独功甚密,祭必齐,盛暑,衣冠必整,力行古礼。读书乏膏火,则然条香映而读。晚年益好射,时时率弟子值侯比耦,目光箕张,审固无虚发。元旦,设弧矢神位,置弓矢于旁,酹酒祀之,曰:"文武缺一,岂道乎!"①

李明性谥孝悫,其所学制行可归纳如下:第一,事亲笃孝;第二,善习骑射、长于兵刃;第三,力行古礼;第四,主敬。颜李学派之轮廓已见于孝悫先生。孝悫曾规习斋曰:"满腹经济,再求中节。"②颜元亦以父事之。③颜元有理学根基,加之如孝悫等习行骑射、古礼和重经济日用的熏陶,故易攻理学之不足。李塨虽广交名流,但由于不精于宋学,攻程朱陆王之学而招反唇之讥,袭习斋倡《周礼》之"三物",却废失"存心养性之功",迫于师友的压力以及晚年醒悟"忧智之伤仁,不仁,则根本蹶矣"④的道理,终以"日必澄心"补之,回到宋儒窠臼。此不可尽责人事,当时南方学风或尊程朱,或务考据,皆与颜李之学大异其趣。

---

① 颜元:《颜习斋先生年谱》卷上,《颜元集》下,王星贤等点校,第 721 页。原文为"盛暑衣,冠必整"。
② 颜元:《颜习斋先生年谱》卷上,《颜元集》下,王星贤等点校,第 754 页。
③ 颜元:《颜习斋先生年谱》卷上,《颜元集》下,王星贤等点校,第 721 页。
④ 《李塨文集》,邓子平、陈山榜点校,第 841 页。

有学者认为,李塨南游之后,"和颜元分手","走进了考据学的狭路"①,此说虽然抓住了李塨中晚年移情考据的倾向,但忽视了他从事考据的真正目的。李塨在重视考据的同时,并没有完全放弃颜学,他晚年之教习行,仍在六艺,70岁收到南游弟子恽皋闻书至,喜曰:"习斋之道南矣。"②关于考据之目的,李塨复浙江邵允斯书说:

> (颜习斋)教塨力求古圣旧辙,置《日谱》以纠察身心,学礼,学射,学韬钤,学数,凡古今成败经济大端,日夜研究。至于经史子集,皆翻阅之,以为实行之考证,非务占毕也。③

李塨明言"以为实行之考证",他45岁亦曰:"吾人行习六艺,必考古准今。"可见,李塨考证的目的就在于恢复圣人旧辙而习行之,范围仅限六艺,并无它涉。李塨师从毛奇龄,目的仅在于向他学习古乐。梁启超评说毛氏曰:"他的音乐造诣如何,也非我们门外汉所能批评。但研究音乐的人,他总算很早,所以能引动李恕谷从他问业。"④梁启超意在评价毛氏,但也阐明了李塨为学的目的性。诚如梁启超所言,李塨对胡渭与阎百诗本没有好感,如《年谱》42岁载:"看胡胐明《易图明辨》,言太极、先天、《河图》、《洛书》之非。"⑤又《年谱》46岁载:"知阎百诗至京病,往视之,语以老当自重。"⑥对毛氏,李塨唯乐是学,并不深辨是非。其实,这也是颜元的考证观,如颜元说:"故仆谓古来诗、书不过习行经济之谱,但得其路径,真伪可无问也,即伪亦无妨也。"⑦如此看来,李塨考据学的宗旨,亦未背离颜元的思想实质。

颜李之学,始于颜元,终于李塨。按照"舍气质无以存养心性"和"身心

---

① 侯外庐:《中国思想通史》第五卷,第383页。
②《李塨文集》,邓子平、陈山榜点校,第843页。
③《李塨文集》,邓子平、陈山榜点校,第749页。
④ 梁启超:《中国近三百年学术史》,第169页。
⑤《李塨文集》,邓子平、陈山榜点校,第749页。
⑥《李塨文集》,邓子平、陈山榜点校,第769页。
⑦ 颜元:《寄桐乡钱生晓城》,《颜元集》下,王星贤等点校,第441页。

道艺,一滚加功"的理论,颜元理应重视穿衣吃饭等济世救民的种种技艺,包括近代西方"质测"之学,而不仅仅拘于"三物"。但由于颜元深居简出,没有机会接触近代西学,加之深受北方学术氛围的影响,致使其"正其谊以谋其利,明其道而计其功"的外王思想,并未如实的体现出来。至李塨,以"礼"统"三物",以"行礼"为"圣学之方",完全无涉于经济日用之学,枉费了"作圣之气质"。钱穆在总结颜李之学最终湮沉的原因时说:

> 细籀恕谷所言,实无以远异于阳明在贵阳所谓"以静坐补小学收放心一段工夫"之意也。其论礼乐,自习行转为考古,固与师门意趣大异,然习斋亦自有其不可行。恽皋闻与恕谷书,自称"六艺之事,不特身手未涉,即耳目亦未见"。今习斋乃欲以举世所身手不涉、耳目不见者强人习行,亦徒见其迂阔而远于事情。故习斋习行之教,不能以当身为务,而以复古为说,宜其一传而变为恕谷之考古;而恕谷复拘牵于习斋"六府、三事、三物"之教,遂以《周官》《古文尚书》为真古,而考古之业亦入于断港绝潢而不可通。颜、李之学,终于湮沉,不能大其传,而自此二百年学术,遂完全走入书生纸墨一路,吁!可悕也![1]

钱穆从颜李之学自身的特性分析入手,揭示其后来湮没的原因,自有其合理性。其实,颜李之学在后来的湮没,还与时代的大氛围密切相关。清政权全面稳定之后,一方面右文稽古,另一方面大力提倡程朱理学,而且继续宋明以来的科举考取士制度,以巨大的政治力量将大批士人重新吸引到古代儒家与宋明以来提倡的书本学问之中。颜李之学所包含的一些面向现实社会、自然科学的思想萌芽,无法找到合适的思想土壤。"颜李之学"的湮没恰恰是"历史洄流"具体表现之一,仅从"颜李之学"自身的特性出发,还不足以充分说明其衰落的原因。

---

[1] 钱穆:《中国近三百年学术史》,第 241—242 页。

第五章　顾炎武、傅山、陈确的反理学思想

　　简括地讲,在明末清初反理学的思潮之中,王夫之、黄宗羲二人主要从哲学理论的高度,重新阐释了理气关系。顾炎武则主要从历史还原的角度,将理学还原为经学,提出了"理学即经学"的命题,从而消解了理学的神圣性,力图将理学的形上思辨转化到具体的经学研究之中。而且,他对经学研究的方法也指出了一条切实的路径,那就是"读九经自考文始,考文自知音始"的训诂学道路。而颜元则主要从经世实学的角度,批评理学的空疏不切日用之处。相比较而言,傅山对理学的批评,其路径则比较接近顾炎武与颜元,在理气论方面论述不多,比较侧重于从字义的历史还原和理学的社会作用的角度,批评理学之"理"的理论谬误及其危害性。他通过对宋儒的批判而上溯到对孔子以下儒者的批评,将孔子以后的儒家统称为"世儒",又将"世儒"分为三类,像孟荀则被称为"俗儒"、程朱被称为"陋儒"、死守程朱教条的称为"奴儒"。其思想批判的重点在于"陋儒"与"奴儒"两类,而又通过对"陋儒"与"奴儒"的批判来确立一种独立人格,培养起历史个体的理性批判能力。他通过对子学的提倡,打破经学一统的局面,从而为确立多元的学术研究格局,培养学者自由的思想精神提供了广阔的思想空间。有学者说:"傅山对儒学,尤其是对宋明新儒学的批判,所以难能可贵,并不体现在其理论的深刻性上,而

是体现在其立场的鲜明性上。……这一鲜明的立场，使他对于宋明新儒学乃至整个儒学的批判，在一定程度上突破了改良儒学、完善儒学这一儒家自我批判的旧模式，而具有近代才正式出现的彻底批判儒学的某些涵义。"①

我们认为，上述这一评价基本上符合傅山反理学思想的历史定位，其鲜明的立场从其文本中也可以找到内证。②

陈确与黄宗羲虽然同为刘宗周的弟子，但他们二人的思想倾向并不相同。陈确有明确的反理学思想，坚持"欲之正当处即是理"的理欲观，而在"性善"论的问题上，他也不同意程朱理学与陆王心学的观点，坚持从工夫论的角度讨论性善问题，即性善是一个人的原初之善与在现实的人生中通过学习而完成的善性，才是人的真正善性。对于《大学》一书，陈确坚定地认为不是圣人之书，其中很多观点都是错的。这对于宋明以降理学的理论权威构成了巨大的学术与理论挑战。因此，从思想的性质来看，陈确可以视为宋明理学的反对派，其态度与立场之坚决胜过黄宗羲。

第一节　顾炎武的"经学即理学"命题

顾炎武(1613—1682)，字宁人，原名绛，因为敬仰南宋文天祥门人王炎武的忠贞人格，更名为炎武。学者尊称他为亭林先生。江苏昆山人。少年时曾加入复社。明亡后，曾一度抗清。抗清失败后，弃家出游，先后考察过山东、河北、山西、陕西诸省，拜谒过明十三陵。所到之处，或访问

① 参见王茂、蒋国保等《清代哲学》，第558页。
② 他对古代诗文中用"理"字诗句所表现出的一种情绪上的厌恶，亦可以体现出来。如他说："张茂先《励志诗》，难说非正经语，但常耳。'累微以著，乃物之理'，此四字正堪买免宋儒也。厌！厌！潘安仁《关中诗》'岳牧虑殊，威怀理二'，'理二'尤可厌也。殷仲文《九井作一首》，起曰：'四运虽鳞次，理化各有准。'可谓腐矣。谢灵运往往用'理'字，曰'事为名教用，道以神理超'，曰'虑澹物自轻，意惬理无违'，曰'沈冥岂别理，守道自不攜'，曰'孤游非情叹，赏废理谁通'。用法虽不腐，然终碍我眼。"参见《傅山全书》第1册，尹协理主编，第539页，太原，山西人民出版社，1987。

当地的知名学者，或询问地方风俗、民情，并与往日书中所记相对勘。1681年在访问陕西华阴县途中患病，1682年正月病逝。他一生著述宏富，主要著作有：《天下郡国利病书》(120卷)、《肇域志》(未完成)、《音学五书》(38卷)、《日知录》(32卷)、《亭林文集》(6卷)。其学问涉及范围极广，经学、史学、子学皆有研究，而于经学中的音韵、训诂学，以及与之相关的金石、文字考证之学，史学中的历史地理学极有研究，开创了清代学术研究与哲学思考的新范式。

顾炎武身处"以清代明"的巨大历史变故之中，心中有深沉的故国之思。其学术中包含着强烈的经世致用色彩。他对山川、风俗的实地考察，对现实科举取士制度弊病的深刻、敏锐的洞察与批判，对郡县制与封建制两种重大社会制度形态利弊的综合、权衡与取舍，提出了"寓封建之意于郡县之中"的光辉政治制度改良的主张，成为"后理学时代"不可多得的新思想命题。而且，在有关最高政治权力的制约与下放，民众如何具备评论现实政治的言论自由权，科举取士过程如何按照县一级政府的人口规模实现候选人人数限制等政治改革思想，都极富创发性。非常可惜的是，清代政权全面巩固之后，这些宝贵的新思想在乾嘉时代基本上销声匿迹。只有文学家、诗人兼思想家的袁枚零星地、片断地继承了顾炎武的政治改革思想。这不能不说是历史的遗憾。

一、对宋明理学的批评

顾炎武对宋明理学的批评是从对明末空疏学风的反思开始的。他说：

> 五胡乱华，本于清谈之流祸，人人知之，孰知今日之清谈有甚于前代者。昔之清谈谈老庄，今之清谈谈孔孟，未得其精，而已遗其粗；未究其本，而先辞其末。不习六艺之文，不考百王之典，不综当代之务，举夫子论学论政之大端一切不问，而曰"一贯"，曰"无言"，以明心见性之空言，代修己治人之实学。股肱惰而万事荒，爪牙亡

而四国乱。神州荡覆，宗庙丘墟。昔王衍"妙善玄言"，"自比子贡"，及为石勒所杀，"将死，顾而言曰：'呜呼，吾曹虽不如古人，向若不祖尚浮虚，戮力以匡天下，犹可不至今日。'"今之君子，得不有愧乎其言！①

顾炎武将明末空疏学风与魏晋玄学相提并论，认为明末空疏学风与魏晋玄学一样，都是导致"夷狄之祸"的重要原因。因为这种学风"以明心见性之空言，代修己治人之实学"，"不习六艺之文，不考百王之典，不综当代之务，举夫子论学论政之大端一切不问"，从而出现"股肱惰而万事荒，爪牙亡而四国乱"的局面，最终导致"神州荡覆，宗庙丘墟"。

在顾炎武看来，这种"未得其精，而已遗其粗；未究其本，而先辞其末"的空疏学风已经背离了"圣人之道"。他在《与友人论学书》中说：

> 窃叹夫百余年以来之为学者，往往言心言性，而茫乎不得其解也。命与仁，夫子之所罕言也；性与天道，子贡之所未得闻也。性命之理，著之《易传》，未尝数以语人。其答问士也，则曰"行己有耻"；其为学，则曰"好古敏求"；其与门弟子言，举尧、舜相传所谓危微精一之说一切不道，而但曰："允执其中，四海困穷，天禄永终。"呜呼！圣人之所以为学者，何其平易而可循也，故曰："下学而上达。"颜子之几乎圣也，犹曰："博我以文。"其告哀公也，明善之功，先之以博学。自曾子而下，笃实无若子夏，而其言仁也，则曰："博学而笃志，切问而近思。"今之君子则不然，聚宾客门人之学者数十百人，"譬诸草木，区以别矣"，而一皆与之言心言性，舍多学而识，以求一贯之方；置四海之困穷不言，而终日讲危微精一之说，是必其道之高于夫子，而其门弟子之贤于子贡，祧东鲁而直接二帝之心传者也。我弗敢知也。《孟子》一书，言心言性，亦谆谆矣，乃至万章、公孙丑、陈代、陈臻、周霄、彭更之所问，与孟子之所答者，常在乎出处、去就、辞

---

① 顾炎武：《日知录校释》，张京华校释，第 311 页，长沙，岳麓书社，2011。

受、取与之间。以伊尹之元圣,尧、舜其君其民之盛德大功,而其本乃在乎千驷一介之不视不取。伯夷、伊尹之不同于孔子也,而其同者,则以"行一不义,杀一不辜,而得天下不为"。是故性也,命也,天也,夫子之所罕言,而今之君子之所恒言也;出处、去就、辞受、取与之辨,孔子、孟子之所恒言,而今之君子所罕言也。谓忠与清之未至于仁,而不知不忠与清而可以言仁者,未之有也;谓不忮不求之不足以尽道,而不知终身于忮且求而可以言道者,未之有也。我弗敢知也。愚所谓圣人之道者如之何?曰"博学于文",曰"行己有耻"。自一身以至于天下国家,皆学之事也;自子臣弟友以至出入、往来、辞受、取与之间,皆有耻之事也。耻之于人大矣!不耻恶衣恶食,而耻匹夫匹妇之不被其泽,故曰:"万物皆备于我矣,反身而诚。"呜呼!士而不先言耻,则为无本之人;非好古而多闻,则为空虚之学。以无本之人,而讲空虚之学,吾见其日从事于圣人,而去之弥远也。[1]

上述引文较长,但其核心意思还是很明确的,即按照顾炎武的理解,"圣人"之为学,具有注重实践、面向生活的特点,是"平易而可循"的,那些成天与士人讨论"举尧、舜相传所谓危微精一之说一切不道,而但曰:'允执其中,四海困穷,天禄永终'"大道理的人,鄙薄"多学而识"的下学功夫,醉心于所谓"危微精一"的尧舜传心之法,对现实世界的"四海困穷"的局面无动于衷。在顾炎武看来,这样的一种治学路向和风气,与孔、孟所提倡的儒学之宗旨显然是背道而驰的。

顾炎武还进一步探讨了儒学之中这种空疏学风的理论来源。他认为,这与禅学的影响密切相关。他说:"今之君子,学未及乎樊迟、司马牛,而欲其说之高于颜、曾二子,是以终日言'性与天道',而不自知其堕于禅学也。"[2]晚明儒学深受禅学的影响,又可以进一步追溯到阳明学的"良知说"。他说:

---

[1] 顾炎武:《与友人论学书》,《顾亭林诗文集》,第40—41页。
[2] 顾炎武:《日知录校释》,张京华校释,第310页。

　　盖自弘治、正德之际，天下之士厌常喜新，风气之变已有所自来，而文成以绝世之资，倡其新说，鼓动海内。嘉靖以后，从王氏而诋朱子者，始接踵于人间，而王尚书发策谓："今之学者偶有所窥，则欲尽发先儒之说而出其上；不学则借一贯之言以文其陋；无行则逃之性命之乡，以便人不可诘。"此三言者，尽当日之情事矣。故王门高弟为泰州、龙溪二人。泰州之学一传而为颜山农，再传而为罗近溪、赵大洲。龙溪之学一传而为何心隐，再传而为李卓吾、陶石篑。

他评价说："以一人而易天下，其流风至于百有余年之久者，古有之矣。王夷甫之清谈，王介甫之新说，其在于今，则王伯安之良知是也。"①在顾炎武看来，正是由于禅学对儒学的侵蚀，使得儒学内部出现了背离孔孟之道的空疏学风，才最终导致了"夷狄入主中原"的历史巨变。他说：

　　《学蔀通辩》又曰："佛教入中国，常有夷狄之祸。今日士大夫尚禅尚陆，使禅佛之魂骎骎复返，可为世道之忧。"呜呼！辛有之适伊川，其豫见于百年之后者矣！②

所谓"辛有之适伊川"，出自《左传·僖公二十二年》："初，平王之东迁也，辛有之适伊川，见被发而祭于野者，曰：'不及百年，此其戎乎！其礼先亡矣。'秋，秦、晋迁陆浑之戎于伊川。"顾炎武引用这一典故，旨在说明明朝的灭亡固然与满清的入侵有直接的关系，但其内在原因却在于儒学的自身变异而引发了"世道人心"的败坏。正因为学术与政教风俗的关系是如此的密切，因此要祛除禅学对儒学的影响，"拨乱世反之正"，就需要进一步追溯儒学的源头——孔孟之道的真实意蕴。在《下学指南序》一文中，顾炎武指出：

　　今之言学者必求诸《语录》，《语录》之书始于二程，前此未有也。

---

① 顾炎武：《日知录校释》，张京华校释，第762—763页。
② 顾炎武：《日知录校释》，张京华校释，第763页。

今之语录几于充栋矣。而淫于禅学者实多，然其说盖出于程门。……夫学程子而涉于禅者，上蔡也，横浦则以禅而入于儒，象山则自立一说，以排千五百年之学者，而其所谓"收拾精神，扫去阶级"，亦无非禅之宗旨矣。后之学者递相演述，大抵不出乎此，而其术愈深，其言愈巧，无复象山崖异之迹，而示人以易信。苟读此编，则知其说固源于宋之三家也。呜呼！在宋之时，一阴之《姤》也，其在于今，五阴之《剥》也。①

上蔡，指谢良佐（1050—1103），寿春上蔡人，程门弟子。横浦，指张九成（1092—1159），字子韶，钱塘人，自号横浦居士，受学于程门高弟杨时，是程门的再传弟子。象山，即陆九渊（1139—1192），江西抚州金溪人，因曾在贵溪象山居住讲学，故自号象山居士。朱熹曾说："上蔡之学一转而为张子韶，子韶一转而为陆子静。"（《宋元学案》卷二四《上蔡学案》）这道出了谢良佐、张九成、陆九渊思想的内在联系。顾炎武则更加明确地指出，从谢良佐的"学程子而涉于禅"，到杨时弟子张九成的"以禅而入于儒"，再到陆九渊的"自立一说"而"无非禅之宗旨"，这其中的学术发展脉络是一步步地向禅学靠近而渐趋远离儒学，真所谓"在宋之时，一阴之《姤》也，其在于今，五阴之《剥》也"。

由上所引的文献可知，顾炎武反对陆王一派的立场十分鲜明。但他是否如其他学者所说，属于理学中的程朱一派呢？对此问题，我们可以稍做辨析。

在顾炎武的著作中，我们确实可以找到很多尊崇程朱的材料。例如《日知录》"卦爻外无别象"条："《十翼》之中，无语不求其象，而《易》之大指荒矣！岂知圣人立言取譬，固与后之文人同其体例，何尝屑屑于象哉？王弼之注虽涉于玄虚，然已一扫《易》学之榛芜，而开之大路矣。不有程子，大义何由而明乎？"②

---

① 顾炎武：《下学指南序》，《顾亭林诗文集》，第 131—132 页。
② 顾炎武：《日知录校释》，张京华校释，第 12 页。

又如《亭林文集》卷五之《华阴县朱子祠堂上梁文》:"两汉而下,虽多保残守缺之人;六经所传,未有继往开来之哲。惟绝学首明于伊雒,而微言大阐于考亭,不徒羽翼圣功,亦乃发挥王道,启百世之先觉,集诸儒之大成。"①

根据这些材料,顾炎武似乎确实是不折不扣的程朱信徒。然而我们同时也发现,顾炎武对于程朱的许多主张,也并非没有异议。例如对《论语》中子贡所说的"夫子之文章可得而闻也,夫子之言性与天道不可得而闻也"这句话的解读,顾炎武就没有完全认同朱熹的说法。对于此句话,朱熹解释道:"文章,德之见乎外者,威仪文辞皆是也。性者,人所受之天理;天道者,天理自然之本体,其实一理也。言夫子之文章,日见乎外,固学者所共闻;至于性与天道,则夫子罕言之,而学者有不得闻者。盖圣门教不躐等,子贡至是始得闻之,而叹其美也。"朱子将"性"理解为"人所受之天理",而"天道"是"天理自然之本体";"性与天道不可得而闻"是因为"圣门教不躐等"。顾炎武的解释则不一样。他认为:"夫子之教人文行忠信,而性与天道在其中矣。故曰:'不可得而闻。'……谓夫子之言性与天道不可得而闻,是疑其有隐者也。不知夫子之文章,无非夫子之言性与天道。"因此,"可仕、可止,可久、可速,无一而非天也。恂恂便便,侃侃闇闇,无一而非天也"。"夫子之文章莫大乎《春秋》,《春秋》之义,尊天王,攘戎翟,诛乱臣贼子,皆性也,皆天道也。"②《论语》《孝经》,此夫子之言也。文章在是,性与天道亦不外乎是。"③顾炎武的意思很明确,"性与天道"之所以不可得而闻,并不是因为"圣门教不躐等",而是因为它们就在"夫子之文章"之中;而且"性与天道"本身也不是什么先验的"人所受之天理","天理自然之本体",而是孔子在"文章"中所表达的一些很朴实的道理如"尊天王","攘戎翟","诛乱臣贼子",等等。顾炎武的这种思想,从哲学的角度看,便是否定朱熹的先验理本体论的思想,主张"道寓

① 顾炎武:《华阴县朱子祠堂上梁文》,《顾亭林诗文集》,第121页。
② 顾炎武:《日知录校释》,张京华校释,第309页。
③ 顾炎武:《日知录校释》,张京华校释,第784页。

于器","即器达道"的经验论的认识路线。

又如对《尚书·大禹谟》"人心唯危,道心唯微,唯精唯一,允执厥中"十六字心传的解读,顾炎武也不同于朱熹。朱熹在《中庸章句序》中将这十六字视为圣人"传心"的要典,而顾炎武则明确地指出:

> 心不待传也。流行天地间,贯彻古今而无不同者,理也。理具于吾心,而验于事物。心者,所以统宗此理而别白其是非。人之贤否,事之得失,天下之治乱,皆于此乎判。此圣人所以致察于危微精一之间,而相传以执中之道,使无一事之不合于理,而无有过不及之偏者也。禅学以理为障,而独指其心曰"不立文字,单传心印"。圣贤之学,自一心而达之天下国家之用,无非至理之流行,明白洞达,人人所同,历千载而无间者。何传之云:"俗说浸淫,虽贤者或不能不袭用其语,故借书其所见如此。"《中庸章句》引程子之言曰:"此篇乃孔门传授心法。"亦是借用释氏之言,不无可酌。[1]

我们知道,"危微精一"十六字诀是朱熹建构"道统"论的直接经典根据,论证其理学思想"直承孔孟"的法宝,而"天理"是程朱理学思想体系的核心概念;顾炎武对这两项主要思想的直接否定,实际上就是从根基处否定了程朱理学。

可见,顾炎武在根本思想上既不属于理学中的陆王一派,也不属于理学中的程朱一派。在对待"天道性命"的根本问题上,无论是程朱的"理学",还是陆王的"心学",他都是持批判态度的。其根本的思想特征在形式上表现为向原始儒家复归,而实际上是借复古的形式表达他自己的理论主张。

二、"经学即理学"

在明清之际的反理学思潮中,顾炎武的思想主张具有特殊的意义。

---

[1] 顾炎武:《日知录校释》,张京华校释,第750页。

梁启超曾评价说:"清初大师,如夏峰、梨洲、二曲辈,纯为明学余波。如船山、舜水辈,虽有反明学的倾向,而未有所新建设,或所建设未能影响社会。亭林一面指斥纯主观的王学不足为学问,一面指点出客观方面许多学问途径来。于是学界空气一变,二三百年间跟着他所带的路走去。亭林在清代学术史所以有特殊地位者在此。"①梁启超对黄宗羲等学者的评价虽然有片面之处,但他的确敏锐地揭示出了顾炎武在明清之季学术思想转型过程中的重要地位和作用。具体而言,顾炎武在批判作为理学根基的心性之学的基础上,通过提出"理学,经学也"(后全祖望改为"经学即理学")的命题及建立的"读经自考文始"的经学研究新范式,为中国传统学术由宋明理学向清代朴学的转型奠定了坚实的新思想基础,开辟了新的方法论途径。

在批判心性之学的基础上,顾炎武通过对理学与经学关系的考察和辨析,提出了"理学,经学也"的命题,从而开创了中国传统学术由宋明理学的思辨形态向清代经、史考据的朴学形态的转型。在《与施愚山书》一文中,他提出了"理学,经学也"的命题,说道:

> 理学之传,自是君家弓冶。然愚独以为理学之名,自宋人始有之。古之所谓理学,经学也,非数十年不能通也。故曰"君子之于《春秋》,没身而已矣。"今之所谓理学,禅学也,不取之五经而但资之语录,校诸帖括之文而尤易也。又曰:"《论语》,圣人之语录也。"舍圣人之语录,而从事于后儒,此之谓不知本矣。②

对于顾炎武这段话的含义,学术界历来有不同的解读,主要分歧可以归结为以下三点:(1)"古之理学"与"今之理学"的具体指称对象是什

---

① 梁启超:《中国近三百年学术史》,第 65 页。

② 顾炎武:《与施愚山书》,《顾亭林诗文集》,第 58 页。施愚山即施闰章,字尚白,号愚山,宣城人,顺治己五年(1649)进士,官至江西布政司参议,康熙己未年(1679)召试博学鸿词,授翰林院侍读,著有《学余堂文集》二十八卷。施闰章父祖生前皆笃志理学,他本人也尊尚理学,所以顾炎武对他说"理学之传,自是君家弓冶"。"弓冶"二字典出于《礼记·学记》:"良冶之子必学为裘,良弓之子必学为箕。"它的意思是说施闰章家族世传理学,子承父业,不坠家声。

么？（2）顾炎武所说的"理学"是什么含义？（3）顾炎武是否"反理学"？我们认为，只要了解"理学"这一名称及其指称对象的源流演变，这些问题是不难回答的。

"理学"这一名称兴起于南宋，是当时许多学者的通用语。如朱熹说："理学最难，可惜许多印行文字，其间无道理底甚多，虽伊洛门人亦不免如此。"①陆九渊说："惟本朝理学，远过汉唐，始复有师道。"②湖湘学者张栻指出："学者徇名忘实，此真可忧，但因此遂谓理学之不可讲，大似惩噎废食。"③朱学传人黄震亦说："自本朝讲明理学，脱出训诂。"④可见"理学之名，自宋人始有之"是对这一历史事实的正确认识。

既然"理学"之名到宋代才产生，那么"古之所谓'理学'，经学也"中的"古"就不可能指称先秦和汉唐，而是指两宋。顾炎武的意思是说，在北宋时期"理学"这一名称刚开始出现的时候，其指称对象并不是以探讨"天道性命"为主要内容的专门之学，而是指经学研究传统中与辞章、考据、训诂相对的义理之学。这样一种学问属于经学的范畴，而且"非数十年不能通也"。从以上南宋学者对"理学"一词的使用情况来看，顾炎武的这一看法基本上也是符合历史实际的。

"今之所谓'理学'，禅学也"指的是"理学"这一名称在历史的发展演变过程中，其指称对象发生了变化；到了明朝后期，已经成为专用名词，用于指称只探讨"天道性命""危微精一"的专门之学。顾炎武认为，这种专门之学的实质是禅学，因为它背离了孔孟儒学之宗旨，而且"不取之五经而但资之语录"，是没有根基的"空虚之学"。他进一步指出"舍圣人之语录，而从事于后儒，此之谓不知本矣"，一方面是提示这种"禅学化的理学"的根源可以追溯至程门高第，另一方面则是强调儒学之"本"是孔子，应当根据孔子的学说来衡量后世学术理论的正误与价值，而不能本末

---

① 黎靖德编：《朱子语类》第 4 册，王星贤点校，第 1485 页，北京，中华书局，1986。
② 陆九渊：《与李省幹》，《陆九渊集》，钟哲点校，第 14 页，北京，中华书局，2008。
③ 张栻：《寄周子充尚书》，《南轩集》卷十九，四库全书本。
④ 黄震：《读论语》，《黄氏日钞》卷二，四库全书本。

倒置。

由上可以看出,对于顾炎武是否"反理学"的问题,在某种意义上取决于我们对"理学"的界定。如果将"理学"界定为只探讨"天道性命"的专门之学,那么顾炎武是一位坚定的"反理学"的学者,因为他认为这种"不取之五经而但资之语录"的专门之学背离了孔孟儒学的宗旨,已经"堕落"为禅学;如果将"理学"理解为"义理之学",那么顾炎武并不反对"理学",在他看来,"义理之学"与考据训诂一样,都属于经学的范畴。

进一步来看,如果我们确定顾炎武在这段话中蕴涵着价值判断,即否定"今之理学",肯定"古之理学",那么就不得不承认顾炎武所认可的"理学"是属于经学范畴的"义理之学"。在某种意义上,他是通过对"理学"这一名称的"历史还原",确定了"理学"的原初含义,从而将他所认可的宋元"理学"重新纳入经学的范围。换句话说,"宋元理学"是作为顾炎武心目中的"经学"之延续而受到肯定的,并不是后人所理解的"空谈心性"之类的理学。明了这一点,就可以比较清楚地看出顾炎武"尊朱贬王"的实质:他对陆王之学的贬斥和对程朱之学的尊崇,并不简单地表现为宋明理学内部理学与心学之争,而是从是否"有功于圣学",即是否促进了他所理解的"经学"发展的角度,对陆王之学和程朱之学的价值分别进行了贞定。在《日知录》"嘉靖更定从祀"条,更加清晰地表达了顾炎武从经学的传承与发展的角度来判定宋明理学价值的立场。他首先回顾了唐宋时期的孔庙从祀情况,说道:

> 《旧唐书》:太宗贞观二十一年,"二月壬申,诏:以左丘明、卜子夏、公羊高、穀梁赤、伏胜、高堂生、戴圣、毛苌、孔安国、刘向、郑众、杜子春、马融、卢植、郑玄、服虔、贾逵、何休、王肃、王弼、杜预、范宁等二十二人,代用其书,垂于国胄。自今有事于太学,并令配享宣尼庙堂"。盖所以报其传注之功。迄乎宋之仁、英,未有改易,可谓得古人敬学尊师之意者矣。神宗元丰七年,始进荀况、扬雄、韩愈三人。此三人之书虽有合于圣人,而无传注之功,不当祀也。祀之者,

为王安石配享、王雱从祀也。理宗宝庆三年，进朱熹。淳祐元年，进周敦颐、张载、程颢、程颐。景定二年，进张栻、吕祖谦。度宗咸淳三年，进邵雍、司马光。①

在此基础上，顾炎武对宋代理学家的入祀资格进行了评价：

> 以今论之，唯程子之《易传》，朱子之《四书章句集注》、《易本义》、《诗传》及蔡氏之《尚书集传》，胡氏之《春秋传》，陈氏之《礼记集说》，是所谓"代用其书，垂于国胄"者尔。南轩之《论语解》、东莱之《读诗记》抑又次之。而《太极图》《通书》《西铭》《正蒙》，亦羽翼《六经》之作也。②

接下来，他对嘉靖年间更定从祀的行为进行了批评：

> 至有明嘉靖九年，欲以制礼之功，盖其丰昵之失，而逞私妄议，辄为出入，殊乖古人之旨。夫以一事之瑕，而废传经之祀，则宰我之短丧，冉有之聚敛，亦不当列于十哲乎？弃汉儒保残守缺之功，而奖末流论性谈天之学，于是语录之书日增月益，而《五经》之义委之榛芜，自明人之议从祀始也。有王者作，其必遵贞观之制乎！③

并补充说：

> 嘉靖之从祀，进欧阳修者，为"大礼"也，出于在上之私意也；进陆九渊者，为王守仁也，出于在下之私意也。与宋人之进荀、扬、韩三子，而安石封舒王配享，同一道也。④

由上所引的文献可以看出，顾炎武通过对孔庙从祀人员资格的评议，在某种程度上重新整理了儒学的谱系。他根据"传注之功"的标准，严厉批评了明代嘉靖年间罢祀和改祀戴圣、马融、郑玄、服虔等汉代经学

① 顾炎武：《日知录校释》，张京华校释，第626—627页。
② 顾炎武：《日知录校释》，张京华校释，第627页。
③ 顾炎武：《日知录校释》，张京华校释，第627页。
④ 顾炎武：《日知录校释》，张京华校释，第628页。

家,以及增祀陆九渊等学者的做法。他认为,上述这些做法是"弃汉儒保残守缺之功,而奖末流论性谈天之学",会导致"《五经》之义委之榛芜"。同时,他对宋代理学家及其著作进行了重新排序,将《太极图》《通书》等重要的理学著作排了最末位,其价值甚至低于张栻的《论语解》和吕祖谦的《读诗记》。这样一种价值序列的变化,充分说明了顾炎武试图消解宋明理学的神圣性,并将程朱之学纳入经学体系的思想意图。

"理学,经学也"的命题,经过全祖望的转述变成了"经学即理学"。在《亭林先生神道表》中,全祖望说:

> (顾炎武)最精韵学,能据遗经以正六朝唐人之失,据唐人以正宋人之失……晚益笃志六经。谓古今安得别有所谓理学者,经学即理学也。自有舍经学而言理学者,而邪说以起,不知舍经学,则其所谓理学者,禅学也。故其本朱子之说,参之以黄东发《日抄》,所以归咎于上蔡、横浦、象山者甚峻。于同时诸公,虽以苦节推百泉、二曲,以经世之学推梨洲,而论学则皆不合。其书曰《下学指南》。或疑其言太过,是固非吾辈所敢遽定。然其谓经学即理学,则名言也。①

学术界对于全祖望转述的这一命题也有两种不同的意见。有的学者将"经学即理学"与"理学,经学也"等同起来,认为两个命题表达的意思没有什么区别;也有的学者指出"经学即理学"与"理学,经学也"含义不同,因此全祖望转述的"经学即理学"命题不是顾炎武的"原意"。我们认为,一方面"经学即理学"符合顾炎武一贯的论学主张,因此全祖望的转述是可信的,并没有背离顾炎武的"原意"。另一方面,"经学即理学"与"理学,经学也"虽然在表述上有相似的地方,但两个命题所关注的重心是不同的,因此在含义上还是有一定的区别。

首先,"经学即理学"符合顾炎武一贯的论学主张。顾炎武是一位主张在"下学"中实现"上达"的学者,他在解释"形而上者谓之道,形而下者

---

① 全祖望:《亭林先生神道表》,《全祖望集汇校集注》上,朱铸禹汇校集注,第 227 页。

谓之器"时说："非器则道无所寓，说在乎孔子之学琴于师襄也。'已习其数'，然后可以'得其志'。'已习其志'，然后可以'得其为人'。是虽孔子之天纵，未尝不求之象数也。故其自言曰'下学而上达'。"①在解释"性与天道不可得闻"时说："夫子之教人文行忠信，而性与天道在其中矣"，"夫子之文章，无非夫子之言性与天道。"②"《论语》《孝经》，此夫子之言也。文章在是，性与天道亦不外乎是。"③他指出："窃以为圣人之道，下学上达之方，其行在孝弟忠信；其职在洒扫应对进退；其文在《诗》《书》、三《礼》《周易》《春秋》；其用之身，在出处、辞受、取与；其施之天下，在政令、教化、刑法；其所著之书，皆以为拨乱反正，移风易俗，以驯致乎治平之用，而无益者不谈。一切诗、赋、铭、颂、赞、诔、序、记之文，皆谓之巧言而不以措笔。其于世儒尽性致命之说，必归之有物有则，五行、五事之常，而不入于空虚之论。"④以上种种论述，体现出顾炎武"道寓于器"和"即器达道"的哲学主张，而这一主张落实到经学与理学的关系方面，便是"经学即理学"。

其次，"经学即理学"与"理学，经学也"在含义上并不完全相同。上文已经指出，"理学，经学也"这一命题是针对宋明理学而言的。其目的是：一方面是将"堕于禅学"的陆王心学排除在儒学谱系之外，另一方面则是把程朱理学定位为属于经学范畴的"义理之学"，从而将其纳入经学传承的范围。其主要作用是动摇了宋明以来居于学术统治地位的理学的神圣性和权威性。正如梁启超所说："昔有非笑六朝经师者，谓'宁说周、孔误，不言郑、服非'。宋、元、明以来谈理学者亦然，宁得罪孔、孟，不敢议周、程、张、邵、朱、陆、王。有议之者，几如在专制君主治下犯'大不敬'律也。而所谓理学家者，盖俨然成一最尊贵之学阀而奴视群学。自炎武此说出，而此学阀之神圣，忽为革命军所粉碎，此实四五百年来思想

---

① 顾炎武：《日知录校释》，张京华校释，第37页。
② 顾炎武：《日知录校释》，张京华校释，第309页。
③ 顾炎武：《日知录校释》，张京华校释，第784页。
④ 顾炎武：《答友人论学书》，《顾亭林诗文集》，第135页。

界之一大解放也。"①"经学即理学"则不同。这个命题主要是针对经学而言的。经学是主语，理学是谓词，其含义在于肯定"道寓于器"，即经书中蕴涵着"圣人之道"，因此可以通过研治经学来寻求"圣人之道"。其目的在于实现以经学代替理学的学术目标。

可见，顾炎武提出的这个命题的两种表达方式，既有区别，又是紧密联系在一起的，而且在逻辑上似乎具有一种递进的关系：全祖望转述的命题"经学即理学也"，重在消解宋明理学的神圣性和权威性，顾炎武本人的"理学，经学也"命题，则在于彰显经学研究的价值，蕴涵着以经学取代理学的意图。顾炎武此命题的两种表达方式，恰恰从一个侧面展示了为中国传统学术由宋明理学向清代朴学转型的思想史进程，而在语法上，则表现为主词与谓词关系上的颠倒。

三、经学研究新范式的建立

在明清之季的反理学思潮中，主张回归经学以革除理学之弊的学者还有不少。例如方以智曾提出"藏理学于经学"的设想，钱谦益也说："宋之学者，自谓得不传之学于遗经，扫除章句，而胥归于身心性命。近代儒者，遂以讲道为能事，其言学愈精，其言知性知天愈眇。而穷究其指归，则或未必如章句之学，有表可循，而有坊可止也。汉儒谓之讲经，而今世谓之讲道。圣人之经，即圣人之道也。离经而讲道，贤者高自标目，务胜于前人；而不肖者汪洋恣肆，莫可穷诘。则亦宋之诸儒扫除章句者，导其先路也。修《宋史》者知其然，于是分儒林、道学，厘为两传，儒林则所谓章句之儒也，道学则所谓得不传之学者也。儒林与道学分，则古人传注、笺解，义疏之学转相讲述者，无复遗种。此亦古今经术升降绝续之大端也。经学之熄也，降而为经义；道学之偷也，流而为俗学……生心而害政，作政而害事，学术蛊坏，世道偏颇，而夷狄寇盗之祸，亦相挺而起……

---

① 梁启超：《清代学术概论》，第9页。按：梁启超的这段话是针对"经学即理学"的命题而言的。我们认为，这段话用来评价"理学，经学也"的命题似乎更为恰当。

诚欲正人心，必自反经始；诚欲反经，必自正经学始。"①这些思想与顾炎武的观点大体上是一致的，说明以经学代替理学在当时是许多学者的共同主张。顾炎武之所以能够超越这些学者而被后世视为清代朴学的开创者，是因为他不仅从理论上指出了经学代替理学的必要性和必然性，而且还身体力行，探索并创立了一套经学研究的新范式，从而在实践中为清代朴学的兴起和发展开辟了方向。

（一）《音学五书》

顾炎武的经学研究新范式主要体现在《音学五书》和《日知录》两部著作中。《音学五书》是一部音韵学研究专著，顾炎武在《音学五书序》及《后序》中对这部著作的成书历程及主要内容进行了介绍。他说："余纂辑此书三十余年，所过山川亭鄣，无日不以自随，凡五易稿而手书者三矣。"②

又说：

> 炎武潜心有年，既得《广韵》之书，乃始发悟于中而旁通其说。于是据唐人以正宋人之失，据古经以正沈氏唐人之失，而三代以上之音部分秩如，至赜而不可乱。乃列古今音之变，而究其所以不同，为《音论》二卷；考正三代以上之音，注三百五篇，为《诗本音》十卷；注《易》，为《易音》三卷；辨沈氏部分之误，而一一以古音定之，为《唐韵正》二十卷；综古音为十部，为《古音表》二卷，自是而六经之文乃可读。其他诸子之书，离合有之，而不甚远也。③

他将《诗经》看作中国上古时期的韵谱，本着"还原"古音原貌的目的，通过分析审核《诗经》全书一千九百多个韵字，与《广韵》韵部对勘，分别同异，综合贯串，将古韵分为十部，从而建立了第一个比较科学的《诗经》古音学的系统。在他之后，江永著《古韵标准》，分古韵为十三部；戴

---

① 钱谦益：《新刻十三经注疏序》，《钱牧斋全集》第2卷，第851页，上海，上海古籍出版社，2003。
② 顾炎武：《音学五书后序》，《顾亭林诗文集》，第27页。
③ 顾炎武：《音学五书序》，《顾亭林诗文集》，第25—26页。

震著《声类表》,分古韵为十六部(入声分立则为二十五部);段玉裁著《六书音均表》,分古韵为十七部;孔广森著《诗声类》《诗声分例》,分古韵为十八部;王念孙著《古韵谱》,江有诰著《音学十书》,各自分古韵为二十一部;夏炘综合王、江,作《古韵二十二部集说》,定古韵为二十二部;章太炎著《文始》,提出队部独立说,分古韵为二十三部。虽然古韵分部具有"后出转精"的特点,但就系统研究古韵而论,顾炎武"导夫先路"的历史贡献是无可质疑的。

更重要的是,顾炎武在古韵研究的过程中,还确立了若干方法论原则,对之后的经学研究产生了重大影响。第一,确立了"考文知音"的经学研究新路径。在《答李子德书》一文中,顾炎武针对历代学者的"改经之病",明确提出了"读九经自考文始,考文自知音始"的经学研究主张。他说:

> 三代六经之音,失其传也久矣,其文之存于世者,多后人所不能通,以其不能通,而辄以今世之音改之,于是乎有改经之病。始自唐明皇改《尚书》,而后人往往效之,然犹曰:旧为某,今改为某,则其本文犹在也。至于近日锓本盛行,而凡先秦以下之书率臆径改,不复言其旧为某,则古人之音亡而文亦亡,此尤可叹者也。[1]

顾炎武认为学者擅改古经的毛病是从唐玄宗李隆基开始的。李隆基在读《尚书·洪范》篇时,以为其中的"无偏无颇,遵王之义"这两句不押韵,于是根据《周易·泰卦》"无平不陂"而将"无偏无颇"改为"无偏无陂"。顾炎武指出,李隆基将"颇"错改为"陂"的原因,就在于不知道"遵王之义"的"义"字古音读"我",与"颇"本来就是押韵的。他列出大量古文不误,而后人因不明古音而误改的例子,指出在李隆基之后,擅改古文的风气愈演愈烈,从而导致经学研究的衰颓和"旧本之日微,而新说之愈凿"局面的出现。他批评道:

---

[1] 顾炎武:《答李子德书》,《顾亭林诗文集》,第69页。

嗟夫！学者读圣人之经与古人之作，而不能通其音，不知今人之音不同乎古也，而改古人之文以就之，可不谓之大惑乎？

并进一步提出"拨乱反正"的新主张：

故愚以为读九经自考文始，考文自知音始，以至诸子百家之书，亦莫不然。①

这一主张包括两层含义：(1) 将"考文"作为"读经"的起点。所谓"考文"，首先是要纠正后人擅改古书的错误，恢复古代文本文字的"原貌"，在此基础上，通过"历史还原"的方法，进一步弄清楚古经中文字的"原意"。(2) 顾炎武认为，要实现这两个目标，就必须将"知音"作为"考文"的前提。所谓"知音"，就是要弄清楚古经中文字的正确读音。汉字中的形声字占百分之八十以上，"本无其字，依声托事"的现象十分普遍，只有掌握了音韵学的知识，才能对"假借""转注"等汉字发展演变过程中的语言现象了然于心，才能恢复古代文本的"原貌"和古经中文字的"原意"。总的来看，这一主张确立了经由文字、音韵、训诂等"小学"来研究"经学"的治学方向，并特别强调了音韵学在"小学"乃至经学研究中的特殊地位。

顾炎武"考文知音"的主张提出后，在清代学者中引起了巨大反响。惠士奇、惠栋、江声、戴震、王鸣盛、钱大昕、段玉裁、王念孙、阮元等学者都表达了与此类似的观点"训诂明然后经义明"。通过"小学"特别是音韵学来从事经学研究，成为乾嘉学者的共同信念。

第二，确立了"无征不信"的实证性研究原则和方法。在音韵学研究中，顾炎武继承了明代学者焦竑、陈第将"本证"与"旁证"相结合以审定古音的方法，并加以发展，从而确立了以本证和旁证为主，以参伍推论的理证为辅的研究方法。他引述陈第的观点以之作为自己的研究方法："列本证、旁证二条。本证者，《诗》自相证也；旁证者，采之他书也。二者

---

① 顾炎武：《答李子德书》，《顾亭林诗文集》，第 69—73 页。

俱无,则宛转以审其音,参伍以谐其韵。"①这样一种方法,充分体现了顾炎武"无征不信",在治学中重视科学归纳和实证的经验主义思维方式。他认为,对古书字音的辨析和审定,不能凭空臆断,也不能凭孤证立论,而应当广泛搜集资料,运用详实可靠的证据来证明自己的论断。因此,为了证明"行"字古音读若"杭",他列举了三百六十四条证明材料;为了证明"下"字古音读若"户",他列举了二百一十九条证明材料;为了证明"马"字古音读若"母",他列举了六十九条证据;为了证明"家"字古音读若"姑",他列举了五十七条证据,并指出"今山东青州以东犹存此音,如张家庄、李家庄之类,皆呼为姑"。② 顾炎武的这种重归纳、重实证的治学方法也为乾嘉学者所继承和发展,并广泛运用到经、史学研究的各个领域。

第三,确立了经学研究的历史主义的立场和方法。所谓"历史主义的立场和方法",一方面是主张从历史的实然出发,而不是从应然出发,主张从客观存在的事实出发,而不是从政治伦理的需要出发,来从事学术研究;另一方面,是重视"考镜源流",强调在运动变化的历史过程中来考察研究对象,"每一事必详其始末"。顾炎武反对宋明理学家以"直承道统"自矜而不重视前代学者研究成果的做法,他说:"经学自有源流,自汉而六朝,而唐,而宋,必一一考究,而后及于近儒之所著,然后可以知其异同离合之指。如论字者,必本于《说文》,未有据隶楷而论古文者也。"③在这种观念的指引下,他通过对音韵学发展历史的细致考察,得出了对音韵学发展演变规律的正确认识。他说:

> 三代之时,其文皆本于六书,其人皆出于族党庠序,其性皆驯化于中和,而发之为音无不协于正。然而《周礼·大行人》之职:"九岁属瞽史,论书名,听声音。"所以一道德而同风俗者又不敢略也。是

---

① 顾炎武:《音论》卷中,《音学五书》,第35页,北京,中华书局,1982。
② 赵俪生:《顾亭林与王山史》,第71—72页,济南,齐鲁书社,1986。
③ 顾炎武:《与人书四》,《顾炎武诗文集》,第95—96页。

以《诗》三百五篇,上自《商颂》,下逮陈灵,以十五国之远,千数百年之久,而其音未尝有异。帝舜之歌,皋陶之赓,箕子之陈,文王周公之系无弗同者。故三百五篇,古人之音书也。魏晋以下,去古日远,词赋日繁,而后名之曰韵;至宋周颙、梁沈约而四声之谱作。然自秦、汉之文,其音已渐戾于古,至东京益甚。而休文作谱,乃不能上据《雅》《南》,旁摭骚子,以成不刊之典,而仅按班、张以下诸人之赋,曹、刘以下诸人之诗所用之音,撰为定本,于是今音行而古音亡,为音学之一变。下及唐代,以诗赋取士,其韵一以陆法言《切韵》为准,虽有独用、同用之注,而其分部未尝改也;至宋景祐之际,微有更易;理宗末年,平水刘渊始并二百六韵为一百七;元黄公绍作《韵会》因之,以迄于今。于是宋韵行而唐韵亡,为音学之再变。世日远而传日讹,此道之亡,盖二千有余岁矣。[1]

顾炎武的这种历史主义的立场和方法,深刻影响了乾嘉学者的经学研究。以戴震为代表的乾嘉考据学者主张通过"历史还原"的办法来寻求经书义理和"圣人之道",章学诚"六经皆史"命题的提出,在某种意义上都是这一人文学的实证主义治学方法的推衍和发展。

(二)《日知录》

与《音学五书》专门探讨古代音韵的内容不同,《日知录》贯注了顾炎武"平生之志与业"[2],因而是一部更加全面反映其学术和思想的"百科全书"式的著作。潘耒在给《日知录》所写的序文中介绍道:"先生著书不一种,此《日知录》则其稽古有得,随时札记,久而类次成书者。凡经义、史学、官方、吏治、财赋、典礼、舆地、艺文之属,一一疏通其源流,考正其谬误。……学博而识精,理至而辞达。是书也,意惟宋元名儒能为之,明三百年来殆未有也。"[3]《四库全书总目提要》在概括《日知录》的内容时说:

---

① 顾炎武:《音学五书序》,《顾亭林诗文集》,第25页。
② 顾炎武:《与友人论门人书》,《顾亭林诗文集》,第47页。
③ 顾炎武:《日知录校释》,张京华校释,第1430—1431页。

书中不分门目，而编次先后则略以类从。大抵前七卷皆论经义，八卷至十二卷皆论政事，十三卷论世风，十四卷、十五卷论礼制，十六卷、十七卷皆论科举，十八卷至二十一卷皆论艺文，二十二卷至二十四卷杂论名义，二十五卷论古事真妄，二十六卷论史法，二十七卷论注书，二十八卷论杂事，二十九卷论兵及外国事，三十卷论天象、术数，三十一卷论地理，三十二卷为杂考证。①

并评价道：

炎武学有本原，博赡而能通贯，每一事必详其始末，参以证佐，而后笔之于书。故引据浩繁，而牴牾者少。非如杨慎、焦竑诸人偶然涉猎，得一义之异同，知其一而不知其二者。②

仅从学术研究的角度来看，《日知录》不仅在更广阔的学术领域内贯彻落实了顾炎武在《音学五书》中建立的方法论原则，而且还在著作体裁的选择、学术领域的开拓、学术方法的完善、学术规范的倡导等方面，为清代朴学的发展提供了一个新"范式"。在著作体裁的选择方面，《日知录》的学术札记体裁特别适合绵密专深的学术研究，因此在顾炎武之后成为众多学者发表学术成果的主要形式，如阎若璩的《潜邱札记》，钱大昕的《十驾斋养新录》，臧琳的《经义杂记》，卢文弨的《钟山札记》《龙城札记》，孙志祖的《读书脞录》，王鸣盛的《蛾术编》，汪中的《知新记》，洪亮吉的《晓读书斋四录》，赵翼的《陔余丛考》，王念孙的《读书杂志》，王引之的《经义述闻》，何焯的《义门读书记》，臧庸的《拜经日记》，梁玉绳的《瞥记》，俞正燮的《癸巳类稿》《癸巳存稿》，宋翔凤的《过庭录》，陈澧的《东塾读书记》等。这些著述的形式直接受到顾炎武的启发而成为清代学术的一大体例。

在学术领域的开拓方面，《日知录》在文字、训诂、音韵、经学、史学、

---

① 顾炎武：《日知录校释》，张京华校释，第 1445 页。
② 顾炎武：《日知录校释》，张京华校释，第 1445 页。

天算、舆地、风俗、金石、校勘、目录、经济等众多学术领域都有研究成果，为后学者的进一步研究开辟了道路、奠定了基础。在学术方法的提炼方面，顾炎武重视原始材料的作用，即提他提出的"采铜于山"之法和综合运用传世文献与出土文献来考核史料的"二重证据法"，这两种方法均被钱大昕等乾嘉学者继承并发扬光大。在学术规范的倡导方面，顾炎武重视原创，反对抄袭，主张著述"必古人所未及就，后世所不可无，而后为之"①的观点。这种"贵创"精神在思想倾向上具有打破宗经述古的经学思维模式的历史意义，使传统的学术研究具有了开拓新知识疆界，追求新知的显著特征。从哲学思维的变革来说，具有从本体论——如理本论、气本论、心本论的论证向知识论转向的意义。

《日知录》对清代学术的影响还体现在清代学者对它的关注与重视等方面。据黄汝成《〈日知录〉集释·叙》中所列举的名单，从清朝康熙中期至道光以前，为《日知录》作注疏的学者有九十四家之多。其中包括阎若璩、潘耒、王锡阐、张尔岐、陆世仪、唐甄、魏禧、朱彝尊、陆陇其、徐乾学、李光地、方苞、梅文鼎、臧琳、惠士奇、惠栋、沈彤、顾栋高、曹一士、陈兆伦、全祖望、江永、戴震、卢文弨、王鸣盛、赵翼、钱大昕、钱大昭、姚鼐、凌廷堪、阮元、汪中、刘台拱、洪亮吉、孙星衍、桂馥、方东树、刘逢禄、魏源等九十余人，几乎囊括了道光以前（含道光年间）各学术流派的所有最著名的学者。对于《日知录》的研究，"几无异汉唐时诸经史训解，为专门学也"。② 可见，在清代学者的心目中，《日知录》已经成为能与"汉唐时诸经史训解"相媲美的的经典之作，成为规范和指导他们从事学术研究的新范式。

按照传统的哲学史观点来看，顾炎武没有提出多少深刻的哲学命题，尤其是在传统的理、气、心性、道器等抽象的哲学问题方面，没有多少精深的论述，因而算不上是一个哲学家。然而，如果我们放宽"哲学"的

---

① 顾炎武：《日知录校释》，张京华校释，第 776—777 页。
② 黄汝成：《日知录刊误·序》，《日知录集释》，第 2435 页，上海，上海古籍出版社，1985。

视野,将带有实证特征的经学研究方式看作是中国传统哲学内部出现的人文学的实证哲学类型,则顾炎武的哲学思想就应当在中国哲学史上占有独特的一席之地。清代乾嘉时期的人文实证主义哲学思潮的兴起,就直接地与顾炎武的哲学思维方式有内在的学脉关系。

第二节　傅山论理与无理的关系

　　傅山(1607—1684),初名鼎臣,后改名为山,字青竹,后改为青主。字号有 54 种之多。[1] 山西曲阳人。出生在一个官僚家庭。其祖父傅霖,为嘉靖壬戌年(1562)进士,后官至辽海兵备道。傅山 7 岁就小学,15 岁通过考试成为秀才。20 岁时就自觉举子业不足以满足他的人生理想,遂读十三经,读诸子、诸史至《宋史》而止。[2] 30 岁时,曾组织并领导山西学生请愿活动,为山西提学金袁继咸鸣冤。明亡后,曾组织义军参加抗清活动。清政权建立之初,曾被迫接受"博学鸿词"科,最终以死抗拒而未成行。当时有人说傅山好骂人,傅山自己辩解道:"天下虚心人莫过我,怜才人亦莫过我,谬膺一'好骂人'之名,冤乎哉! 即使我真好骂人,在人亦当自反。骂不中耶,是仰面唾天。若骂中耶,何不取以自省,以我为一味药何如?"[3]他也自知自己所说的话不合时宜,说道:"吾胸中有极奇、极快之言千千万万,来如河海,惜未暇操觚。间出一言半句,人已骇如怪雷,不敢再听矣。"[4]

　　他对士人的出处非常重视:"仕不惟非其时不得轻出,即其时亦不得轻出。君臣僚友,那得其人也! 仕本一'志'字,志不得行,身随以苟,苟岂可暂处哉!""仕之一字,绝不可轻言。"[5]又说:"幽独始有美人,澹泊乃

① 参见魏宗禹《傅山评传》,第 8 页,南京,南京大学出版社,2011。

② 参见魏宗禹《傅山评传》,第 11 页。

③ 傅山:《说我好骂人》,《傅山全书》第 1 册,尹协理主编,第 891 页。

④ 傅山:《吾胸中之言》,《傅山全书》第 1 册,尹协理主编,第 821 页。

⑤ 傅山:《仕训》,《傅山全书》第 1 册,尹协理主编,第 512 页。

见豪杰,热闹人毕竟俗气。"①

傅山亦重视"童心",说道:"老人胸中有篇文、赋,只是收拾不起来编写,衰可知矣。然亦可以不弄此伎俩。童心宿业,有何不能舍去也。"②

傅山的著述很广,经学、先秦诸子、音韵、训诂、考据、史学、佛学,均有所论述或涉猎。他还善书法、绘画,精通医学医术、兵法、武术,是一个百科全书式的人物,也是一个多专多能的奇人。据专家考证,现存的著作不及他所有著作的十分之一,所存著作绝大部分现已经收到《傅山全书》和《傅山全书补编》之中。就目前所见的材料来看,傅山系统的哲学论述文字并不多,主要哲学思想均在一些杂文与诸子学的述评类文字之中。他自叙曾编制有《性史》一书,可惜亡迭。他说:"贫道昔编性史,深论孝友之理,于古今常变多所发明。取二十一史中应在孝友传而不入者,与在孝友传而不足为经者,兼以近代所闻见者,去取轩轾之。二年而稿几完,遭乱失矣。……然皆反常之论,不存此书者,天也。"③目前,学术界出版的思想史、断代哲学史和傅山评传等著作中,对于傅山的哲学思想及其反理学思想均有比较详细的介绍。④ 本节主要梳理傅山反理学思想的基本思路,着重从"无理与理"的关系角度,深入揭示傅山反理学思想的社会政治的指向性。同时,对其社会政治思想、诸子学思想作一简洁的介绍。

傅山的哲学思考往往借助他所熟悉的文字学进路展开,如他的水气论就是这样展开的:"六,地之数也,一是水。土下皆水。水是气,所以能载十,故从十从一而为土。土湿者,以一在下也。其声叶五。十即乂之正写者。若十下无一,则干燥不生矣。生之从土,以此也。"⑤在《庄子解》札记中,他通过对庄子《天地》篇"泰初有无无"一段话的解释,表达了自

---

① 傅山:《杂训一》,《傅山全书》第1册,尹协理主编,第515页。
② 傅山:《杂训二》,《傅山全书》第1册,尹协理主编,第518页。
③ 傅山:《贫道编性史》,《傅山全书》第1册,尹协理主编,第778页。
④ 如侯外庐的《中国思想通史》第五卷,王茂、蒋国保等著的《清代哲学》,魏宗禹的《傅山评传》,萧萐父、许苏民合著的《明清启蒙学术流变》等著作。
⑤ 傅山:《六字》,《傅山全书》第1册,尹协理主编,第629页。

己的形上学思想。他说："阴阳交泰之初,何所有乎? 有无而已,别无所有。然无而有者,无可得而名,确乎其有一。一之所起,有一而未形,不可闻,不可见。然万物之生者,皆由得此一以生,是之谓德。"①

> 泰、太异乎? 不异也。天为一大,太为大一。一即天一生水之一。一,水也,气也。泰,上从大,下从水,水即一也。中加卝而泰,《老子》所谓"抱一"也。卝有反卝之义,不敢失其一也。于"太"之不用艸者,有天人之分耳。②

在《老子解》中,傅山对道、物关系的解释,在一定程度上可以反映他的形上学思想。他说："物也,而有非物者传焉。非物之物,道之为物也,恍惚象物。象,似之矣,而不可榷之。以窈冥之精非假,而或然或不然者,自初有一人以至于今,传之不息,以至于有我之身者,其何物也耶? 此道也。"③

他对"廉耻"二字的解释也别具新意,说道："廉耻:广下能兼,自然廉;耻则耳上生心耳。"④

他有时以文学的手法来表达哲学思想,在《失笑辞》一文中,他说道："天地幻无有,有人;人幻无而有,有文。"又说："氤氲变化,无古无今。无模似之天使,图粉本于皇神。何物主气也? 何物主理也? 何物焟应也? 何物法度也? 每破苍颜,复冷若齿。"⑤

傅山曾作有《狂解》一文,对各种样的狂人做了分类,而他最为推崇"清狂"之人,批评瞎狂之辈,应当视作鲁迅《狂人日记》之先声(虽则鲁迅未必读过傅山的著作)。他说："古人有清狂,清狂不可得矣。傅子曰:狂,病也,病于清则狂。狂不可貌,貌狂,碜。概论之,狂有数种:有真狂,

① 傅山:《天地篇泰初有无无段解》,《傅山全书》第 2 册,尹协理主编,第 919 页。
② 傅山:《天地篇泰初有无无段解》,《傅山全书》第 2 册,尹协理主编,第 920 页。
③ 傅山:《老子解》,《傅山全书》第 2 册,尹协理主编,第 912 页。
④ 傅山:《廉耻》,《傅山全书》第 1 册,尹协理主编,第 627 页。耻,又写作耻,故傅山说"耳上生心"。
⑤ 傅山:《失笑辞》,《傅山全书》第 1 册,尹协理主编,第 523 页。

277

有隐狂,有佯狂,有谦谦君子狂,有轻狂,有瞎狂。"①傅山认为,真正的狂者,"未有不知己知彼。知己则伤我无所用,有激勃,有滂湃;知彼则为彼乎激勃,向彼乎滂湃。人睨视之,则两疯汉,不解其遇而狂之矣"②,而瞎狂之人,"则盲然无所知见,一味摇头摆耳,沓沓焉,妄评乱诋而蛮蛮者也"③。因此,傅山所推崇的"狂人",或是道德方面的高洁之人,或是思想方面的开风气之先者。

一、傅山反理学思想的基本思路

相对于黄宗羲、王夫之非常系统的"理气观"来说,傅山在理气问题上的论述比较零碎。但是,在对伪儒学、理学的批评程度上,傅山可以说是最为激烈的。

他以文学的类比手法批评伪儒,有一医家,将中药薏苡放在壶中,后来老鼠钻入壶中,把薏苡吃完了,留下了一大堆老鼠矢(屎)。医家不知其情。有一天病人来求薏苡,此医生不察,将老鼠矢(屎)当薏苡卖给求药之人,求药人不相信,而这位医生坚定地说,这就是薏苡。后来这个人见到真薏苡,反而认为是假的,与人论辩。讲完此故事后,傅山接着说道:"世儒之于学也,皆以鼠矢为薏苡者也。"④

他批评宋儒道:"宋儒好缠'理'字。'理'字本有义,好字,而出自儒者之口,只觉其声容俱可笑也。如《中庸》注'性即理也',亦可笑。其辞大有漏,然其窾则自《易系》'穷理尽性以至于命'来,似不背圣人之旨,不背则不背其字耳。圣人之所谓理者,圆备无漏;才落儒家之口,则疏直易寻之理可见,至于盘根错节之理,则不可知矣。"⑤萧萐父、许苏民曾认为:"傅山对奴性的批判,是清初中国早期启蒙思潮中的个性解放思想的时

---

① 傅山:《狂解》,《傅山全书》第1册,尹协理主编,第545页。
② 傅山:《狂解》,《傅山全书》第1册,尹协理主编,第546页。
③ 傅山:《狂解》,《傅山全书》第1册,尹协理主编,第546页。
④ 傅山:《饥而食篇》,《傅山全书》第1册,尹协理主编,第544—545页。
⑤ 傅山:《理字考》,《傅山全书》第1册,尹协理主编,第537页。

代最强音……在鼓舞人们冲决封建网罗的斗争方面，他的思想是清初最激进、最富于战斗性的思想。"①在我看来，这一论断亦可以用来评价其反理学的思想性质。

为了行文的方便，笔者将傅山从理论上对理学的批评概括为以下四个方面：

第一，从理气关系的角度，认同"气先理后"的思想。他不同意程朱理学"理在气先"的观点。他说："老夫尝谓气在理先，气蒸成者始有理，山川、人物、草木、鸟兽、虫鱼皆然。若云理在气先，但好听耳，实无着落。"②

第二，从范畴史的角度，消解理学之理的神圣性。揭示"理"范畴的历史内涵，以证明理学家对"理"字的哲学解释不合古代经、史、子的本意。他说：

> 《书》为帝王治世之本，而不言"理"字，惟《周官》则有"燮理阴阳"一字。《诗》咏性情，而用"理"字者，但"乃疆乃理"之类，三四见，皆不作"道理"之"理"用，岂古人不知有此字耶？看《孟子》"理义说心"用"理"字处，儍生动，何尝口龈牙辥也？《礼记》则"理"字多矣，亦不觉甚厌人。乃知说"理"字亦顾其人何如耳。③

又说：

> 《老子》八十一章绝无"理"字，何也？妙哉！无"理"字，所以为《道经》。即道亦强名之矣，况理乎！
>
> "理"之一字，在先圣赞《易》初见之："君子黄中通理。""理"从"里"；"里"从"田"从"土"。皆属地者。坤卦，地道也，故言理。物之文理之缜密精微者，莫过于玉，故"理"从"玉"。玉，几于无理者也，言其细也。圣人于坤卦说理，而乾卦中无"理"字，乾，天也，不可以

---

① 萧萐父、许苏民：《明清启蒙学术流变》，第419页，沈阳，辽宁教育出版社，1995。
② 傅山：《理字考》，《傅山全书》第1册，尹协理主编，第537—538页。
③ 傅山：《理字考》，《傅山全书》第1册，尹协理主编，第538页。

"理"字概也。《系辞》"穷理尽性以至命","下学而上达"之旨耶！韩非曰："理者，成物之文也。"解"理"字最明切矣。"乾知大始，坤作成物"，故乾不言理而坤言理。黄中，地之德也。《象》曰："黄裳元吉，文在中也。"有文而后见理，黄中以通之。①

上述三则材料主要从概念史的角度批评宋明理学，他还进一步从广义的语言学角度，批评宋明儒者所坚持的"理学"不是古代经典的原意。首先，他从词性的角度，进一步辨析古书上的"理"字与宋儒所喜用的"理"字的不同。他认为，古人书中所用之"理"字，多作动词；而后世儒者多作名词。正因为后世儒者将"理"用作名词，结果被"理"所束缚，只能从纸上空谈"理"，而不能经世致用。他说：

唐、虞之《书》无理，而《周》始有理，曰"燮理"。理，用之名，非其之名。后世之理，皆其之也，其之而为其所其也。

又说：

羲、文之《易》无理，而孔子读《易》始有理，曰"黄中通理"，曰"畅"，曰"发"，则其所谓理者，如"理烝而屯泄"也。至于"四支""事业"，末也，亦非其之也。"观变阴阳"以来，"发挥刚柔而理于义"，亦非其之也。"穷理尽性"，其之矣，而其之与世儒之其之异。圣人之穷之，将反乎刚柔阴阳之不可知者，而世儒张至其人之所共知者，而曰"我独知之"也。②

其次，他借用训诂的知识，嘲讽宋明儒所坚持的名词之"理"，其实来自人类的垃圾。他说："其名理者，亦用反法，以'来屎'反理，'终始'之始用'屎'字，云始自清谷面米也。其祭其先，亦用清粝，曰：理反其所自屎。"③

---

① 傅山：《理字考》，《傅山全书》第 1 册，尹协理主编，第 539 页。
② 傅山：《圣人为恶篇》，《傅山全书》第 1 册，尹协理主编，第 542 页。
③ 傅山：《圣人为恶篇》，《傅山全书》第 1 册，尹协理主编，第 544 页。

他甚至用寓言的形式嘲讽"明于礼义而陋于知人心"的所谓"中国之大儒",不辩名物,不知历史,"不知五谷,尘土是食","人长七、八寸,不见日月星辰。……其国自有文,不满数十字,读中国唐以上之书即不能。人抄宋人卑语,读之曰:圣人之言也,知理不知气。"①

上述这些批评从哲学思想的角度看并不一定有力,但他开创以文献实证的方法来批评"理学"的道路,则对清代乾嘉学者以考据学的方式拒斥理学的思辨学风具有一定的影响。

第三,对"理"的性质判断。傅山认为,理也有善恶之分,如同性有善恶一样。而且"理"存在于看似无理的地方,因此,在价值判断的层面上,傅山要人们从理学家们崇理、颂理的精神祈向中跳出来。他说:"理之有善有恶,犹乎性之有善有恶,不得谓理全无恶也。即树木之理,根株枝节,而忽有纠挐杂糅之结,斤斧所不能施者,谓此中无理耶?"②

第四,通过"无理与理"关系的辩证,肯定"无理生理""无理胜理"激进思想。可以这样说,傅山从理论上批评理学最具特色的地方,在于他透过"无理与理"关系的论述,显示了其对理学批评的社会政治指向。

与理学家将"理"看作形而上,"气"看作形而上的思想观点针锋相对,傅山在理论上提出"理,形而下也;无理,形而上也。无理生理,理不知无理……"③的独特思想。他赞成这一独特思想观点的理由是:"天,一也。阴阳,二。阴有阴理,阳有阳理,阴不欲无阳,阳不欲无阴。分而之于人者,阳之人始不欲有阴,阴之人始不欲有阳,而各有其理。……欲独据而有之者,天之毗也,理之毗也。毗阴者嫉阳,毗阳者嫉阴,皆不知分诸天而同诸天也。故阴阳有理,而天无理也。何也? 一,二也,分也。无理一而理二,无理单而理争,无理强而理弱,故小人多胜。"④

此段中"毗"字当作"损害"讲,意思是说:想以阴独据或想以阳独据,

① 傅山:《圣人为恶篇》,《傅山全书》第 1 册,尹协理主编,第 543—544 页。
② 傅山:《理字考》,《傅山全书》第 1 册,尹协理主编,第 537 页。
③ 傅山:《圣人为恶篇》,《傅山全书》第 1 册,尹协理主编,第 541 页。
④ 傅山:《圣人为恶篇》,《傅山全书》第 1 册,尹协理主编,第 541 页。

都是对"天"和"理"的损害。损害阴的东西一定会妒嫉阳,反之亦然,原因是"阴不欲无阳,阳不欲无阴"。阴阳互求、和合才能构成完整而又统一的"天"。

　　傅山从哲学的形上学高度为"无理"找到了终极根据,将"无理"等同于"天"。"天"之所以等同于"无理",是因"天"作为阴阳二气混一的状态,是无法看清其"理"之所在。阴阳之所以各有其理,是因为它们从天的混一状态分离出来之后的次一级存在状态。正因为有了阴阳,从而有了阴阳之理,因而也就出现了阴阳之理的相互斗争。"因理而争",当然可视为傅山对理学内部争论不休,于现实政治、社会、经济问题的解决无补状态的一种思想的嘲讽。但是,当他从历史的角度阐述"若君子能用无理于小人,天不偏助小人也"的王朝变更的道理时,显然是歌颂敢于反抗暴君的"真君子",而不是那些仅知道读死书,谨守各种纲常的"伪君子"。他说:"汤,桀之所谓无理者也,而南巢之放,不闻天怒汤而助桀。武王,纣之所谓无理者也,孟津之征,不闻天怒武王而助纣。即陈胜、吴广,秦之所谓最无理者也,而所置侯王将相,径以灭秦。项也,汉也,皆因陈、吴而无理者也,不闻天怒汉而助秦,使秦至今不亡也。"[1]

　　他公开地肯定无理之"理"。他说:"理不足以胜理,无理胜理,故理不足以平天下,而无理始足以平天下。当桀、纣为君之时,君子者,忍而君之,理也。汤、武则最无理者,敢有南巢、牧野之快,而匹夫匹妇之怨为之舒,故必无理而后理。"[2]

　　此处所说的"无理",即是一种打破现实不合理秩序的政治革命与社会革命行为。从君臣、上下不可逾越的旧的理则来看,这种革命的行为是"无理"的,但这种相对于旧的不合理秩序而言是"无理"的行为,恰恰是最有理的。因为这种"无理"是以天下百姓的要求为根本旨归,通过暴力的行动摧毁旧的不合理秩序之理,重建新的以民众福利为旨归的新的

----

① 傅山:《圣人为恶篇》,《傅山全书》第1册,尹协理主编,第541页。
② 傅山:《圣人为恶篇》,《傅山全书》第1册,尹协理主编,第540页。

秩序。因此,傅山反理学思想中充满着一种歌颂政治革命、社会革命的激进思想,具有鲜明的社会政治指向。他有一段非常拗口的、思辨的论理与无理关系的文字,以此可见他对政治、社会秩序应如何除旧趋新的革命性主张。他说:

> 理无理无理,无理亦无无理理。理无理无理者,无理,其不读书也;无理无理者,亦无理,其徒读书也。读书者闻是言也,噪之曰:"市井贱夫,无理者也,足以治天下耶?"曰:"市井贱夫,最有理者也,何得无理之!"曰:"彼为利而已,安所得理?"曰:"贩布者,不言缯糟于布之理也;贩金者,不言玉精于金之理也。缯者、玉者如之,焉得不谓之理!"曰:"理,天理也。吾穷理而意必诚,心必正。彼知天理乎? 意亦诚乎? 心亦正乎?"曰:"适吴、越者,不肯枉于燕、齐,心奚翅正! 期销者,不折阅于铢,意奚翅诚! 凡金玉布、缯,物无贵贱,生之造之,莫非天也。天生之,天也。人为之,人所共天也。所共天而精之,不翅精于记诵糟粕之鄙夫也。记诵糟粕之夫,之于口中所讄讍天者,犹谚之所谓浑沦吞枣也。"①

所谓"理无理无理",即是说当处于有理之位的人表现出"无理"行为时,这时,本来有理的就变成了无理。所谓"无理亦无无理理",即是说本来处于"无理"之位的人大胆地表现出对不合理的行为进行反抗,索性让"无理"再一次地无理下去,结果就会出现新的有理状态了。所谓"理无理无理者,无理,其不读书也"意思是说,那些本来处于有理位置的人变得了没有理了,其过错在于不读书,即不从历史上吸取教训,不听从先贤的教导。所谓"无理无理者,亦无理,其徒读书也"意思是说,那些本来处于无理之位,然而安于无理之位,结果始终处于无理之位,受人压制,其原因在于仅仅读死书,墨守不合理的陈规,不从现实出发来批判性地思考那些陈规,更没有想到要改变这些陈规。傅山在此处阐述理与无理之

---

① 傅山:《圣人为恶篇》,《傅山全书》第1册,尹协理主编,第540页。

间的多重、动态关系,其实质是要为下层百姓追求自己利益的合法性进行理论的论证,甚至暗含有歌颂下层民众大胆革命的思想意向,从而表面上看起来"无理"的革命行为正可以改变由理变成无理的混乱局面,最终可以建立新的"有理"的状态。

上文中还有值得进一步分析地方是:傅山肯定贩卖缯布、金玉者各自不说自己所卖产品的价值贱于对方商品的行为,恰恰体现了他们的最正之心,最诚之意。金玉、缯布,一类为天然产品,一类为人造产品。当两类产品共同作为商品出现于市场之中时,都要遵守"人所共天"的客观法则的约束,商人们精于"所共天"客观法则,牢牢记住市场上交易的经济原理,比那些只知道记诵理学教条的"奴儒"更能知道何者当记,何者不当记。这与李贽肯定"自然之理",肯定市民们的功利追求,在价值取向上是一致的。

有学者指出,傅山在说"天无理"时,实际上承认了"存在着不运动的所谓先天之气,不然有天(气)就应该有'理'"。他之所以在理论上有如此的漏洞,与他只考虑以"天无理"来对抗宋儒的"天理",而认为深究世界本原没有实际意义的思想倾向有关。① 在笔者看来,这种推论其实是有问题的。傅山认定"天无理"的时候,却承认"天有道",而即使是以"道"来名天,也只是勉强为之命名,不得已而为之。对于运动不已的天之体而言,人类是无法完全把握的。因此,天也只是一"元气浑沦"而已。而这一"浑沦元气",也只是处在"氤氲变化,无古无今"的运动过程之中。但即如此,运动之气仍有"道","气不道则死矣"。所以傅山在说"天无理"时,并不包涵有承认"存在着不运动的所谓先天之气"的思想,但认为古书上讲的"理"字多作动词,只是宋儒讲"理"字时则作名词讲。一旦将"理"当作静态的名词,人也就被理束缚了。所以,他不承认有"天理",而至多有"天道"。当然,傅山的确没有从理论上讲清楚天道与气与阴阳二理的关系,不像后来戴震明确地说:"道,恒赅理气。"但不能据此推论他

---

① 参见王茂、蒋国保等《清代哲学》,第 579 页。

"认为深究世界本原没有实际意义"。而至多只能说他的反理学思想更偏重于社会政治的思想维度。"历史乐章凭合奏,见林见树费商量。"(萧萐父诗)傅山反理学思想的这一维度,正好体现了明清之际思想的丰富性特征。

值得注意的是,傅山反理学思想,绝对不是一种意气用事,而是与他追求思想独立,个体的主体与个性的思想倾向有关。其实,他有时也肯定理学家语录中的言论,如他曾说:"读书不必贪多,只要于身心有实落受用处,时时理会。如宋儒语录,不胜寻讨,须细细涵咏之。"①

在反理学的思潮中,傅山与戴震的思想有某种可比性。尽管目前还没有找到明确的史料证明戴震看过傅山的作品,但戴震在批评理学思想时,专门针对"理"范畴本身进行哲学分析,并从物理、事理的角度将"理"解释成"分理",从而把"理"看作是形而下的东西。这种哲学批判的气质与傅山有某种相似之处。

戴震是这样来定义"理"的哲学特质的:"理者,察之而几微必区以别之名也,是故谓之分理。在物之质,曰肌理,曰腠理,曰文理;亦曰文缕。理、缕,语之转耳。得其分则有条而不紊,谓之条理。"②

这与傅山一再强调理是依存于事物之中的条理的思想基本一致。

从伦理的角度出发:戴震又进一步从"情"的角度来界定"理"的特征:"理也者,情之不爽失也,未有情不得而理得者也。……天理云者,言乎自然之分理也。自然之分理,以我之情絜人之情,而无不得其平是也。"③

如果说傅山借用"无理"的概念,为贩夫走卒行为的合理性进行辩护的话,戴震则通过对"意见""非理"等概念来批评在上位者以"理"压人的荒谬性。而且,他们的论证理由似乎是一致的,认为"理"字在六经之中不多见。如戴震说:"《六经》、孔、孟之言以及传记群籍,理字不多见。今

---

① 傅山:《读书不必贪多》,《傅山全书》第1册,尹协理主编,第875页。
② 戴震:《孟子字义疏证·理》,《戴震全集》第1册,第151页,北京,清华大学出版社,1991。
③ 戴震:《孟子字义疏证·理》,《戴震全集》第1册,第152页。

虽至愚之人,悖戾恣睢,其处断一事,责诘一人,莫不辄曰理者,自宋以来始相习成俗,则以理为'如有物焉,得于天而具于心',因以心之意见当之也于是负其气,挟其势位,加以口给者,理伸;力弱气慑,口不能道辞者,理屈。呜呼! 其孰谓以此制事,以此制人之非理哉!"①

戴震对宋明理学及其信徒以理处事,以理待人,最终走向"非理"的荒谬性的批判,非常类似傅山所说的"理无理无理"。在社会生活领域里,戴震要求在上位者从具体的人情出发来讲理,否则就是任意见。他说:"惟以情絜情,故其于事也,非心出一意见以处之,苟舍情求理,其所谓理,无非意见也。未有任意见而不祸斯民者。"②而戴震讲的"任意见",其实就与傅山讲的"理无理"相通。那些依凭着"伦理之理"的在上位者,常常做出无理的事情,不仅是"任意见",而且是任意妄为。

从理论的系统性看,戴震对理学的批评更有系统性,从本论的角度看,戴震主要从血气心知一本论的角度来批评理气二本论,反对将抽象的"理"作为独立于气之外的客观实在,坚持"理"为具体的气与物事的内在规则,是人通过自己的神明对存在于事物之内规则的把握结果。

从伦理学的角度看,戴震主要从"理欲不二"的角度来批评宋明理学所坚持的以理制欲,以理灭欲的思想。特别关怀"民之饥寒愁怨、饮食男女、常情隐曲之感",在一点上与傅山有相通之处。他将宋明理学的"理欲之辨"看着是"适成忍而残杀之具",③其批判的激烈程度虽然还达不到傅山歌颂革命的程度,但在文字狱盛行的乾隆时代也已经非常难得了。

二、傅山的社会哲学思想

傅山对汉唐以后的儒家不以为然,说道:"汉唐以后,仙、佛代不乏人,儒者绝无圣人。此何以故? 不可不究其源。"④又说,"宋人议论多而

---

① 戴震:《孟子字义疏证·理》,《戴震全集》第 1 册,第 154 页。
② 戴震:《孟子字义疏证·理》,《戴震全集》第 1 册,第 155 页。
③ 戴震:《孟子字义疏证·权》,《戴震全集》第 1 册,第 209 页。
④ 傅山:《仙佛儒》,《傅山全书》第 1 册,尹协理主编,第 789 页。

成功少,必有病根,学者不得容易抹过"①。对于性理之儒家,傅山亦不以为然,通过引用他人之言表达自己的意思道:"李念斋有言:'东林好以理胜人。'性理中宋儒诸议论,无非此病。"②

他对王阳明极为赞扬,而对道学家颇不以为然,说道:"明王道,辟异端,是道学家门面,却自己只作得义袭工夫。非阳明先生直指本源,千古殊无觉察。"③他高度肯定"子贡一出而存鲁乱齐、强晋、破吴而霸越"的实事实功,认为"先圣门下,不可少此一弟子","而济事之快,亦足见圣门之才"。④ 因此,他提出"论古人须破门面,不破门面而一味颟顸责之,期于事之不济而已"⑤。

他在《墨子大取篇释》中,对义利之辨的问题进行重新阐释:"义、宜也,宜利不宜害。兴利之事,须实有其功,不得徒以志为有利于人也"⑥,再次肯定实事实功的重要性。

在晚明清初的时代里,傅山的思想充满着一种尊重个体主体,思想独立、自由的精神,给晚明社会带来了一股清新的风气。他曾经这样说道:"不拘甚事,只不要奴。奴了,随他巧妙雕钻,为狗为鼠已耳。"⑦

又说:"一切文武,病只在多言。言者名根,本无实济,而大言取名,尽却自己一个不值钱底物件买弄侚斫犹可言,又不知人有实济,乱言之以沮其用,奴才往往然。而奴才者多,又更相推以争胜负,天下事难言矣。偶读《宋史》,暗痛当时之不可为,而一二有廉耻之士又未必中用。奈何哉! 奈何哉! 天不生圣人矣,落得奴才混帐。所谓奴才者,小人之党也。不幸而君子有一种奴君子,教人指摘不得。"⑧

---

① 傅山:《宋人成功少》,《傅山全书》第 1 册,尹协理主编,第 784 页。
② 傅山:《李念斋语》,《傅山全书》第 1 册,尹协理主编,第 783 页。
③ 傅山:《道学门面》,《傅山全书》第 1 册,尹协理主编,第 782 页。
④ 傅山:《子贡事》,《傅山全书》第 1 册,尹协理主编,第 781—782 页。
⑤ 傅山:《子贡事》,《傅山全书》第 1 册,尹协理主编,第 782 页。
⑥ 傅山:《墨子大取篇释》,《傅山全书》第 2 册,尹协理主编,第 958 页。
⑦ 傅山:《不要奴》,《傅山全书》第 1 册,尹协理主编,第 878 页。
⑧ 傅山:《书宋史内》,《傅山全书》第 1 册,尹协理主编,第 725 页。

又说："一双空灵眼睛，不惟不许今人瞒过，并不许古人瞒过。看古人行事，有全是底，有全非底，有先是后非底，有先非后是底，有似是而非似非而是底。至十百是中之一非，十百非中之一是，了然于前，我取其是而去其非。其中更有执拗之君子，恶其人，即其人之是亦硬指为非。喜承顺之君子，爱其人，即其人之非亦私泥为是。千变万状，不胜辨别，但使我之心不受私蔽，光明洞达，随时随事，触著便了，原不待讨论而得。"①

他对书生之奴大加挞伐，说道："书生眼里不得一个人，自谓尊崇圣道，益自见其狭小耳，那能不令我卢胡也！"他甚至说："奴人害奴病，自有奴医与奴药，高爽者不能治。胡人害胡病，自有胡医与胡药，正经者不能治。妙人害妙病，自有妙医与妙药，粗俗者不能治。"②

在这种高度尊重个人思考的独立性，追求真是非的精神③，与李贽所具有的怀疑批判精神一脉相承。依着这种独立、自由的哲学思考精神，傅山特别强调读书人要求有怀疑与分析精神，并要有远大的志向与抱负。他曾经这样说："读书是学人分内事。析得一疑，闻得一幽，与后进作眼目，则诚有功。专欲指谪前辈之陋，则非矣。况疑义不二，后复有所析阐，则我亦在陋中耶！戒之，戒之！"④如果读书人缺乏远大的志向就与猪狗与异。他在释《窝囊》一文中说道："俗骂龌龊不出气人曰'窝囊'。窝，言其不离窝，无四方远大之志也。囊，言其知有囊橐，包包裹裹，无光明取舍之度也。……大概人无光明远大之志，则言语行事，无所不窝囊也。而好衣好饭不过图饱暖之人，与猪狗无异。"⑤傅山又说："为学当先立志，修身先当知耻。"⑥

他反对读书人只在注脚中讨生活的做法，对阳明弟子王龙溪颇为赞扬，说道："近日读王龙溪先生书，不惟于阳明先生良知颇有理会。正当

---

① 傅山：《看古人行事》，《傅山全书》第 1 册，尹协理主编，第 878 页。
② 傅山：《医药论略》，《傅山全书》第 1 册，尹协理主编，第 553 页。
③ 傅山：《奴书生》，《傅山全书》第 1 册，尹协理主编，第 781 页。
④ 傅山：《读书是学人分内事》，《傅山全书》第 1 册，尹协理主编，第 876 页。
⑤ 傅山：《窝囊》，《傅山全书》第 1 册，尹协理主编，第 876 页。
⑥ 傅山：《为学当先立志》，《傅山全书》第 1 册，尹协理主编，第 873 页。

注《易》,觉与旧随文诠义者亦稍稍有头脑。因思看书,洒脱一番,长进一番。若只在注脚中讨分晓,此之谓钻故纸,此之谓蠹鱼。"①因此,他将"学"训为"觉解",不沉沦于所学的知识与所效法的对象之中,体现了学习的主动性与创造性。他说:"理本从玉,而玉之精者无理;学本义觉,而学之鄙者无觉。盖觉以见而觉,而世儒之学无见。无见而学,则瞽者之登泰山,泛东海,非不闻高深也,闻其高深则人高之深之也,故训学之为效似矣,而始终乎人拾级而卑之。至于效先觉而效,始不至于日卑。……病老子者,曰'绝学'。老子所谓'绝'者,绝河之绝也。学如江河,绝而过之,不沉没于学也,觉也;不沉没于效也,觉也。"②

在这种独立精神的指导下,傅山将传统的儒家人物自孔子以下统称为"世儒",并将世儒分为三类:像孟子、荀子都属于俗儒类,俗儒之外是"陋儒"(或曰鄙儒、腐儒)与"奴儒"。像程朱都属于陋儒类,而死守程朱教条的则称为奴儒。而对于此三类儒者,傅山集中力量批评陋儒与奴儒两类。对于陋儒类,傅山这样说道:"'儒'字《荀子》屡见,皆与偷儒连言。而此则瞀儒。若儒如本音读,则谓之瞎儒也。儒真多瞎子。沟犹如本音读,则谓如在沟渎之中而讲谋猷,是瞀儒之大概也。《儒效篇》又有'愚陋沟瞀'。"③

他认为理学家所讲的穷理尽知的思想从根本上说是行不通的,穷理尽知的思想只能自大无知的表现。他说:"唯于理有未穷,故其知有不尽。不知其知果有能尽时乎? 圣人有所不知,则穷理之能事,断非鄙儒小拘者所能颟顸欺人也。"④

傅山对于理学家的能耐颇不以为然,说道:"凡所称理学者,多不知诗文为何事何物,妄自谓我圣贤之徒,岂可几首诗、几篇文字为后学范,

---

① 傅山:《王龙溪》,《傅山全书》第 1 册,尹协理主编,第 781 页。
② 傅山:《学解》,《傅山全书》第 2 册,尹协理主编,第 903 页。
③ 傅山:《荀子评注》,《傅山全书》第 2 册,尹协理主编,第 1259 页。
④ 傅山:《理字考》,《傅山全书》第 1 册,尹协理主编,第 538 页。

遂高兴如'何物清意味，何物天下理'而已矣。"①

对于"奴儒"，傅山更是极力加以抨击。他说："奴儒尊其奴师之说，闭之不能拓，结之不能觽，其所谓不解者，如结襫也，如縢箧也。"②又说："'沟犹瞀儒'者，所谓在沟渠中而犹犹然自以为大，盖瞎而儒也。……后世之奴儒，生而拥皋比以自尊，死而图从祀以盗名，其所谓闻见，毫无闻见也，安有所觉也？不见而觉几之微，固难语诸腐奴也，若见而觉，尚知痛痒者也；见而不觉，则风痹死尸也。"③

傅山甚至说"理学家法，一味版拗"④，而且更为尖锐地说道："自宋入元百年，无一个出头地人，号为贤者，不过依傍程朱皮毛蒙袂，侈口居为道学先生，以自位置。至于华夷君臣之辨，一切置之不论，尚便便言圣人《春秋》之义，真令人齿冷。"⑤

他告诫人们："读理书尤著不得一依傍之意。大悟底人，先后一揆，虽势易局新，不碍大同。若奴人，不曾究得人心空灵法界，单单靠定前人一半句注脚，说我是有本之学，正是咬龉人脚后底货，大是死狗扶不上墙也。"⑥

傅山特别重视物质财富对于个人与国家的作用，对"何以聚人？曰财"句解释道："自然贫士难乎有群矣。家国亦然。故讳言财者，自是一教化头骨相耳。常贫贱骄语仁义之人大容易做也。"⑦傅山还通过对墨子著作的阐释，来表达他自己重视生人之利的思想，他说："故圣人之利人也，实实为其生人也。故欲富之。富人，非为鬼也。"⑧

他毫不留情地说道："今所行《五经》、《四书》注，一代之王制，非千古

① 傅山：《理学不知诗文》，《傅山全书》第1册，尹协理主编，第780页。
② 傅山：《学解》，《傅山全书》第2册，尹协理主编，第904页。
③ 傅山：《学解》，《傅山全书》第2册，尹协理主编，第904—905页。
④ 傅山：《孙奇逢》，《傅山全书》第1册，尹协理主编，第787页。
⑤ 傅山：《道学先生》，《傅山全书》第1册，尹协理主编，第778页。
⑥ 傅山：《读理书》，《傅山全书》第1册，尹协理主编，第778页。
⑦ 傅山：《聚人以财》，《傅山全书》第1册，尹协理主编，第637—638页。
⑧ 傅山：《墨子大取篇释》，《傅山全书》第2册，尹协理主编，第960页。

之道统也。"①他将宋元明以来所形成的中古政治化儒学的权威加以解构，从而在学术上呼唤一个新的诸子争鸣的新时代。

三、傅山推崇子学与反文化专制的思想

傅山对于历史上的"经子之争"的学术现象加以评论道：

> 经子之争亦末矣。只因儒者知《六经》之名，遂以为子不如经之尊，习见之鄙可见。即以字求之，经本"巠"字，"一"即天，"巛"则川。《说文》："巠，水脉也。"而加"工"焉，又分为"二"为天地，"丨"以贯之。"子"则"了"而已。古"子"字作"学"。巠、子皆从"巛"者，何也？巛即川者，水也。巛则无不流行之理。训诂者以"学"上之巛为发形，亦浅矣。人水也。子之从巛者，正谓得巛之一而为人也，与巠之从"巛"者同文。……孔子、孟子不称为孔经、孟经，而必曰孔子、孟子者，可见有子而后有经者也。岂不皆发一笑？②

上述傅山对经子关系的论述虽然十分周折，其意甚明，即他不同意同时代人或历史上的尊经而陋子的学术观念。他本人所提出的"有子而后有经者"的观点虽不是全对，但对于"十三经"而言，有部分的正确性。以此也表明经不是绝对的崇高而子不是绝对的浅陋。

傅山对诸子思想颇为推崇，尝说："吾以《管子》《庄子》《列子》《楞严》《唯识》《毗婆》诸论约略参同，益知所谓儒者之不济事也。释氏说断灭处，敢说个不断灭。若儒家，似专于断灭处做工夫，却实实不能断灭。'世路莫如人欲险，几人到此误平生？'如此指摘，何等严毅！学者概因一个'怕'字要远他，所以士大夫不无手松脚脱时。若但能平淡看去，鬼不向人不怕处作祟也。"③

他甚至说《管子》一书多道"情"字，故他喜爱此书："申、商、管、韩之

---

① 傅山：《五经四书注》，《傅山全书》第1册，尹协理主编，第631页。
② 傅山：《经子之争》，《傅山全书》第1册，尹协理主编，第631页。
③ 傅山：《读诸子》，《傅山全书》第1册，尹协理主编，第753页。

书,细读之,诚洗东汉、唐、宋以后之黏一条好皂角也。《管》犹多道情,前人都不曾与见面。……老夫耽嗜此秘,自谓研几,尚与尔句栉字比。"①

傅山对《庄子》一书中的"情"字颇为在意,从《齐物论》始,到《则阳》篇止,共列了二十八例含有"情"字的句子或段落,②虽未有任何评价,但比较含蓄地表达了傅山重"情"的思想倾向。在《文训》中,他明确地说:"文者,情之动也;情者,文之机也。文乃性情之华。情动中而发于外,是故情深而文精,气盛而化神,才挚而气盈,气取盛而才见奇。"③

傅山虽然重"情",但对个人修养与家国之事还是区别对待的,故他又说:"'直情径行'四字甚好,只是入道使得,若是以之家国,全使不得。所以世上人受许许委曲,以此告诸后生,非陈万年告咸之意。"④

傅山对《庄子》一书中"理"字也做了基本的文献综罗,初步得出结论道:"见诸篇者凡三十四字,或有遗漏,再简。"⑤从傅山的文献综罗似可看出,"理"字多在《庄子》外、杂篇,而内七篇只有《养生主》篇有一处提到"天理"二字——"依乎天理"。

傅山虽然十分推崇诸子,但并不是简单的排斥经书。更准确地讲,傅山是尊经而不陋子,大体具有经子平等相处的思想倾向。他在训子侄读书时说道:"尔辈努力,自爱其资,读书尚友,以待笔性老成、见识坚定之时,成吾著述之志不难也。除经书外,《史记》《汉书》《战国策》《国语》《左传》《离骚》《庄子》《管子》,皆须细读。其余任其性之所嘉者,略之而已。"⑥

在明末清初的特殊历史情境里,傅山大力推崇子学,以嬉笑怒骂的方式批评理学以及理学家的一味板拗,给学界带来了一股清新自由的思想学风。从思想建设的角度看,傅山思想的成就也许并不大,但在"后理

---

① 傅山:《申韩客商》,《傅山全书》第1册,尹协理主编,第753页。
② 傅山:《庄子情字》,《傅山全书》第1册,尹协理主编,第770页。
③ 傅山:《文训》,《傅山全书》第1册,尹协理主编,第509页。
④ 傅山:《杂训二》,《傅山全书》第1册,尹协理主编,第518页。
⑤ 傅山:《庄子理字》,《傅山全书》第1册,尹协理主编,第767页。
⑥ 傅山:《训子侄》,《傅山全书》第1册,尹协理主编,第508页。

学时代"里,他的反理学新清思想风格可以构成该历史阶段里历史交响乐的一个有机组成部分,值得肯定。

第三节　陈确的《大学辩》与对理学的理论批评

陈确(1604—1677),原名道永,字非玄。又原名籧永,字原季,号逊肤。明亡后,更名为确,字乾初。浙江海宁人。据同时代人的相关传记所载,他对书法、篆刻、洞箫、弹棋等艺术有一定的造诣。就目前的《陈确集》来看,其部分诗作反映了晚明社会下层民众生活的苦难,有很强的现实主义精神。由于他连举人也没有考上,不能做官,故家庭没有固定的经济收入,长期处于贫寒之中。晚年得拘挛病,长年卧床,甚为痛苦。在拜刘宗周为师之前,陈确基本上是晚明社会中一名文士。拜刘宗周为师后,逐渐对学术产生兴趣,次第展开研究。其哲学思想主要表现在三个方面,一是否定《大学》为圣经。二是在承认人性善的前提下,力证扩充方能尽善之全的性善论,可以称之为工夫论进路的性善论。与王夫之的性善论思想有比较一致的理论倾向,然不及王夫之的人性论思想深刻、细致、丰富,略显粗疏。三是坚持"理欲一致"说,最为著名的观点是:"盖天理皆从人欲中见,人欲正当处,即是理,无欲又何理乎?"①除哲学思想之外,陈确对改造社会风俗有极大的热情,著《葬书》(上下篇),提倡深埋薄葬,又著文辩风俗之美恶,反对世俗社会在婚丧嫁娶诸事中的过度奢侈,主张量力而行,以节俭为美。其主要文章收在《陈确集》(中华书局1979年版)中。

一、《大学辩》与对理学的理论批评

陈确《大学辩》的主旨在于推倒《大学》一书的圣经地位,要将它还原到《礼记》中的一篇文章的位置,从而在文本上推倒程朱一系确立起来的

---

① 陈确:《与刘伯绳书》,《陈确集》下,第468页,北京,中华书局,1979。

"四书"之一书的统治地位,以历史还原的方法打击程朱一系制造的中世纪的思想权威。

《大学辩》开篇就说:

> 陈氏确曰:《大学》首章,非圣经也。其传十章,非贤传也。程子曰:"《大学》,孔氏之遗书",而未始质言孔子。朱子则曰:"右经一章,盖夫子意,而曾子述之;其传十章,则曾子之意,而门人记之也。"古书"盖"字,皆作疑词。朱子对门人之问,亦云"无他左验,且意其或出于古昔先民之言也,故疑之而不敢质",以自释"盖"字之意义。程朱之说如此,而后人直奉为圣经,固已渐倍于程、朱矣。①

陈确上述所论,有理有据,结论基本成立。接下来,他进一步批评程、朱在学术上的失察,并进而站在历史还原的立场上指出将《大学》视作圣经的危害性,以卫道的表面形式打击程朱理学的理论权威性。他说:"虽然,则程、朱之于《大学》,恐亦有惑焉而未之察也。《大学》,其言似圣而其旨实窜于禅,其词游而无根,其趋罔罔终困,支离虚诞,此游、夏之徒所不道,决非秦以前儒者所作可知。苟终信为孔、曾之书,则诬往圣,误来学,其害有莫可终穷者,若之何无辩!"②

陈确从"辩其迹"与"辩其理"两个层次来论证《大学》非圣人之作。所谓"其迹",即是从《大学》文本中的文献证据及后人对此书的评价来证明此书非圣经。所谓其理,即是《大学》一书的思想逻辑。从"迹"的角度看,陈确提出了两重理由,证明《大学》非圣经。一是文中所引的孔子、曾子的语言有限。如他说:"《大学》两引夫子之言,一引曾子之言;由自'于止''听讼'二段文外,皆非夫子之言可知;自'十目'一节外,皆非曾子之言可知。"③

二是从汉代《大戴记》到宋代一千五百年间,没有人把该文看作圣经

---

① 陈确:《大学辩》,《陈确集》下,第552页。
② 陈确:《大学辩》,《陈确集》下,第552页。
③ 陈确:《辨迹补》,《陈确集》下,第562页。

的。如他说："自汉有《戴记》，至于宋千五百余年间，真儒辈出，绝未有以《大学》为圣经者。韩子《原道》引其文，亦止称《传》；惟伊川独臆为孔氏遗书，而未敢质言孔子。朱子亦云'无他左验'，意其或出古昔先民之言也，故疑之而不敢质，以自释'盖'字之义。则《大学》之非确然圣经可知矣。"①

而《大学》之所以被宋代士人所重视，是因为宋仁宗特别选出《中庸》《大学》篇章赐给新科进士，结果是："上有好者，下必有甚焉，学者辄相增加附会，致美其称，非有实也。"②

陈确从迹的角度辨明《大学》非圣经，其材料真实，结论可靠。然而，他从理的角度论证《大学》非圣经，则比较困难。因为，对于该文的思想及其思想逻辑的解释，只要是自圆其说，是可以人言言殊的。而陈确在这一层面的辩论很难说是成功的，但也很难说是失败的。此一层面的辩论只能看作是陈确的哲学思想借阶于对《大学》文本的批判而展开的。从《大学辩》的原文看，陈确主要从五个方面否定《大学》一书不合孔子、曾子、孟子的思想。

其一，陈确认为，《大学》首章将孔、孟之学割裂为大学与小学两个部分，因而是"非知道之言也。"他说："子言之矣：'下学而上达。'夫学，何大小之有！大学、小学，仅见《王制》，亦读'太'。作大学者，疑即本此，亦犹宋人之作小学也云耳。虽然，吾又乌知小学之非即大学也？吾又乌知小学之不更胜大学也？夫道，一而已矣。古《易》称蒙养圣功。古人为学，自少至老，只是一路，所以有成。今乃别之为大学，而若将有所待也，则亦终于有待而已矣。古学之不可复，其以此也。"③

陈确此处所辩未必能成立。道一，并不妨碍学习过程分成小、大的阶段。基础知识为小学，复杂、抽象的知识为大学，并非就导致道的统一性的丧失或割裂。陈确的意思固然很好，强调"下学而上达"，强调知识

---

① 陈确：《辨迹补》，《陈确集》下，第562页。
② 陈确：《辨迹补》，《陈确集》下，第562页。
③ 陈确：《大学辩》，《陈确集》下，第553页。

学习的统一性，但其论证并不严密。这是必须要指出来的。

其二，陈确认为，"在明明德，在亲民，在止于至善"三句话都不是知道之言。就前面两句话的论辩来看，陈确的反驳在逻辑上并不能成立，对历史上古君子的政治态度的解释有过于理想化之处，如他说："古人之学虽不离乎明，而未尝专言明。推之《易》《诗》《书》可见，恶其逃于虚焉故也。而《大学》首言'明明'，固已倍矣。且古之君子，非有所亲疏于民也；而有以民饥民溺为己责者，有以一夫不被泽为耻者，又有箪瓢陋巷以自乐者，而其道则靡不同。此古人之学，所以能善因乎时势而莫之有执也。"①

《大学》之前的古人不专言"明"，并不能要求《大学》一文不能专门讨论"明"的问题。学术是随时代的变化而在发展。陈确此条指责并不能成立。美化古之君子对待民众无亲疏之别，过于美化历史上的君子们了，甚至也不符合儒家亲亲、尊尊的思想原则。但他称赞古人之学因时势的变化而变化的特点，这倒是有接近历史之处。

在第二个方面，陈确对"止于至善"的反驳，于《大学》一文的本身来说，并不一定就能站得住脚，但却有哲学的创新之处。陈确的正面观点非常值得玩味。他说："至善，未易言也；止至善，尤未易言也。古之君子，亦知有学焉而已。善之未至，既欲止而不敢；善之已至，尤欲止而不能。夫学，何尽之有！善之中又有善焉，至善之中又有至善焉，固非若邦畿丘隅之可以息而止之也。"②

陈确的创新性认识在于：他从认知的角度来讨论道德的修行问题，而不是从安身立命的价值目标的选择角度来讨论"止于至善"的问题的。在陈确看来，我们很难知道何者为"至善"。因为在众多"善"的目标中，我们无法确定何者为至善。既然如此，则止于至善的目标就无法实现。对于古人而言，只知道不断地学习而已。在没有达到善的境界时，不敢

---

① 陈确：《大学辩》，《陈确集》下，第553页。
② 陈确：《大学辩》，《陈确集》下，第553—554页。

停下来学习。善的目标达到了，这时更不会停下来学习。因为在这种境界里人会更加严格地要求自己向更高的目标迈进。由于"善"的内涵极为丰富，善中又有更高级的善，层层递进。善绝对不是一个类似城郭一样的，有固定化空间形态的东西。

陈确强调人在学习的过程中，特别是有关道德境界提升的过程，是无止境的，这一观点有价值的，但他对此问题的认识也有理论的漏洞。如果我们在学习的过程中不知道何者是我们要追求的较好的善，我们的学习不是丧失了目标吗？这样的不断学习又有什么意义呢？更何况，"止于至善"可以像孟子、陆九渊所理解的那样，"先立乎其大"，以此立志，以此安身立命，不为外物所诱惑，又有何不可？故陈确此处所辩，实有不切于理的地方。

不过，从陈确所批评的言论中可以看出其所真正关心的学术问题，即陈确反对道德修行方面仅仅停留于知而不落实于行的知行两橛状况，担心人们把"止于至善"看作是对一种道德境界的领悟而不付之实践。故他将"止于至善"的追求看作类似于禅宗的顿悟，这也是他批评《大学》开篇这三句话接近于禅的理由。下述两段文献可以表达陈确的基本主张。其一云：

> 君子之于学也，终身焉而已。则于其知也，亦终身焉而已。故今日有今日之至善，明日又有明日之至善，非吾能素知之也，又非可以一概而知也，又非吾之聪明知识可以臆而尽之也。……天下之理无穷，一人之心有限，而傲然自信，以为吾无遗知焉者，则必天下之大妄人矣，又安所得一旦贯通而释然于天下之事之理之日也哉！①

其二云：

> 君子之于道也，亦学之不已而已，而奚以夸诞为哉！学之不已，终将有获，而不可以豫期其效。豫期其效以求知，则浮伪滋甚。今

---

① 陈确：《大学辩》，《陈确集》下，第 554 页。

即所谓知止者真知止矣，然犹知之而已耳，于道浩乎其未有至也。而遽歆之以定、静、安虑、得之效，长夸心而堕实行，必此焉始矣。禅家之求顿悟，正由斯蔽也，而不可不察也。①

我们当然不能认为陈确连起码的历史知识都不懂，即在《大学》文本出现之时禅宗根本还没有传入中国。他之所以要把《大学》"止于至善"的理念看作是禅，是担心人们一旦自以为是地达到了"至善"的境界就停滞不前了。这种停滞不前有两种可能性，一是只知不行，从而使知行割裂。二是在思想境界上满足于目前之所得，不再是学而不已，向更新的境界迈进。这种对《大学》"止于至善"说的担心在今天看来是出于一种双重的误解，不仅误解了《大学》文本的意思，其对禅宗修行中"顿悟"说的理解也是有问题的，因为禅宗顿悟之后还有保任，也并非一了百了。而使陈确产生这种误解的思想源头来自两个方面，一是对阳明学"知行合一"说坚定不移的信仰与维护，二是对孔子好学精神、荀子"学不可已"思想的坚决捍卫。上述引证的文献最后一句——"又安所得一旦贯通而释然于天下之事之理之日也哉"，其实是对朱子观点的反驳。通过此反驳，他表达了在道德境界与知识学习方面主张永无止境的正面观点。因此，就学术而言，陈确对《大学》"止于至善"观点的理解是有问题的，就思想的创发性而言，陈确所表达的好学不已的精神，以及人在"天下之理无穷"面前应当表现出谦逊态度的思想，则是非常可取的。

其三，对《大学》"古之欲明明德于天下"一句后面诸种说法，陈确不以为然，认为将君子修身的纯道德行为做了过分功利化的解释，因而是私伪，无法达到道德之诚。如他说：

其曰"古之欲明明德于"曰云云者，尤非知道者之言也。古人之慎修其身也，非有所为而为之也，而家以之齐，而国以之治，而天下以之平，则固非吾意之所敢必矣。孟子之释恒言，提一"本"字，何等

---

① 陈确：《大学辩》，《陈确集》下，第 555 页。

浑融！《大学》纷纷曰"欲"曰"先"，悉是私伪，何得云诚！ 宁古人之学之多夹杂乃尔乎！ 圣人之言之甚鄙倍乃尔乎？①

其四，对《大学》"诚意"说，和正心与格物的次第进行猛烈的批评，充分体现了陈确本人的"心学"主张。就心与意的关系而言，陈确主张以心统意，意为心之实。如他说：

> 至"正心"以往，益加舛谬。既言"正心"，不当复言诚意。既先诚、正，何得又先格、致？ 夫心之与意，固若此其二乎？ 故《大学》之所为诚者非诚也。凡言诚者，多兼内外言。《中庸》言诚身，不言诚意。诚只在意，即是不诚。②

又引朱熹的"诚意"解——"实其心之所发"为根据，以证明心与意一。意乃心之意。故他又说："心者，身之主也。存心公恕，夫后能知己之过，知物之情。知己之过，故修之而无勿至；知物之情，故齐、治、平之可以一贯也。今不先求之正心，而欲徐俟之格致之后，正所谓'倒持太阿，授人以柄'，鲜不殆矣。必且以未致为已致，未格为已格，又孰从而定之？"③

就正心与格物的次第来看，陈确认为"正心"在先，"格物"在后。"正"即是"敬"之意。他说：

> "正"亦可释"敬"，《易》"君子敬以直内"是也。心惟敬，故致知而无不致，格物而无不格。山阴先生曰："主敬之外，更无穷理。"至哉师言！ 程子亦曰"入道莫若敬"，又曰"未有致知而不在敬者"，则固已知正心之先于格致矣。④

其五，陈确认为《大学》中"物格"一节，词益枝蔓，是后儒靡靡之习，故既不是圣人之言，亦不是圣人之经，甚至也不是贤人之传。⑤ 不过，对

---

① 陈确：《大学辩》，《陈确集》下，第555页。
② 陈确：《大学辩》，《陈确集》下，第555—556页。
③ 陈确：《大学辩》，《陈确集》下，第556页。
④ 陈确：《大学辩》，《陈确集》下，第556页。
⑤ 陈确：《大学辩》，《陈确集》下，第557页。

于此条,陈确在《大学辩》正文中没有提出更加详细的论证。

上述五个方面的批评,只能看作是陈确的哲学立场透过此文,以反驳的形式表现出来的。其中有是处,亦有不妥处。《大学辩》一文及相关的来往书信讨论,可以看作是宋明时期有关《大学》研究学术思想史的重要一环,在今天的思想脉络里再讨论这一问题,已经没有多大的思想价值。在我们看来,有关《大学》文本及其义理的讨论,均属于一解释学的问题,具有多元并存的可能性,不必此是彼非。从晚明以降的思想发展倾向来看,我们认为《大学辩》一文的真正思想史的价值在于:它具有反对意识形态化的程朱理学的理论权威,追求思想独立,以复古形式追求思想解放的思想倾向。这亦是阳明心学挺立学人思想独立性的具体表现。该文的结尾部分所言,即使在今天看来,仍然具有启发意义。他说:

> 故君子之听言也,不惟其人,惟其言。使其言是,虽愚夫之言,其能不听? 使其言非,虽贤者之言,其能不疑? 向使确幸得亲承孔、曾之教,而于心有未安,犹当辨而正之。况如《大学》之说之甚倍于孔、曾者,而欲使确信而不疑,则确无人心者而后可,而确则安敢以自昧也?……学者言道,不苟为异,亦不苟为同,而惟中之从。故水火非相戾也,而相济也。尧用四凶,舜皆诛之,不为畔尧;《春秋》善五伯,孟子黜之,不为畔孔子。程、朱表章《大学》,后人驳之,岂为畔程、朱哉! 使程、朱而可作也,知其不予咈也已。吾信诸心而已;亦勿敢信诸心,信诸理而已。虽然,心非吾一人之心,理非吾一人之理也,吾又敢以吾之说为必无疑于天下后人哉! 其敬以俟之知道者,而确之罪已莫逭矣。予惧以没世已矣。①

此段文献中,陈确竟然敢说"向使确幸得亲承孔、曾之教,而于心有未安,犹当辨而正之"。这体现了阳明学,以及阳明后学如李贽等人"不以孔子是非为是非"的独立思考精神。而其所说的"学者言道,不苟为

---

① 陈确:《大学辩》,《陈确集》下,第 558 页。

异,亦不苟为同,而惟中之从"一段话,颇类似乾嘉时代"实事求是"的学术精神。因此,《大学辩》一文及其与诸同道的反复辩难文字的思想价值,不在其具体的学术结论,而主要在于其中所蕴涵的反抗意识形态化的程朱理学的思想权威,体现了陈确的独立思考精神与批判精神。

二、工夫论进路的性善论

陈确虽然也坚持人性本源为善的性善论,但他的性善论的突出特色似可视之为工夫论进路的性善论。他说:"盖孟子言性必言工夫,而宋儒必欲先求本体,不知非工夫则本体何由见? 孟子即言性体,必指其切实可据者,而宋儒辄求之恍惚无何有之乡。如所云平旦之气,行道乞人之心,与夫孩少赤子之心,四端之心,是皆切实可据者。即欲求体,体莫著于斯矣。盖孟子分明指出气、才、情之善,以明性之无不善。而宋儒将气、才、情一一说坏,甚云'人生而静以上不容说,才说性,便已不是性矣'。则所谓性竟是何物? 惑世诬民,无若此之甚者。犹各侈然自以其说直驾孔、孟之上,此尤可痛哭流涕长太息者也。"①

正因为陈确十分重视人性在经验世界养成的结果,而不愿意侈谈人性在本体先验之中的善性,故他特别重视"性"与"习"的关系。他说:

> 夫仁者,心德之全,而圣功之极粹者也。而孔子恒易言之,曰:"我欲仁,斯仁至矣。"曰:"有能一日用其力于仁矣乎? 我未见力不足者。"此无异故,由人性无不仁焉故。知仁之性,则可以知礼义智之性矣。故人但知孟子之性善,而不知孔子之言性善更有直捷痛快于孟子者,人第不察耳。虽然,性善矣,尤不可以不勉也。故孟子谆谆教人扩充,教人动、忍、存、养,教人强恕、强为善。如此类,不一言而足。犹之五谷,虽云美种,然不耕植,不耘耨,亦无以见其美。此孟子尽心知性之旨也。②

---

① 陈确:《原教》,《陈确集》下,第 457 页。
② 陈确:《原教》,《陈确集》下,第 457 页。

此处,陈确以谷种为例,以类比的方式论证人性之善要由潜在状态变成现实的状态,就必须通过耕植、耘耨的工夫方可以实现出来。此一工夫论的观点,受到其同门黄宗羲的反复批评。究其实,陈确的说法与黄宗羲的观点差异并非像黄宗羲本人想象的那么大。首先,陈确与黄宗羲一样,都承认人性在源头上是善的。其次,他们都将工夫的重要强调到无以复加的境界,提出了通过工夫展现本体的思想,如黄宗羲本人就说,"工夫所至,即是本体"。陈确讲人性之善需要通过耕植、耘耨的工夫方可以实现出来才能称之为真正的善性,这正是黄宗羲即工夫言本体思想的一个例证,而黄宗羲本人对此点却不能理解。其三,他们两人都反对宋儒程朱一系"人生而静以上不容说,才说性,便已不是性矣"的观点。黄宗羲为何如此地对待陈确的人性善的理论,其实是黄宗羲本人过强地维护孟子思想的立场所致,并没有多少理论上的道理可言。①

陈确从工夫论进路讲人性善,因而也特别重视习的作用。他说:

> 圣人辨性习之殊,所以扶性也。盖相近者性也,相远者习也。虽相远之极,至于不移,而性固未始不相近也,焉可诬乎? 夫子若曰:人之性,一而已,本相近也,皆善者也。乌有善不善之相远者乎? 其所以有善有不善之相远者,习也,非性也。故习不可不慎也。习相远矣,虽然,犹可移也。……善固可自矜,而不善固可自弃乎? 若夫习成而不变者,唯上智下愚耳。上智习于善,必不移于不善;下愚习于不善,必不移于善。善移之,则智者亦愚,愚者亦智;不移,则智者益智,愚者益愚。唯其习善而不移,故上智称焉;唯其习不善而不移,故下愚归焉。习之相远,又有若斯之甚者。故习不可不慎也,而性则未有不相近者也。②

---

① 此一问题的争论,可参看刘述先、郑宗义的相关论述。
② 陈确:《子曰性相近也二章》,《陈确集》下,第 458 页。

在人性的完成过程中重视"习"的作用,即是重视社会生活对于人性养成的作用。这既符合原始儒家孔子的人性论思想原则,也不违背孟子有关人性的某些具体论述,与荀子重视人性在礼乐制度教化之下"化性起伪"的人性论思想也颇为相符。因此,陈确非常坚定地说:"大抵孔、孟而后,鲜不以习为性者。人岂有二性乎! 二之,自宋儒始。既分本体与气质为二,又分气质之性与义理之性为二,不惟二之,且三之矣。若谓孔、孟皆见性偏,而张、程氏独见其全,尤极狂悖。"①

陈确从工夫论的角度论述人性之善,反对宋儒从形上本体的角度论述人性之善的思路,从理论上说是无所谓对错,只是理论的出发点、着眼点不同罢了。但若从学术史的角度看,他的人性善的说法反而更接近原始儒家的思想。此点黄宗羲反而有所不察,这恰好从反面显示了黄宗羲在人性善的问题上持有顽固的宋明儒的立场。清初学者颜元无论看过陈确的著作否,他在人性论的问题上重视"习行"的思想倾向,与陈确当为一系。而王夫之在此问题上论述得最为辩证与全面,代表了该时代人性论思想的最高理论水平。这似乎也表明,"后理学时代"重视外王学的整体思路在人性论问题上亦有鲜明的体现。

三、天理人欲之辩

理欲之辩是宋元明清近千年里重要的伦理学问题。就主流的思想脉络来看,宋元至明中叶阳明心学为止,都把理与欲对立起来,提倡存理灭欲。李贽以后,逐渐出现了理欲统一论,而统一的基础是欲。正当的欲望就是理或天理,或者说天理必须通过人欲来体现,逐渐成为主流的思想倾向。当然,朱熹也曾经说过,人的自然欲望也是天理这样的话。但其主要思想还是存天理、灭人欲。反过来,陈确也说过以理制欲、细欲从理的话,如他说:"宾昏丧祭,循礼而不循俗;日用饮食,从理而不从

---

① 陈确:《子曰性相近也二章》,《陈确集》下,第 458 页。

欲。"①"过天理一分，便是人欲。"②"理以制欲，私不胜公。"③"欲胜理为小人，理胜欲为君子。绌欲从理，儒者克己之学也。"④但是他的主要思想倾向是理欲统一说。在陈确看来：

> 人欲不必过为遏绝，人欲正当处，即天理也。如富贵福泽，人之所欲也；忠孝节义，独非人之所欲乎？虽富贵福泽之欲，庸人欲之，圣人独不欲之乎？学者只时从人欲中体验天理，则人欲即天理矣，不必将天理人欲判然分作两件也。虽圣朝不能无小人，要使小人渐变为君子。圣人岂必无人欲，要能使人欲化为天理。君子小人别辨太严，使小人无站脚处，而国家之祸始烈矣，自东汉诸君子始也。天理人欲分别太严，使人欲无躲闪处，而身心之害百出矣，自有宋诸儒始也。君子中亦有小人，秉政者不可不知；天理中亦有人欲，学道者不可不知。⑤

上述一段文献最能典型地反映陈确在理欲关系上相对中和的观点。而其中"人欲正当处，即天理也"的说法，是陈确理欲观中最为典型的命题。在不同的地方，这一典型命题虽然有变相的说法，但基本精神是相同的。在《无欲作圣辨》一文里，

> 陈确曰：周子无欲之教，不禅而禅，吾儒只言寡欲耳。圣人之心无异于常人之心，常人之所欲亦即圣人之所欲也，圣人能不纵耳。饮食男女皆义理所从出，功名富贵即道德之攸归，而佛氏一切空乏，故可曰无，奈何儒者而亦云耳哉！确尝谓人心本无天理，天理正从

---

① 陈确：《瞽言一》，《陈确集》下，第 431 页。
② 陈确：《撤主议》，《陈确集》上，第 195 页。
③ 陈确：《骨牌颂》，《陈确集》上，第 357 页。王瑞昌仿牟宗三评价刘蕺山的口气，说陈确的"那些以欲为首出的言论，是滞词，不可为准"，并以此来批评刘述先的观点。刘氏虽然从负面评价的角度来论说陈确"以欲为首出"的思想倾向，但从认识陈确的思想特征来说，可能更准确，只是我们不能同意刘氏在此问题上所持有的负面性的评价而已。参见王瑞昌《陈确评传》，第 410—411 页，南京，南京大学出版社，2002。
④ 陈确：《与刘伯绳书》，《陈确集》下，第 469 页。
⑤ 陈确：《瞽言一》，《陈确集》下，第 425 页。

人欲中见,人欲恰好处,即天理也。向无人欲,则亦并无天理之可言矣。①

又曰:欲即是人心生意,百善皆从此生,止有过与不及之分,更无有无之分。流而不反,若贪愚之俗,过于欲者也。割情抑性,若老、庄之徒,不及于欲者也。贤人君子,于忠孝廉节之事,一往而深,过于欲者也。顽懦之夫,鞭之不起,不及于欲者也。圣人只是一中,不绝欲,亦不纵欲,是以难耳。无欲作圣,以作西方圣人则可,岂可以诬中国之圣人哉!山阴先生曰:"生机之自然而不容已者,欲也;而其无过不及者,理也。"斯百世不易之论也。②

在《与刘伯绳书》中,陈确也说了几乎完全一样的话:

盖天理皆从人欲中见,人欲正当处,即是理,无欲又何理乎?孟子曰:"可欲之谓善。"佛氏无善,故无欲。生,所欲也,义,亦所欲也,两欲相参,而后有舍生取义之理。富贵,所欲也,不去仁而成名,亦君子所欲也,两欲相参,而后有非道不处之理。推之凡事,莫不皆然。③

从上述几则典型性的文献来看,在理欲关系的问题上,陈确的基本观点可以从四个层面来加以概括:其一,正当的、合理的人欲,就是天理。这是陈确的主要思想。其二,凡人与圣人有共通性的欲望,如富贵福泽。其三,欲望是人心中的生意,是自然而然具有的。天理却不是人心自然具有的内容,恰恰相反,"天理正从人欲中见","向无人欲,则亦并无天理之可言矣"。由此而可以作进一步的推论:"饮食男女皆义理所从出,功名富贵即道德之攸归"。用现代的话来解释,陈确观点的大体意思是,人类的伦理法则是从人的具体的感性生活中产生的,只有在处理感性需求、名利追求的问题上才需要伦理法则,也才能体现人的道德性品质。

---

① 陈确:《无欲作圣辨》,《陈确集》下,第 460 页。
② 陈确:《无欲作圣辨》,《陈确集》下,第 460 页。
③ 陈确:《与刘伯绳书》,《陈确集》下,第 468 页。

否则的话，我们根本不需要什么伦理与道德。陈确的观点当然有可商榷之处，因为他主要是从社会生活中物质利益的角度谈论伦理、道德问题的功用，而对道德与宗教、与习俗之间的复杂关系缺乏足够的认识。但在宋元明清理学发展史上，陈确的这一"理欲观"更能代表中下层社会，特别是新兴工商阶层的道德诉求，上与李贽，中与同时代的王夫之、傅山，下与稍后的颜元、李塨，更加靠后的戴震的理欲观，一脉相承。其四，似乎是出于一种论证技巧的需要，陈确将"欲"概念的外延扩大化了，把它变成一种关乎人的需求的概念，在相当大的程度上改变了宋儒张、程、朱、陆与明儒王阳明等人"欲"概念的内涵。这种出于论证技巧需要的"理欲统一"论意涵，其实也只是为了化解理欲之间截然对立的紧张关系而已，应当不是陈确"理欲统一"论中的主要思想内容。

在"后理学时代"里，陈确只能算是二流的思想家，他在中国哲学史、思想史上的地位无法与顾炎武、黄宗羲、王夫之、方以智等人相比。仅就反理学的激烈态度，特别是对《大学》一书（宋明时期新经之一）重要性的坚决否定态度而言，他又有超过上述几位最为重要的思想家的地方。这大约也是黄宗羲对他的墓志铭反复重写四次的一个重要原因。陈确对《大学》重要性的否定，"欲之正当处即是理"的理欲观、从工夫论的角度讨论人性善的思想，可以看作是这一时期反理学思想的一个重要的侧面，显示了该时代反理学思想的丰富性与多样性特征。